金刚经讲话

中国佛学经典宝藏

15

星云大师 著

星云大师总监修

人民东方出版传媒
東方出版社

《中国佛学经典宝藏》
大陆简体字版编审委员会

总序

星云

自读首楞严，从此不尝人间糟糠味；

认识华严经，方知已是佛法富贵人。

诚然，佛教三藏十二部经有如暗夜之灯炬、苦海之宝筏，为人生带来光明与幸福，古德这首诗偈可说一语道尽行者阅藏慕道、顶戴感恩的心情！可惜佛教经典因为卷帙浩瀚、古文艰涩，常使忙碌的现代人有义理远隔、望而生畏之憾，因此多少年来，我一直想编纂一套白话佛典，以使法雨均沾，普利十方。

一九九一年，这个心愿总算有了眉目。是年，佛光山在中国大陆广州市召开“白话佛经编纂会议”，将该套丛书定名为《中国佛教经典宝藏》①。后来几经集思广

① 编者注：《中国佛教经典宝藏》丛书，大陆出版时改为《中国佛学经典宝藏》丛书。

益，大家决定其所呈现的风格应该具备下列四项要点：

一、启发思想：全套《中国佛教经典宝藏》共计百余册，依大乘、小乘、禅、净、密等性质编号排序，所选经典均具三点特色：

1. 历史意义的深远性
2. 中国文化的影响性
3. 人间佛教的理念性

二、通顺易懂：每册书均设有原典、注释、译文等单元，其中文句铺排力求流畅通顺，遣词用字力求深入浅出，期使读者能一目了然，契入妙谛。

三、文简意赅：以专章解析每部经的全貌，并且搜罗重要的章句，介绍该经的精神所在，俾使读者对每部经义都能透彻了解，并且免于以偏概全之谬误。

四、雅俗共赏：《中国佛教经典宝藏》虽是白话佛典，但亦兼具通俗文艺与学术价值，以达到雅俗共赏、三根普被的效果，所以每册书均以题解、源流、解说等章节，阐述经文的时代背景、影响价值及在佛教历史和思想演变上的地位角色。

兹值佛光山开山三十周年，诸方贤圣齐来庆祝，历经五载、集二百余人心血结晶的百余册《中国佛教经典宝藏》也于此时隆重推出，可谓意义非凡，论其成就，则有四点可与大家共同分享：

一、佛教史上的开创之举：民国以来的白话佛经翻译虽然很多，但都是法师或居士个人的开示讲稿或零星的研究心得，由于缺乏整体性的计划，读者也不易窥探佛法之堂奥。有鉴于此，《中国佛教经典宝藏》丛书突破窠臼，将古来经律论中之重要著作，做有系统的整理，为佛典翻译史写下新页！

二、杰出学者的集体创作：《中国佛教经典宝藏》丛书结合中国大陆北京、南京各地名校的百位教授、学者通力撰稿，其中博士学位者占百分之八十，其他均拥有硕士学位，在当今出版界各种读物中难得一见。

三、两岸佛学的交流互动：《中国佛教经典宝藏》撰述大部分由大陆饱学能文之教授负责，并搜录台湾教界大德和居士们的论著，借此衔接两岸佛学，使有互动的因缘。编审部分则由台湾和大陆学有专精之学者从事，不仅对中国大陆研究佛学风气具有带动启发之作用，对于台海两岸佛学交流更是帮助良多。

四、白话佛典的精华集萃：《中国佛教经典宝藏》将佛典里具有思想性、启发性、教育性、人间性的章节做重点式的集萃整理，有别于坊间一般“照本翻译”的白话佛典，使读者能充分享受“深入经藏，智慧如海”的法喜。

今《中国佛教经典宝藏》付梓在即，吾欣然为之作序，并借此感谢慈惠、依空等人百忙之中，指导编修；吉广舆等人奔走两岸，穿针引线；以及王志远、赖永海等大陆教授的辛勤撰述；刘国香、陈慧剑等台湾学者的周详审核；满济、永应等“宝藏小组”人员的汇编印行。他们的同心协力，使得这项伟大的事业得以不负众望，功竟圆成！

《中国佛教经典宝藏》虽说是大家精心擘划、全力以赴的巨作，但经义深邈，实难尽备；法海浩瀚，亦恐有遗珠之憾；加以时代之动乱，文化之激荡，学者教授于契合佛心，或有差距之处。凡此失漏必然甚多，星云谨以愚诚，祈求诸方大德不吝指正，是所至祷。

一九九六年五月十六日于佛光山

原版序

敲门处处有人应

慈惠

《中国佛教经典宝藏》是佛光山继《佛光大藏经》之后，推展人间佛教的百册丛书，以将传统《大藏经》精华化、白话化、现代化为宗旨，力求佛经宝藏再现今世，以通俗亲切的面貌，温渥现代人的心灵。

佛光山开山三十年以来，家师星云上人致力推展人间佛教，不遗余力，各种文化、教育事业蓬勃创办，全世界弘法度化之道场应机兴建，蔚为中国现代佛教之新气象。这一套白话精华大藏经，亦是大师弘教传法的深心悲愿之一。从开始构想、擘划到广州会议落实，无不出自大师高瞻远瞩之眼光，从逐年组稿到编辑出版，幸赖大师无限关注支持，乃有这一套现代白话之大藏经问世。

这是一套多层次、多角度、全方位反映传统佛教文化的丛书，取其精华，舍其艰涩，希望既能将《大藏经》

深睿的奥义妙法再现今世，也能为现代人提供学佛求法的方便舟筏。我们祈望《中国佛教经典宝藏》具有四种功用：

一、是传统佛典的精华书

中国佛教典籍汗牛充栋，一套《大藏经》就有九千余卷，穷年皓首都研读不完，无从赈济现代人的枯槁心灵。《宝藏》希望是一滴浓缩的法水，既不失《大藏经》的法味，又能有稍浸即润的方便，所以选择了取精用弘的摘引方式，以舍弃庞杂的枝节。由于执笔学者各有不同的取舍角度，其间难免有所缺失，谨请十方仁者鉴谅。

二、是深入浅出的工具书

现代人离古愈远，愈缺乏解读古籍的能力，往往视《大藏经》为艰涩难懂之天书，明知其中有汪洋浩瀚之生命智慧，亦只能望洋兴叹，欲渡无舟。《宝藏》希望是一艘现代化的舟筏，以通俗浅显的白话文字，提供读者遨游佛法义海的工具。应邀执笔的学者虽然多具佛学素养，但大陆对白话写作之领会角度不同，表达方式与台湾有相当差距，造成编写过程中对深厚佛学素养与流畅白话语言不易兼顾的困扰，两全为难。

三、是学佛入门的指引书

佛教经典有八万四千法门，门门可以深入，门门是无限宽广的证悟途径，可惜缺乏大众化的入门导览，不易寻觅捷径。《宝藏》希望是一支指引方向的路标，协助十方大众深入经藏，从先贤的智慧中汲取养分，成就无上的人生福泽。

四、是解深入密的参考书

佛陀遗教不仅是亚洲人民的精神归依，也是世界众生的心灵宝藏。可惜经文古奥，缺乏现代化传播，一旦庞大经藏沦为学术研究之训诂工具，佛教如何能扎根于民间？如何普济僧俗两众？我们希望《宝藏》是百粒芥子，稍稍显现一些须弥山的法相，使读者由浅入深，略窥三昧法要。各书对经藏之解读诠释角度或有不足，我们开拓白话经藏的心意却是虔诚的，若能引领读者进一步深研三藏教理，则是我们的衷心微愿。

一九九六年

大陆版序一

《中国佛教经典宝藏》是一套对主要佛教经典进行精选、注译、经义阐释、源流梳理、学术价值分析，并把它们翻译成现代白话文的大型佛学丛书，成书于二十世纪九十年代，由台湾佛光文化事业有限公司出版，星云大师担任总监修，由大陆的杜继文、方立天以及台湾的星云大师、圣严法师等两岸百余位知名学者、法师共同编撰完成。十几年来，这套丛书在两岸的学术界和佛教界产生了巨大的影响，对研究、弘扬作为中国传统文化重要组成部分的佛教文化，推动两岸的文化学术交流发挥了十分重要的作用。

《中国佛学经典宝藏》则是《中国佛教经典宝藏》的简体字修订版。之所以要出版这套丛书，主要基于以下的考虑：

首先，佛教有三藏十二部经、八万四千法门，典籍浩瀚，博大精深，即便是专业研究者，穷其一生之精力，恐也难阅尽所有经典，因此之故，有“精选”之举。

其次，佛教源于印度，汉传佛教的经论多译自梵语；加之，代有译人，版本众多，或随音，或意译，同一经文，往往表述各异。究竟哪一种版本更契合读者根机？哪一个注疏对读者理解经论大意更有助益？编撰者除了标明所依据版本外，对各部经论之版本和注疏源流也进行了系统的梳理。

再次，佛典名相繁复，义理艰深，即便识得其文其字，文字背后的义理，诚非一望便知。为此，注译者特地对诸多冷僻文字和艰涩名相，进行了力所能及的注解和阐析，并把所选经文全部翻译成现代汉语。希望这些注译，能成为修习者得月之手指、渡河之舟楫。

最后，研习经论，旨在借教悟宗、识义得意。为了将其思想义理和现当代价值揭示出来，编撰者对各部经论的篇章品目、思想脉络、义理蕴涵、学术价值等所做的发掘和剖析，真可谓殚精竭虑、苦心孤诣！当然，佛理幽深，欲入其堂奥、得其真义，诚非易事！我们不敢奢求对于各部经论的解读都能鞭辟入里，字字珠玑，但希望能对读者的理解经义有所启迪！

习近平主席最近指出：“佛教产生于古代印度，但传入中国后，经过长期演化，佛教同中国儒家文化和道家文化融合发展，最终形成了具有中国特色的佛教文化，给中国人的宗教信仰、哲学观念、文学艺术、礼仪习俗等留下了深刻影响。”如何去研究、传承和弘扬优秀佛教文化，是摆在我们面前的一个重要课题，人民东方出版传媒有限公司拟对繁体字版的《中国佛教经典宝藏》进行修订，并出版简体字版的《中国佛学经典宝藏》，随喜赞叹，寥寄数语，以叙因缘，是为序。

二〇一六年春于南京大学

大陆版序二

依空

身材高大、肤色白皙、擅长军事的亚利安人，在公元前四千五百多年从中亚攻入西北印度，把当地土著征服之后，为了彻底统治这里的人民，建立了牢不可破的种姓制度，创造了无数的神祇，主要有创造神梵天、破坏神湿婆、保护神毗婆奴。人们的祸福由梵天决定，为了取悦梵天大神，需要透过婆罗门来沟通，因为他们是从梵天的口舌之中生出，懂得梵天的语言——繁复深奥的梵文，婆罗门阶级是宗教祭祀师，负责教育，更掌控了神与人之间往来的话语权。四种姓中最重要的是刹帝利，举凡国家的政治、经济、军事、文化等等都由他们实际操作，属贵族阶级，由梵天的胸部生出。吠舍则是士农工商的平民百姓，由梵天的膝盖以上生出。首陀罗则是被踩在梵天脚下的土著。前三者可以轮回，纵然几世轮转都无法脱离原来种姓，称为再生族；首陀罗则连轮回的因缘都没有，为不生族，生生世世为首陀罗，子孙也倒霉跟着宿命，无法改变身份。相对于此，贱民比首陀罗更为卑微、低贱，连四种姓都无法跻身其中，只能从事挑粪、焚化尸体等最卑贱、龌龊的工作。

出身于高贵种姓释迦族的悉达多太子，为了打破种姓制度的桎梏，舍弃既有的优越族姓，主张一切众生皆平等，成正等觉，创立了佛教僧团。为了贯彻佛教的平等思想，佛陀不仅先度首陀罗身份的优婆离出家，后度释迦族的七王子，先入山门为师兄，树立僧团伦理制度。佛陀更严禁弟子们用贵族的语言——梵文宣讲佛法，而以人民容易理解的地方口语来演说法义，这就是巴利文经典的滥觞。佛陀认为真理不应该是属于少数贵族、知识分子的专利或装饰，而应该更贴近普罗大众，属于平民百姓共有共知。原来佛陀早就在推动佛法的普遍化、大众化、白话化的伟大工作。

佛教从西汉哀帝末年传入中国，历经东汉、魏晋南北朝、隋唐的漫长艰巨的译经过程，加上历代各宗派祖师的著作，积累了庞博浩瀚的汉传佛教典籍。这些经论义理深奥隐晦，加以书写的语言文字为千年以前的古汉文，增加现代人阅读的困难，只能望着汗牛充栋的三藏十二部扼腕慨叹，裹足不前。

如何让大众轻松深入佛法大海，直探佛陀本怀？佛光山开山宗长星云大师乃发起编纂《中国佛教经典宝藏》。一九九一年，先在大陆广州召开“白话佛经编纂会议”，订定一百本的经论种类、编写体例、字数等事项，礼聘中国社科院的王志远教授、南京大学的赖永海教授分别为中国大陆北方与南方的总联络人，邀请大陆各大学的佛教学者撰文，后来增加台湾部分的三十二本，是为一百三十二册的《中国佛教经典宝藏精选白话版》，于一九九七年，作为佛光山开山三十周年的献礼，隆重出版。

六七年间我个人参与最初的筹划，多次奔波往来于大陆与台湾，小心谨慎带回作者原稿，印刷出版、营销推广。看到它成为佛教徒家中的传家宝藏，有心了解佛学的莘莘学子的入门指南书，为星云大师监修此部宝藏的愿心深感赞叹，既上契佛陀“佛法不舍一众”的慈悲本怀，更下启人间佛教“普世益人”的平等精神。尤其可喜者，欣闻现大陆出版方东方出版社潘少平总裁、彭明哲副总编亲自担纲筹划，组织资深编辑精校精勘；更有旅美企业家事业有成之际，秉“十方来，十方去，共成十方事”之襟怀，促成简体字版《中国佛学经典宝藏》的刊行。今付梓在即，是为序，以表随喜祝贺之忱！

二〇一六年元月

目　录

作者序

影响中国佛教最深远的思想有两大脉络可寻：一是有宗，讲善恶业报轮回；二是空宗，以般若空慧印契三世诸佛。传译于中国的般若经论，有五部般若、八部般若等。佛陀住世四十九年说法，即有二十二年演说般若玄义，并广开法席百余会。般若系统部类卷帙繁多，其中《金刚经》不仅是进入六百卷《大般若经》的导览，而且是千年来被讨论最久，注疏最多，影响最深远，历久不衰的经典之作。

六祖惠能由于闻说《金刚经》的“应无所住而生其心”顿开茅塞。直至五祖弘忍于三更时分以《金刚经》再为其印心，惠能大师当下“漆桶脱落”，亲见“何其自性，本自清净！何其自性，能生万法！”自家面目。短短的五千多字的《金刚经》，从此取代了达摩东来以“《楞伽》四卷，可以印心”的传统地位。《金刚经》为中国禅学开启了历久不衰的黄金时代。

本文释解《金刚经》，采取传统和现代融合的路线，参考清朝溥畹大师注疏，及相关之科释义解，辅以梁昭明太子三十二分为科目，再于每分设立简明的标题，切入每分的中心思想，并做白话译述、原典标逗、名相注解等释义。对于全经的演绎解析，有以下几点考虑：

一、设立主题：虽然《金刚经》只有短短的五千多字，但是要进入般若性海，探其堂奥，亦非易事。因此，放弃传统的逐句讲说，以宏观的角度，贯穿全经的架构，在每一分都设立纲目题要，阐述此分的意趣所在。每分各有其独立主题，但分分不离“金刚般若”的丝缕经纬。

二、简明通俗：丛林里开大座讲经，光是一句“如是我闻”的“如”字，就可以讲七日之久，现今社会的步调是繁忙紧凑的，各形各色的信息媒体充斥，佛经的注解更要把握通俗化，阐述要简明易懂，才能走入每一个人的生活。经典不应封藏于深山古刹的“藏经楼”，而应走向人间各个阶层。佛陀的一言一行都印证生命的实相；佛经的一句一偈都是治病的良药。希望透过“简明通俗”的讲说，像一根划亮的火柴，令听者闻者能借此鉴照到般若宝藏。

三、譬喻释意：佛陀四十九年说法，每每以寓言以譬喻引发众生心开意解。如《法华经》的“火宅喻”“穷子喻”“三车喻”等。在王舍城佛陀以广说众喻，度化五百外道沙门得须陀洹果，留下《百喻经》教化他人。诸多譬喻故事，无非是“以指指月”，借着指头的方向，让我们见到月亮。在释解《金刚经》甚深法味时，借由譬喻寓言、公案典故穿针引线，令已信者增长福慧善根；未信者能信解自家珍宝。不得不“借筏渡河”，用譬喻典故做“敲门砖”打开般若家门。

四、古今并蓄：全经三十二分，除了参考清朝溥畹大师的疏解，希望相容探究心灵盲点的破除。《金刚经》是一部安心的宝典，古今的烦恼形态虽然不尽相同，但是有情众生在面对生老病死，忧悲啼哭时的心情是没有古今人我差别的。

《金刚经》在讨论“云何应住”“云何降伏其心”的问题时，不是要我们拿出心来降伏来安住，经文委婉曲折地要我们灭尽无量无边的众生，不论卵生、胎生、湿生、化生等皆入无余涅槃；灭度后，实无众生得灭度者，这是同体平等的慈悲观。有了“空有不二”的般若妙用，还有什么妄心要降伏？还有个什么真心的住处呢？

在解析金刚妙法时，不离圣言量，且兼容探讨当今人类面临的烦恼悲苦，希冀能从《金刚经》觅求安心立命的答案。

《百喻经》记载着这么一段故事：

五百位外道沙门问佛陀，关于涅槃的问题。

问说："佛陀！你还没有涅槃，怎么会知道涅槃是常乐呢？"

佛答："我问你们，天下的众生是苦是乐？"

外道："众生是苦呀！"

佛说："为什么苦呢？"

外道："我见众生死时苦痛难忍，故知死苦。"

佛说："你还没有死，就知道死的痛苦，我见十方诸佛不生不死，所以知道涅槃是常乐。"

在注解《金刚经》时以凡心揣测圣意，不免疏漏谬解，希望透过少分对般若的浅释，能开启一切众生，了知般若是三世诸佛之母；是不生不灭、常乐我净的涅槃妙法。

最后谨以溥畹大师的偈颂，表示我注解《金刚经》的心意：

稽首金刚无上士，甚深般若不思议；
祇园普会诸圣贤，愿赐慈悲垂加护。
我今以蠡测大海，妄以凡心度佛智；
冀即四见契如如，速证菩提平等道。

为令未来沉冥者，非为自身希名誉；
普愿法界诸众生，见闻随喜皆成佛。

是为序。

星云一九九七年五月十六日于开山寮

法会启建因缘分第一

讲话

这一分所讲的是佛陀演说般若法会的因缘。从如是我闻到佛陀入舍卫大城乞食……洗足已，敷座而坐。看起来和一般人一样的去来行住、穿衣吃饭，日用家常生活无异，为什么却以此经文来揭开甚深般若一会的序幕呢？我分四点分别来讲说它的内涵和意趣！

一、六成就的重要。

二、如是我闻的我。

三、一时师资合会。

四、生活即是六度。

这四点是了解启建“金刚法会”因缘的眼目，也是般若妙用无穷的流露。经典上说："见因缘法，即见佛。"若能由此信解法会因缘，那么入般若室，得般若珍宝，也就不是什么难事了。

一、六成就的重要

成就的意思是因缘果熟。就像世间的人事物的成就，其中的每一个因缘都不可或缺。比如：一个人的成长，从呱呱坠地到长大成人，这过程必须有父母养护、师长教导，乃至各行各业供应衣食住行的因缘等等，一个人才可能平安健康地长大。自然界的花草树木也是一样，要具足土壤、空气、养分、露水等因缘条件，才可以从一粒种子长成绿荫遮天的大树。因此世间的人事物都离不开彼此因缘依存的成就，更何况出世间的佛法呢？佛陀每每在宣讲法音妙谛时，首先必须具备六种因缘的成就，哪六种成就？

信成就——大众对闻法的信心已经建立了。（如是）

闻成就——大众都已具备闻法的福德资粮。（我闻）

时成就——讲说的时节因缘已经成熟。（一时）

主成就——说法主正欢喜地演说妙法。（佛）

处成就——法会的地点非常的合适。（舍卫国祇树给孤独园）

众成就——闻法的信众都集合到齐。（大比丘众千二

百五十人俱)

要启建一场法会，必须有六种因缘的成就。宇宙间无一事无一物是违背因缘法则，而可以单一地存在。《长阿含经》吹法螺的故事，可以引喻因缘和合的关系。

很久以前，有一个国家，那里的人从没有听过法螺的声音。有一天，一个善于吹法螺的年轻人，来到这个国家，走到一个村落里，拿起法螺吹了三声，然后把法螺放在地上，村庄里的男男女女听到这个声音，都十分惊奇，纷纷跑来问这个年轻人："你吹的是什么音乐，怎么如此婉转悦耳啊？"年轻人指着法螺回答："是这个东西发出来的声音。"村民们用手碰触法螺说："喂！你可以再发出声音来吗？"法螺却默然不响。年轻人再拿起法螺吹了三声，空中又再度回荡美妙的声音。村民们才恍然大悟："优美悦耳的声音，并非是法螺的力量，手、嘴、气彼此通力合作，法螺才能发出声音！"

二、如是我闻的我

佛法诸多的经论都讲"无我"，也都一再强调"我"是烦恼的根源。为什么佛经里却都要安置一句"如是我闻"的"我"呢？佛经里的我，指的是阿难尊者，为什么不是其他的大弟子？因为佛陀在入灭之际，曾对多闻第一的阿难嘱咐，经藏之卷首必须置有"如是我闻"，以区别外道的经典。另外，佛陀灭度后，在七叶窟结集经典，阿难因为平生侍佛不离，因此大众公推他登座诵出佛陀曾经说的经文。由于阿难尊者多闻又兼慧解，所以佛经之卷首都有“如是我闻”，表示是阿难听闻佛陀亲口所说的。

这是事相上的“我”，指的是阿难尊者，但在一个真如理体上，不过是随顺世谛，假立宾主。我闻，主要是令众生启发信心，显示般若实相。

佛——无说一法 { 我：假立宾主，随顺世谛
闻：根识和合，无闻无得 }

为了进一步阐释众生执假相为“有我”，继而产生愚痴的知见，《杂譬喻经》瓮中影的故事，可以给我们一点警醒的作用。

有一对新婚的夫妇，感情十分恩爱。有一天，丈夫对妻子说：“你到厨房去拿些葡萄酒，我们一起来享用。”妻子到了厨房，打开酒瓮，瞧见一个女子的身影映在酒瓮里，以为丈夫另有其他的女人，气呼呼地回到屋里，指着丈夫说：“你这个没心肝的人，你竟把女人藏在酒瓮里，还要我做什么？”丈夫不明所以，跑到厨房去探个究竟，也打开酒瓮，看见一个男子的身影，生气他的妻子，竟然敢在酒瓮里私藏一个男子，两个人彼此相互指责，

怒骂对方的不忠。

这时候，有一个出家人，恰好来到他的家里，问明夫妻两人争执的原因。出家人带着他们到厨房里说道："我帮你们把瓮中的人赶出去。"出家人就用石头碎了酒瓮，一切男女影像都不见了。这时候，夫妻两人才明白是自己的愚痴，把瓮中影像误认为是实有的了。

三、一时师资合会

佛经里一概没有交代讲经的年月日，都用"一时"来交代。为什么佛陀不明确表明时间？因为所谓的时间概念，不过是缘于众生业感果报不同。例如：地球上每一个地区的时间都不一样，台湾地区的时间是下午一点钟，美国已经是凌晨了。一个地球因为地域不同，就有"时差"的分别，更何况佛经里的"十法界"的时空，又哪里是娑婆世界的时间能够涵盖得了？

佛经的"一时"，泯除众生对有限时空的观念。在诸法平等性中，只要我们和佛陀能师资合会，虽然只是"一时"感应，在法性里却是亘古无穷的受用。

四、生活即是六度

《金刚经》的第一分，主要叙述佛陀着衣持钵、次第乞食、洗足敷座等等日用寻常事。已经觉悟的佛陀具足有六种神通，为什么还要穿衣吃饭？吾人若欲信解《金刚经》，受持《金刚经》，圆满《金刚经》，要能会得佛陀这一段般若风光，要能明白般若无二般，一切现成而已。

唐朝有一位慧海禅师，初次参访马祖道一禅师。

马祖道一问："你来我这里，有什么事吗？"

慧海回答道："我是为求佛法而来。"

马祖道一说："我这里连一物也没有，你跑来这里求什么佛法？你自家宝藏不顾，抛家散走，哪里有什么佛法可求？"

慧海无奈地问说："那么请问禅师，什么是慧海的自家宝藏？哪个是慧海的本来面目？"

马祖道一说："现在问我的那个当下即是你的宝藏，一切具足，全无欠缺，你何苦向外觅求？"

佛陀于此经中示现的日常生活，旨要吾人打开昏蒙的心眼，在穿街过巷，觅食求衣，当下那个即是，因为生活即是六度，六度要在人间生活展现般若的光明。

六度的示现

着衣持钵：由身律仪的肃静、安详，显示持戒的摄用。——**持戒**

城中乞食：令众生能有见佛闻法，广植福田的因缘。佛陀乞食，以法味布施众生。——**布施**

次第乞已：乞食要依次第的规矩，不可拣择贫富贵贱。不论满钵或空，食物好坏，都要以忍辱心平等视之。——**忍辱**

饭食讫，收衣钵：这是精进波罗蜜的示现。世尊从入城乞食到收衣，一切都不假手他人。——**精进**

洗足已，敷座而坐：这是禅定波罗蜜的实践。——**禅定**

以上圆满——**般若**

佛陀一日的生活，从穿衣吃饭到洗足敷座完成六种波罗蜜。这些呈现于外的日常形相，是般若的“相”；也都是从般若的“体”流露的；应用于生活的行住坐卧则是般若的妙用。

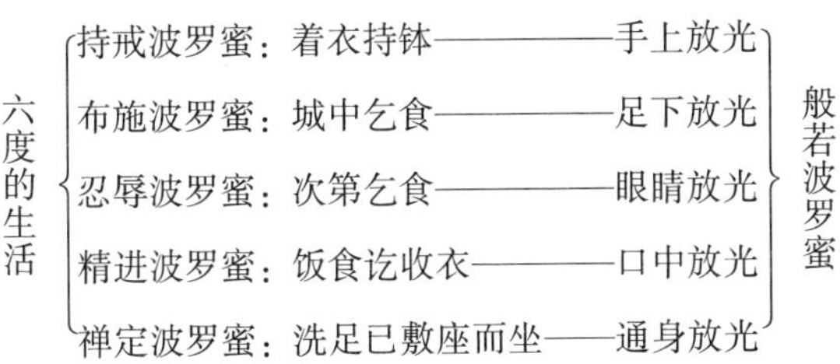

六度以般若为导，修行以般若为炬，佛陀示现这段般若放光的六度生活，没有扭捏作怪地展现神通，是要我们自己往内心去觅求，如何过一个“放光”的般若生

活，打破内在的黑暗执迷，而不是去依靠上师的灌顶加持，也不是求圣水符咒就能消灾免难。《地藏经》云："下心含笑，亲手遍布施。"诸佛菩萨要成就度化的事业，是谦卑如地，含笑亲手布施。般若是光，光是没有染污，清净自在的。放光不是诸佛菩萨才有的，只要在生活里，我们说柔软的爱语，不也是口里放光？能亲手为别人服务劳动，不也是手掌放光？对于他人的轻贱垢秽能含容不二，这难道不是通身放光吗？《楞伽经》说："一念不生，即如如佛。"这一念不生即是般若放光的生活。

如何有般若，如何能开悟见性，别人代替你不得！我引用"不能代替"这则公案，做这一分的结语。

道谦禅师与好友宗圆结伴行脚参学，途中宗圆因不堪跋山涉水的疲困，三番两次地闹着要回去。

道谦就安慰他说："我们发心来参学，现在半途而废实在可惜。我知道你很倦累，那么从今以后可以替你做的事，我一定代劳，只是有五件事我帮不上忙。"

宗圆问道："哪五件事呢？"

道谦笑答："穿衣、吃饭、屙屎、撒尿、走路。"

道谦的话，宗圆终于领悟，这一切是代替不得啊！

习题

1. 六成就是什么，和我们的人间事有什么关系？

2. 佛经都讲“无我”，为什么还会有“我闻”的存在？

3. 一时的含义是什么？

4. 经文的乞食、洗足、敷座等，和般若有什么关系？

原典

法会因由分第一①

如是我闻②：

一时，佛在舍卫国③祇树给孤独园④，与大比丘⑤众千二百五十人⑥俱。

尔时，世尊⑦食时，着衣持钵，入舍卫大城乞食⑧。于其城中，次第乞⑨已，还至本处。饭食讫，收衣钵，洗足已，敷座而坐。

注释

①分是叙述此经启建缘由，祇园法会由此揭开序幕。发起这个法会的主因，是如来在穿衣吃饭处，显示般若的妙趣，以宣说此经，令众生都能在日常生活的行住坐卧间，去体会般若的生活。

这次法会的因由就是已具备了六种成就：一、大众对佛法的信心已建立——信成就；二、大众都已具备听闻佛法的资粮——闻成就；三、讲说的时机也最为确当——时成就；四、讲经的处所是非常的适合——处成就；五、说法主佛陀正欢喜宣讲——主成就；六、听众都全部集合到齐——众成就。

②**如是我闻**：为经典之开头语。佛陀于入灭之际，曾对多闻第一的阿难阐述其一生所说经藏，须于卷首加上“如是我闻”一语，以与外道之经典区别。“如是”，系指经中所叙述佛陀之言行举止；“我闻”，则指众经编集者阿难自言听闻于佛陀的言行。

③**舍卫国**：本为北侨萨罗国之都城名，为别于南侨萨罗国，故以都城代称。又以此城多出名人，多产胜物，故称闻物国。

④**祇树给孤独园**：指祇陀太子布施树林，给孤独长者布施黄金买园，共立精舍，请佛陀及比丘僧众在此办道修行。

⑤**比丘**：乃五众之一，七众之一。指出家得度，受具足戒之男子。比丘有三义：一、乞士，上乞诸佛之法，以养慧命；下乞众生之食，以滋色身。二、破恶，出家能破烦恼恶法。三、怖魔，出家趣向光明正道，能令邪魔怖畏。

⑥**千二百五十人**：即常追随在佛陀左右的一千二百五十位弟子。他们分别是：佛陀度三迦叶，即优楼频螺

迦叶、伽耶迦叶、那提迦叶及其随众等一千人；又度舍利弗、目犍连等二百人；更度耶舍长者之子共五十人，计有一千二百五十人。他们最初修持外道法门，但徒劳无功，不能解脱，直到遇见佛陀，才证得圣果。为了报答佛恩，便发愿常相随侍佛陀左右，帮忙佛陀弘法利生，也是佛门中所谓的“常随众”。

⑦**世尊**：如来十号之一。即为世间所尊重者，亦指世界中之最尊贵者。如来的十号，即：一、如来，如如不动，而来人间度化众生；二、应供，智德圆满，应受人天供养；三、正遍知，正确遍知诸法之理；四、明行足，神通广大；五、善逝，犹言“好去”，即入无余涅槃，所谓生灭灭已，寂灭现前；六、世间解，一切有情、非有情事相无不了解；七、无上士，在一切众生中，佛为至上，再没有比他更高的；八、调御丈夫，善于教化、调顺众生；九、天人师，人、天的导师；十、佛，自觉、觉他、觉行圆满。

⑧**乞食**：又作分卫、托钵、行乞等。系十二头陀行之一。其原始意义有二，即：一、自利，为杜绝俗事，方便修道；二、利他，为福利世人，予众生种植福田的机会。

⑨**次第乞**：指佛心平等，不择贫富，不拣净秽，不受别请，挨户次第依序行乞。托钵不超过七家，以乞满

一钵为准。若乞不满钵，亦须归去，不可超过规定的时间。

译文

《金刚般若》这部经是我阿难亲自听到佛陀这样说的：

那时候，佛陀住在舍卫国的祇树给孤独园中，有一千二百五十位大比丘众随侍左右。

有一天，已到了吃饭的时候了。佛陀穿上袈裟，拿着饭钵，带领着弟子们走进舍卫城去乞食。不分贫富不分贵贱，挨家挨户地托钵，乞食后，回到给孤独园中。吃过饭后，佛陀将衣、钵收拾好，洗净了双足，铺好座位便盘腿静坐。

劝转般若法轮分第二

讲话

第二分的主题，主要是须菩提请佛陀演说般若妙法。经文中“时，长老须菩提在大众中，即从座起，……而白佛言”，这个“时”，是指佛陀入三昧中，观说法机缘已成熟欲说未说之际。这段经文有两个问题：一是佛陀为何不自说，要须菩提起座劝请？二是在座的有一千二百五十位大比丘，为什么都默然，而由须菩提代表请问佛陀？关于佛陀不自说与须菩提代表请问佛陀的原因有二：

一、表法珍贵——般若空慧，甚深微妙，为显发“法”的珍贵，令听闻者生起“难遭难遇”之想，因此由须菩提起座，劝请佛陀转般若法轮。

二、转教付财——须菩提名为“解空第一”，对于诸法空理早有深悟，佛陀生平也曾要他代讲般若经，令他教化一切未悟般若意趣的声闻和诸位权乘菩萨，这也是天台宗所言的：“转教付财。”所以，在此般若法席上，唯有解空的须菩提能荷担佛陀交付的财宝，能会意佛陀真心，于是代表大众，开口向下探问个中消息。

在阐述第二分经文时，我分四点来说明：

一、中道权实合一。

二、般若不在别处。

三、如来护念咐嘱。

四、安心两个问题。

经文中开头说：“须菩提在大众中，即从座起，偏袒右肩，右膝着地，合掌恭敬，而白佛言……”经文所叙述的，如同一般世间的礼节，没有什么奇特处，其实蕴含此分的意旨及另一番玄机。

一、中道权实合一

须菩提是“解空第一”，理性虽空，事相上仍不废威仪礼节。“右膝着地”，右膝表“权”即般若智，地表“实”即真如理，亦即须菩提所问已和真如理体相应。

"合掌"，是合权实二边，印证中道三昧，即是大小融通，权实不二。除了表明中道是权实合一，还有三业虔诚之意。

三业虔诚
- 身业恭敬——即从座起
- 意业恭敬——合掌恭敬
- 口业恭敬——前白佛言

只是一段粗浅的经文，胡跪、合掌等礼节，都包含着无限的般若旨趣。佛门的合掌又称合十，亦即合十法界于一心。《十地经》："三界无有别，唯是一心作。"《华严经》也说："心如工画师，能画种种物。"

四圣——佛、菩萨、声闻、缘觉
六凡——天、人、修罗、地狱、饿鬼、畜生
——十界唯心

对于"心生十法界"这个道理，有许多人一定会狐疑不信，我明明是人，怎么又是菩萨和饿鬼、畜生呢？其实我们一天的生活里，一颗心不知在天堂地狱来来去去走了几回！当我们生起嗔怒斗争的心，难道不是修罗的化身？当欲望饥渴的火焰烧起，就犹如饿鬼受着咽针吞火的痛苦，难道不是饱尝饿鬼的滋味吗？天堂地狱在哪里呢？

有一个信徒来请教无德禅师：

“禅师，我心里头一直有个问题百思不解，经典上说三界唯心，可是我明明在人间，我的心哪里会在天堂和地狱？”

无德禅师没有正面回答他的问题，只叫他去井里打桶水来。当水提到后，禅师指着那个水桶说：“天堂地狱都在那一桶水，你自己亲自去看看吧！”

信徒听了就依言专注地凝视桶里的水，看了许久什么也没发现。禅师突然走近，把他的头压进水里，正当他喘不过气来的，禅师就松手了。信徒又惊又怒，责骂道：“你这坏心肠的禅师，把我压进水桶里，那种喘不过气来痛苦和恐怖，简直就像地狱一样。”

禅师毫不动怒，笑问道：“那你现在，感觉如何？”

“能自由地呼吸，感觉就像天堂一样的快乐。”

禅师叱喝道：“你从天堂地狱都来回走过了，为什么不相信天堂地狱的存在？”

二、般若不在别处

从第一分的经文中，佛陀以穿衣吃饭，洗足敷座的庸言庸行，开显般若的本地风光，因此才有第二分须菩提赞叹“稀有世尊”。“稀有”有二种含义：一即佛陀以日用行事，示现般若在眼下眉端，不在别处。二是须菩提自己终日走街过巷，不知向穿衣吃饭处领会，今日始悟，所以叹其“稀有”。对于佛法全体大现于生活，我引用一则公案来说明。

赵州禅师非常重视生活的佛教，于生活中处处表现其家风，有人问佛法大意，他答：“吃粥去！”有人请示如何开悟，他答：“吃茶去！”有一位学僧多年始终未领得禅意，因此向赵州禅师请假。

“弟子前来参学，十有余年，一直不蒙老师指导开示，今日想请假下山，到别处去参访。”

赵州禅师听后，大惊道：“你怎么可以如此冤枉我？从你来此，你每天拿茶来，我为你喝；你端饭来，我为你吃；你合掌我微笑；你礼拜我低头，我哪里没有给你开示，给你指导？你怎可以昧着良心胡乱地诬赖我！”

一粥一茶即是禅心，语默动止又何尝不含法味？赵州禅师不曾辜负学僧，可惜学僧蒙混度日，慧眼未开。

三、如来护念咐嘱

经文中说，如来善于护念，善于咐嘱，指的是什么？佛陀四十九年说法的过程，可以用一首偈来表示。

华严最初三七日，阿含十二方等八；
二十二年般若谈，法华涅槃共八载。

如来善护念诸菩萨，护念即指佛陀从演说《华严》以来，善于调伏爱护一切众生。依不同根机的众生，分别演说了义不了义经。“咐嘱”就像世人把家业付与儿孙继承，佛陀把法王家业嘱咐弟子荷担。并且嘱咐由小乘入大乘，勉励诸菩萨于因地修行。

佛陀观众生根器因缘不同，善于调御且垂加护念咐嘱，因此佛的十号之一有“调御丈夫”的尊称。禅门中也有很多老婆心切的老师，善于护念咐嘱弟子，在一啄一啄间，令弟子打破多劫的无明壳子，接引弟子见性出头。

灵训禅师在庐山归宗寺参学时，有一天动念想下山，因此向归宗禅师辞行。禅师问道：“你要到哪里去？”灵训据实以答：“回岭中去。”禅师慈颜关怀道：“你在此参学十三年，今天要离开，我应该为你说些佛法心要，等你行李整理好，再来找我吧！”

灵训禅师整理行李后，就持具去向归宗禅师告假。禅师亲切地招呼道：“你到我面前来！”灵训依言靠近。禅师轻声说道：“天寒地冻，你一路要善自珍重。”灵训语下，顿然彻悟。

归宗禅师十三年来悉心照拂弟子，当弟子前来辞别时，知“蛋已孵熟”，只要再加以深心护念咐嘱的一啄，便可以令灵训禅师彻骨彻髓照见自家面目。一句“善自珍重！”是师家无限的护念与咐嘱呀！

四、安心两个问题

经文说：“善男子，善女人，发阿耨多罗三藐三菩提心，云何应住？云何降伏其心？”这里提出两个安心的问题。即发菩提心以后要怎么保任安住？对于生起的妄想心要怎么去降伏？关于这两个问题是修行中最普遍发生的状况，佛陀说的千经万论都是“因病予药”，用于对治我们的贪嗔痴三毒。

如何化导贪嗔痴三毒，不让它毒害我们的功德法财？应该以不净观对治贪欲；以慈悲观对治嗔火；以因缘观对治痴心。

如何安住菩提心，降伏妄想心？经文里的回答：“应如是住，如是降伏其心。”

“如是”有三种含意：

一、众生诸佛本自一如——世出世间无一法不是真“如”；无一法不“是”实相。廓而论之，吾人内而根身，外而器界，皆是真如实相的流露，哪里还有生佛之别？既是生佛一如，当然没有真心与妄心的分别！

二、吃饭洗足当下即是——就“如”同如来寻常的穿衣吃饭，洗足敷座，这一段光景，当下即“是”！以此而住，就是安住其心，也就能降伏其心。

三、住心降心即指后文——即后文如来所言的住心、降心的方法。

“如是”涵盖对治住心降心的方法标的！生活里，我们要怎么能“如是”见到自性的光明，照见四大五蕴和合的“假我”？如是“五蕴皆空”即能了脱生死苦厄，当下证得涅槃常乐。由于执着“我”，是恒常性、是不变性、是主宰性、是普遍性，犹如“盲人摸象”，怎么能照见真如本性的全体？

在探讨“住心降心”主题之前，应该对“我执”的愚痴知见先有一番认识。《生经》里我所鸟的寓言，可借为我们的龟鉴。

很久很久以前，有座大香山，满山遍野长满了各种药草。山里住着一种鸟，名叫“我所鸟”。每当春天药果成熟时，上山采药的人络绎不绝。这时，我所鸟总是悲伤地叫唤：“这山是我所有！这药果是我所有啊！我的心实在痛苦，你们为什么要来夺取我的所有？”

我所鸟昼夜频频呼唤，扑翅哀鸣要人止住，但是人们仍旧采撷不停。这只我所鸟嘶竭力尽，最后吐血身亡。

习题

1. 佛陀为什么不自说，而要等到须菩提劝请才说？

2. 须菩提既然是"解空第一"，为什么还需要这些胡跪、合掌等礼节？

3. 如来的护念咐嘱诸菩萨是什么意思？

4. 经文"应如是住，如是降伏其心"，这"如是"有什么含意？

原典

善现启请分第二①

时长老②须菩提③，在大众中，即从座起，偏袒右肩④，右膝着地⑤，合掌⑥恭敬，而白佛言："希有⑦世尊！如来善护念诸菩萨⑧，善咐嘱诸菩萨。世尊！善男子，善女人，发阿耨多罗三藐三菩提⑨心，云何应住？云何降伏其心？"

佛言："善哉！善哉！须菩提，如汝所说，如来善护念诸菩萨，善咐嘱诸菩萨。

"汝今谛听，当为汝说。善男子，善女人，发阿耨多罗三藐三菩提心，应如是住，如是降伏其心。"

"唯然，世尊！愿乐欲闻。"

注释

①本分是叙述般若本体的妙用，原是不假他求，只

在平常生活里面，弟子跟随在佛陀身边数十年，一向不知佛陀的动静去来，穿衣吃饭处，所含的般若妙趣，只道与众生一般。解空第一的须菩提，是今般若会上的当机者，慧眼识破佛陀在生活中所含的般若妙趣，乃代表大众，恭请佛陀说法。从须菩提所发问的“如何使菩提心常住不退”“如何降伏妄念之心”，掘开了金刚般若的法源，使一切世间无量的众生，同沾佛法的甘露，得大解脱。

②长老：指出家僧众中，受戒年岁久、所证果位高、有智慧威德修行者之尊称。

③须菩提：舍卫国鸠罗长者之子，在佛十大弟子之中最善解空理，被誉为解空第一。他初生之时，家中所有的财宝，都忽然不见。即请相师回来卜卦。相师说：“这是一个很可喜的事，贵子初生，室中财宝一切皆空，象征其为解空第一人，故取名‘空生’；这是大吉大利的事，他将来是不会为世间上名闻利养所束缚的，亦名‘善吉’。”传说他是青龙陀佛，倒驾慈航，为辅助释迦牟尼佛教化众生，而示现于娑婆世界。

④偏袒右肩：印度人所着衣物，系遍覆全身，到礼佛时才袒露右肩，一方面表示敬意，一方面表示须菩提有意示现权教，所以有随后“云何应住？云何降伏其心？”的发问。

⑤**右膝着地**：右是正道，左为邪道，显示劝请正法去邪从实，应依谦卑之礼。膝象征般若智，地象征实相；右膝着地，正表示般若与实相互相应合。

⑥**合掌**：表示恭敬之意。有合权实之掌，而应中道之行的意思。双掌合一，以表方便权巧与实相究竟是一而不二，大小乘皆可融通。又十指表十法界；合十，表合十法界存于一心之中——事理一如，权实圆融。

⑦**希有**：赞佛之辞。有四种含意：一、时希有，指讲此经之时，众缘成熟，机会难遇；二、处希有，讲此经的地方，甚为难得；三、德希有，佛陀三觉圆，万德具，能在此说法，实是希有；四、事希有，另一方面，须菩提自己能向此穿衣吃饭处，讨得个中消息，也是从来不知，今日方悟，真可说是希有。

⑧**菩萨**：音译菩提萨埵。华语旧译为“觉有情”，新译为“大道心众生”。指唯有大觉悟的众生能发无量大愿，上求无上菩提，下而利益众生；修诸波罗蜜行，将来要入佛果位。众生多有情欲，而不能觉醒，唯菩萨在众生之中，自能觉悟而不染，又能化导众生而令觉之。

⑨**阿耨多罗三藐三菩提**：华语无上正等正觉。即指真心而言，此心包含太虚，至高无上，故云无上；由上自诸佛，下至蠢动含识，此心依正平等，故云正等；其觉圆明普照，无偏无亏，故云正觉。大乘菩萨行之全部

内容，即在成就此种觉悟。

译文

这时，长老须菩提，在大众中站起来，偏袒着右肩，以右膝跪地，双手合掌，虔诚恭敬地向佛陀问道："世间希有的佛陀！佛陀善于爱护顾念诸菩萨，善于教导咐嘱诸菩萨。佛陀！如果有善男子、善女人，已发起无上正等正觉的菩提心，如何才能安住？如何才能降伏妄心？"

佛陀嘉许说："很好！很好！须菩提！正如你所说，佛陀善于爱护顾念诸菩萨，善于教导咐嘱诸菩萨。

"你们现在细心静听，我为你们解说，如何安住菩提心，如何降伏妄想心。善男子、善女人，发了无上正等正觉的菩提心，应该如下所说，如此去安住菩提心，不令忘失；如此去降伏妄想心，令它不再生起。"

"是的，佛陀！我们大家都乐意听闻。"

大乘菩萨发心分第三

讲话

第三分进入到探讨大乘菩萨发心的问题。要发什么样的心？度化的对象是什么？度化众生的目的为何？菩萨行者如何检验自己的发心是合乎正知正见？这几项疑问，在第三分佛陀有周详的解答，并且提出四点观念，令发心菩萨者有修学的次第。

一、广大心平等观。
二、灭度无住涅槃。
三、众生本性寂灭。
四、菩萨心无四相。

这四点全面地指出，菩萨发心必须具备四种正观、四种次第、四种正见，以及四种成就。

一、广大心平等观

经文中的“诸菩萨摩诃萨”的“诸”有广义和狭义之别。广义，泛指一切初发心的善男子、善女人等；狭义，专指已登地的五十二位阶次的菩萨。前者是凡夫菩萨，后者是圣贤菩萨。不论是广义或狭义，佛陀教导咐嘱本无圣凡的差别。

摩诃萨，是具有大心的菩萨。摩诃曰大，其义有七：

第一、具有大根机。

第二、具有大智慧。

第三、信仰大乘法。

第四、悟解大乘理。

第五、修持大乘行。

第六、生逢大乘时。

第七、证得大乘果。

欲成熟阿耨多罗三藐三菩提，必须是具有大心的摩诃萨，这大心即菩提心。如《华严经》云：“菩提心出生一切诸菩萨行，十方三世诸佛如来，皆从菩提心而出生故。”《佛藏经》亦云：“菩萨为因，佛为果。”从经典中可以印证，发菩提心是三世诸佛成就的根本。发菩提心者慈爱护念的对象是什么？《金刚经》的经文：“所有一切众生之类，若卵生、若胎生、若湿生、若化生；若有色、若无色；若有想、若无想、若非有想非无想……”所有一切众生之类，都是我们拔苦予乐的对象，这就是菩萨发心要具备广大心平等观。这一切众生之类，横为三界，竖为九地，是一切众生依存的所在。此三界之果报，虽有优劣苦乐等差别，但仍属“迷界”，系难免受生生死死轮回之苦，为圣者所厌弃的。因《法华经·化城喻品》云：“能于三界狱，勉出诸众生。”亦即令三界众生勿以三界为安乐，当勤求真正的解脱。

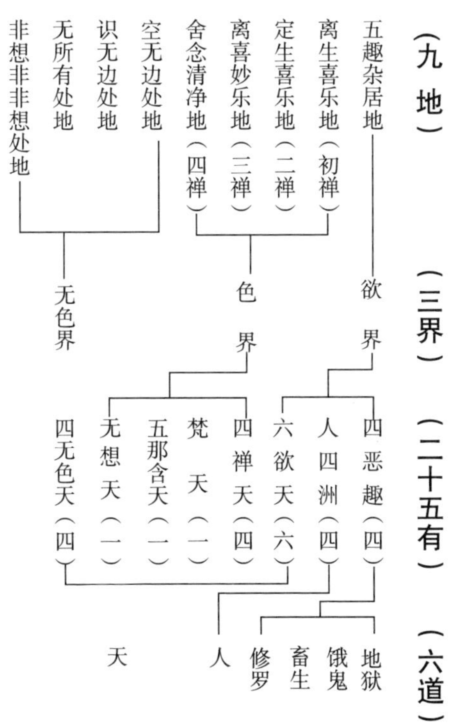

对于发广大心平等观，慈爱一切众生之类，我们在佛陀本生故事中，看到佛陀因地修行时，不论为人身，有割肉喂鹰、舍身饲虎的悲怀，纵使为鹿王、鱼王身，遇众生有难或有所求，都能广大平等地布施。欲发起“广大心”，必须具有平等的正观，才能不分怨亲、人我一切喜舍。

祇劫园有座大树林，树林里住着许多的鸟兽。有一天树林三面都着火，只剩下一面还没燃起火苗，却又偏偏给一条河截断了出路。林中的野兽恐慌地逃生到此，望着宽广的河，束手无策。眼看着火舌不断地蔓延过来，正当千钧一发之时，一只身强力壮的大鹿，用它的前脚和后脚跨踞河的两岸，让野兽们踏着它用身体架成的“桥梁”，陆续逃过河去，到达安全的彼岸。大鹿的背脊被踩得血肉稀烂，眼看着群兽都过河了，突然又跑来一只兔子。这时鹿的气力微弱，但仍拼命忍耐着，让兔子渡河到彼岸。所有的野兽都渡到彼岸，鹿的背脊也应声而断，最后落入水中身亡。

鹿王救渡群兽到达彼岸，没有大小、亲疏的差别，不就是菩萨的广大心平等观的示现吗？

二、灭度无住涅槃

经文中云：“所有一切众生之类……我皆令入无余涅

槃而灭度之。”依溥畹大师之注解，涅槃之义有四：

凡夫为性净涅槃——谓一切事物之本来相即是真如寂灭之理。

声闻为有余涅槃——烦恼虽断，但业报之身尚存，仍未解脱饥寒老病之苦。

缘觉为无余涅槃——无学罗汉舍身悟入法性，不再有自他、物我、身心等质碍。

佛菩萨为无住涅槃——了知生死涅槃，体本如一，没有烦恼的生死相可断除，也没有菩提涅槃处可证入。因此不住生死涅槃二边。

经文云：“令入无余涅槃而灭度之。”这无余涅槃实乃佛菩萨方便之用，先设有无余涅槃之乐，令众生生起欣羡慕求之心，再摄化众生入大般无住涅槃。据《方等般泥洹经》卷二载，涅槃是大灭度之义。“大”即法身，“灭”即解脱，“度”即般若。涅槃之性，在圣不增，在凡不减，纵令驴腹马胎，涂炭吞火亦不减损半分。涅槃在经典上具有八种法味：

一、常住：通彻三世而常存，圆遍十方而常在。

二、寂灭：生死永灭。

三、不老：不迁不变，无增无减。

四、不死：原本不生，然亦不灭。

五、清净：诸障永除。

六、虚通：虚彻灵通，圆融无碍。

七、不动：寂然无为。

八、快乐：无生死逼迫之苦，而有真常寂灭之乐。

经典里把涅槃喻有八种法味，然而涅槃的真貌到底是什么？这则“不在别处”的禅门公案，或许能给我们一些意会。

洞山良价禅师有一次问云岩禅师道：“老师，如果您百年后，有人问起您的道貌风姿，我要怎么回答？”

云岩禅师答道：“我不在别处！”

洞山禅师闻言，沉吟许久。

云岩禅师喝道：“你以此思量心忖度，可要慎重小心！”

洞山不解老师的真意，难道慎思明辨也错吗？

直到有一天，洞山禅师在渡河时，看见自己映在水中的影子，才廓然省悟，作了首偈：

切忌从他觅，迢迢与我疏，
我今独自往，处处得逢渠。
渠今正是我，我今不是渠，
应须恁么会，方得契如如。

涅槃如影相随，不在别处，更无须他觅。

三、众生本性寂灭

从发广大心平等观，灭度十类众生入于无住涅槃后，菩萨继而要有最胜心“如是灭度无量无数无边众生，实无众生得灭度者”。《大乘起信论》云：“如实知一切众生，及与己身真如平等无别异故。”又《大般若经》云：“以一切众生本性寂灭，无灭可灭，本来是佛，无佛新成。”

由此知菩萨灭度无量无数无边的众生，也不执着有一切众生为我所度，自己是能度之人。菩萨应发最胜心，泯除妄想的对待，没有所度的众生，更没有能度的菩萨之名。菩萨修行的事业，有事理的分别：

一、事相——觉悟发心，灭度无量无数无边的众生。

二、理体——生佛平等，实无有众生得灭度者。

菩萨欲圆满菩提，着重发心要广大，要具备生佛平等观，更须别具慧眼，了透胜劣假名，能度所度随顺世谛的真相。

南阳慧忠国师，感念服务他三十年的侍者，想帮助他开悟。有一天吃饭的时候，国师唤道：“侍者！”

侍者立刻回答：“国师，做什么？”

国师莫可奈何地道：“不做什么！”

过了一会，国师又叫：“侍者！”

侍者又回答：“国师，做什么？”

国师又无可奈何地道："不做什么！"

过了一会，国师对侍者改口道："佛祖！佛祖！"

侍者更茫然不解地反问："国师，您叫谁呀！"

国师不得已，就明白开示："我在叫你！"

侍者不明所以："国师，我是侍者，不是佛祖呀！"

国师此时慨叹道："你将来不要怪我辜负你，其实是你辜负了我！"

"国师三唤"的公案，无非要吾人直下承担"我就是佛！"而众生不知自己和三世诸佛寂灭本性是一如的，只痴心认可自己只是个侍者，辜负了诸佛的一片真心。

四、菩萨心无四相

经文中："若菩萨有我相、人相、众生相、寿者相，即非菩萨。"四相即：

一、我相：执着有个我能度众生。

二、人相：执有彼为我所度。

三、众生相：执有能度所度，历然相对。

四、寿者相：执有法授受，恋着不舍，犹如命根。

菩萨如果有此四相的执取，于此就会生起颠倒之心。要怎样远离四相的颠倒梦想呢？先以"我相"的我来说，我的身体是五蕴和合，没有主宰性；是缘生幻有，没有常住性；是业报所感，没有自在性；是处处有障碍，没有普遍性。所以五蕴假聚的我，实在是缘生缘灭的，如此，我相即除，也就没有人相、众生相、寿者相的结缚。

扫荡四相，要有般若的大雄大力，就如同《般若心经》所言：“行深般若波罗蜜多时，照见五蕴皆空，度一切苦厄……”因此，菩萨行者要发阿耨多罗三藐三菩提心，必先借助般若力，空去五蕴相，才能降伏执取“四相”的妄心。“我相”不除，嗅不到般若花开的幽香，自然也听闻不到诸佛潺潺的八万四千偈，不舍昼夜的吟唱。

有一个人请教一位禅师，问道：“禅师，经典上说，无情说法，我要怎么能听到呢？”

禅师回答道：“有个我，当然听不到。”

那个人反问道：“那么请问禅师，你听得到？”

禅师哈哈大笑：“有一个‘我’，再加上有一个‘你’，当然更听不到了！”

有你有我的相对，怎能彻听三千法界的只手之声？怎能识见青竹黄花的般若法身？在菩萨耕耘的田地里，要广大遍布菩提种，平等护念一切众生的慧苗，以无有四相的真心为枝干，获证空花佛果。

此分以菩萨发广大心平等观，真心供养一切众生，大菩萨的心量，令我们心生向往，凡夫虽不易做到，但可以在生活中，从少分的发心累积成菩萨满分的成绩。比如，一瓣心香，给人信心祝福；一脸微笑，给人温暖、欢喜；一句好话，给人亲切、赞叹。用善心、微笑、好话等来供养身边有缘无缘、有情无情的一切众生，把佛法的真善美实践于人间的生活。万德庄严的菩萨，是不会轻视这随手、随口、随喜、随心的点滴功德的。

习题

1. 行菩萨道要发什么心？

2. 菩萨为什么要灭度一切众生到涅槃的地方？

3. 灭度无量无数无边的众生，为什么是没有一个众生得灭度者？

4. 如何降伏我们执着四相的妄想心？

原典

大乘正宗分第三[①]

佛告须菩提："诸菩萨摩诃萨[②]，应如是降伏其心：所有一切众生之类，若卵生、若胎生、若湿生、若化生[③]，若有色、若无色[④]，若有想、若无想、若非有想非无想[⑤]，我皆令入无余涅槃[⑥]而灭度之。如是灭度无量无数无边众生，实无众生得灭度者。何以故？须菩提！若菩萨有我相、人相、众生相、寿者相[⑦]，即非菩萨。"

注释

①本分是大乘的心要，佛陀回答须菩提的问题，最重要的就是要发四心：一、广大心，不拣择优劣亲疏，一切众生皆度；二、最胜心，使众生皆断除烦恼，了生脱死，而入无余涅槃；三、无对待心，视一切众生平等无差别；四、无颠倒心，没有我、人、众生、寿者四相之分别计较。又菩萨若能用般若妙智，照了性空本无四相，名降伏其心，否则非菩萨。

②**菩萨摩诃萨**：即大菩萨。必须具备七个条件：一、具大根，二、有大智，三、信大法，四、解大理，五、修大行，六、经大时，七、证大果。

③**卵生、胎生、湿生、化生**：即四生，指三界六道有情产生之四种类别。一、卵生，由卵壳出生者，如蛇、鸟、鸡、鸭等；二、胎生，从母胎而出生者，如人、牛、马、羊等；三、湿生，即由粪聚、渠道、腐肉、丛草等润湿地之湿气所产生者，如蚊、蚋、蛆，以至于水中极细虫等；四、化生，无所托而忽有者，如诸天、地狱、中阴。

④**有色、无色**：从有没有物质形体来说，众生可分为：一、有色，即有物质形体的众生，也包括欲界六道

众生及色界四禅天；二、无色，没有男女之欲与物质形体者，如无色界的四空天。

⑤**有想、无想、非有想非无想**：系依情识之有无，而将众生所居分为三类：一、有想，即于空无边处起空想，于识无边处起识想之意；二、无想，即于无所有处离少想之意；三、非有想非无想，则为有顶所摄。此系将三种有情众生，配以空无边处、识无边处、无所有处、有顶等无色界之四处。

⑥**无余涅槃**：涅槃，译为灭度、寂灭等。可分为四种：一、自性清净涅槃，指人人本具的佛性，恒常清净而不染；二、有余依涅槃，小乘圣者虽已证入涅槃，不受后有，但仍有酬报过去世业因的身心存在，名有余依涅槃；三、无余依涅槃，比有余依涅槃更进一步，连酬报过去世业因的身心皆已灰灭，到达不生不死的境界；四、无住处涅槃，大乘菩萨以智慧力断除烦恼障、所知障，不住生死，但菩萨悲愿无尽，常于娑婆世界中救度众生，名无住处涅槃。

⑦**我相、人相、众生相、寿者相**：我相，执着我为能度者，为真实的个体存在；人相，执着彼为我所度者，以他人为和我对立之存在；众生相，所度既非一人，各各善根又不一致，于是处处分别之，如阶级、种族等分别，即是执着众生相；寿者相，执着我、人、众生等诸

事物为真实不虚、持续不坏，可以传之长久。这四相实际上都是由一个“我相”所开展出来，所以，佛教特别注重破除“我执”。

译文

佛陀告诉须菩提：“诸位菩萨摩诃萨，应当如此降伏妄心：对所有一切众生，不同生命形态的卵生、胎生、湿生、化生，有色身、无色身，有心思想念的、无心思想念的、不是有想不是无想的众生等，都要使他们进入无余涅槃的境界，了断一切苦报、烦恼，渡过生死苦海，到达不生不死之地。如此灭度无量无数无边的众生，其实并不见有一个众生为我所度。“这是什么缘故？须菩提！若菩萨妄执有我、人、众生、寿者四相对待分别，以为有个我能化度众生，又见有所谓的众生为我所度，这样就不能称为菩萨了。”

布施心应无所住分第四

讲话

在第三分佛陀先以行广大心平等观灭度一切众生之类，令其降伏凡圣九流的分别心，尔后于第四分再开示修持菩萨道的行者，在止息躁动纷扰的尘劳心以后，详明如何安住其心。对于安住其心，应把握四项住心的标的：

一、布施不住六尘。

二、福德喻如虚空。

三、无相施福难量。

四、心应无住而住。

在菩萨修行的法门中，虽然佛陀广开八万四千之繁多，但个个法门皆融摄于六度波罗蜜。这六种法门，涵容自利利他、自度度他的功德。《金刚经》所谈论的“般若空性”，不是偏枯死寂，而是了彻妄相，不被六尘困惑，一念净信而能起庄严佛事；一心虚灵而能融通妙用。

经文中：“菩萨于法，应无所住，行于布施。”此法，即是众生心，它能统合世出世间染净因果，有为无为等色心诸法。经文中指的“应无所住”又有什么特别含意呢？

一、布施不住六尘

《金刚经》于文字义理上，一再申论布施是以不住相、不住心为主题，但是真正的不住相、无所住的深意，是要我们不废事相的善业资粮，于不住心，大做空花佛事。因此在第四分佛陀提出布施的观点“应不住色声香味触法”。六度以布施为首，而布施实际是会通六度的。在《金刚经宗通》提到布施有三义：

一、资生施——施予财物，资给众生生存的条件。

二、无畏施——由于己身奉行净戒、忍辱无害故，设有冤家亦不仇报，慈爱一切有情，令不生怖畏恐惧。

三、法施——由于精进故，于诸善事，心不懈退；由禅定故，如鉴映水，知众生心；由智慧故，能事理无碍，不颠倒而说法。

资生施是给予众生色身的赡养，令其饱足；无畏施是给予众生精神上的鼓舞，令其安稳；法施则是演说法谛，令众生开悟觉性。此三施呈现六波罗蜜之用，亦是横贯身口意三业净施。弥勒菩萨偈曰：

檀义摄于六，资生无畏法；
此中一二三，名为修行住。

布施不住六尘，才能泯除人我分别，打破有无界限，才是修行者逍遥的住处。

佛陀在世的时候，末利夫人虔信三宝，奉守净戒，深获百姓的爱戴。有一天，波斯匿王因为细故要杀御厨，当时正在持守八关斋戒的末利王后闻讯，把自己穿戴得光鲜华丽，并请求大王一起饮酒作乐，指定要那位御厨亲自料理。波斯匿王感到十分纳闷，问她："你平时滴酒不沾，而且今天又是你持八关斋戒的日子，为什么身上佩戴珍宝璎珞，为什么你要破斋犯戒，和我饮酒作乐呢？"

"我听说这名御厨触怒了大王，即将要被杀头，如果今天不请他调理美膳，恐怕以后就没有机会了。"

波斯匿王明白夫人的慈悲，就免除御厨的死罪。

从这段故事，我们看到末利夫人，不被戒相所惑，深明持戒原是以止恶行善为真谛，因此不顾己身犯破戒之过，以涂香饮酒之相，行慈救人！

布施立于六度之首，足见它是菩萨行持的筑基，菩萨度化的资粮。生活里，处处可见有人拿着几根香蕉，几个苹果，来到庙里求福禄求功名，求平安求财利，这住于世间六尘的布施，绝非是真心的布施，而是一种对神祇的贿赂。

我们在布施时，应做到四点：

（一）不贪求胜境，应随缘布施。

（二）不吝惜所有，应随力布施。

（三）不分别怨亲爱憎，应随喜布施。

（四）不妄想未来果报，应随心布施。

如果，我们能做到不住六尘布施，妄心即伏；能念念清净行施，何患真心不住？

二、福德喻如虚空

布施的福德有多大呢？在布施的性德上，“布”即是普遍，“施”即是散尽，以外相种种施为，借此普能散尽心中的妄念习气，灭绝烦恼蕴集。佛陀为什么要用虚空譬喻福德？窥基大师在《金刚经赞述》说明以虚空喻有三种因缘。

（一）虚空遍一切处——福量圆满，长久不绝。

（二）虚空高大殊胜——无物伦比，毕竟常住。

（三）虚空物所不坏——风所不飘，水所不溺，火所不烧，物所不坏。

虚空因为具有遍一切处、高大殊胜、物所不坏等性德，因此佛陀以此譬喻布施之福德如虚空是无能限齐的。

诚拙禅师在圆觉寺弘法时，法缘非常兴盛，每次讲经时，信徒都挤得水泄不通，因此就有人提议，要再扩建更宽敞的讲堂。

有一位信徒，用袋子装了一百两黄金，送到寺庙给诚拙禅师，说明是要捐助建筑讲堂之用。禅师收下黄金，就忙着处理别的事，信徒对此态度十分不满，心想：一百两黄金可不是个小数目，怎么这个禅师拿到这笔巨款，连个谢字也没有？于是就尾随禅师的后面提醒道："师父！我那口袋子装的可是一百两黄金呀！"

禅师淡然应道："你已经说过了，我也知道了。"

信徒更是生气，提高嗓门道："喂！师父，我今天捐的是一百两黄金呀！难道你连一句谢谢也没有吗？"

禅师刚好走到大雄宝殿就停下来转身道："你捐钱给佛祖，功德是你自己的，如果你把布施当成一种买卖，我就代替佛祖向你说声谢谢！从此你和佛祖的关系是银货两讫！"

这虽是一则禅门趣谈，但是也警醒我们布施时要能不住相，不可以把布施当成银货买卖。佛陀把布施福德的果喻为虚空，果亦是从因中来，在布施时心如虚空坦荡无为，没有亲疏好恶的拣择，果报就能像虚空广大殊胜。要如何做到视一切众生如赤子，能内破悭吝心，外行利益事？有三种妙观可以培养我们如虚空廓然的平等心。

（一）厌离观——观生死业趣，众苦逼迫身心，谛观思惟，身聚如沫，命非久长，以此厌离观，能对身外财物不起贪着，而行大施。

（二）菩提观——观佛果相好殊胜，法性本具净戒，了知心佛众生三无差别。此知菩提本性平等，故能尊重一切众生而行布施。

（三）慈悲观——念众生不逢佛时，不明法时，不敬僧时，不知三宝，不信因果，造种种恶业，如迷醉人行走暗路，如无足人渡河流。由此念众生如己身脓疮，必悉心护念救度。

厌离观像一面镜子，照见世间所有身内身外诸物，悉皆败坏无常，由此厌离，发大心行大布施。菩提观像一把慧剑，截断心、佛、众生的妄想众流。慈悲观像通明的灯塔，接引迷航的众生安全上岸。

三、无相施福难量

布施要心不住六尘而行布施，但布施于事相的福德，如种一得百，历历宛然，丝毫寸缕都功不唐捐。如《金刚经宗通》云：

修福不修慧，则法身不圆；
修慧不修福，则报化不圆。

行者于因地修行，欲圆满三身，福慧如车乘之双轮，如飞鸟之双翼，缺一不可，必须福慧二严，才能三身具足圆满。点滴善业，于资粮位，都不可轻心慢心视之！

有一次，佛陀和阿难入城乞食时，看见一群孩童在路旁嬉戏。他们聚集沙土造成房屋和仓库，并以土做米，储藏于沙土造成的仓库里。

这时候，有一个小孩，遥见佛来，生起布施的心，天真地捧着沙土做的米供养给佛陀，佛陀微笑地接受。阿难很疑惑，为什么佛陀要接受这沙做的米？回到精舍，阿难合掌恭敬问佛："佛陀，这小儿布施一点沙土，又有什么功德呢？这沙土做成的米，为什么您要接受呢？"

"阿难，你忘记了吗？佛法贵于发心的真伪，不在事相的美丑贵贱，这小儿发无分别心行大布施，不可轻视！小儿的泥土供养，于我涅槃后一百年间，将得到做大国王的福报，名叫阿育，而且其他小儿，都做他的侍臣拥护他。这小儿会兴隆三宝，于阎浮提遍布我的舍利，广建八万四千塔，令已信者增进善根，未信者有得度因缘。”

小儿布施一掬之土，因无恶浊染污心，以一念澄净清明，得做大王的福报。我们岂能轻忽一粒芥籽的因缘，这细微如芥的种子，他日将是华枝春满，庇荫天下苍生，傲岸挺立的大树。

四、心应无住而住

我们的一颗心，每天纷纷扰扰不已，如经典上所说：“念念如瀑流。”凡夫心住在五欲声色的追逐中；四果圣贤住在寂灭的法乐里；菩萨则以游行教化众生为事业。经文中，佛陀教诲菩萨要明白不住六尘的布施，福德如虚空不可思量。最后并且要菩萨“应如所教住”，如虚空无住而住安住其心。

心住在哪里呢？千古圣贤都在觅求这个无头无尾的“无位真人”。禅门中，二祖慧可立于丈雪中，献臂求法，希求达摩祖师能开甘露法门，为其安心。达摩祖师一句：“觅心了不可得，我已经为你安心了。”心，虽然瞬息幻化多变，但佛性不论入驴腹马胎亦不减损半分！心既是生灭迁流，当然觅心了不可得，就像我们被波涛汹涌的外相所蒙骗，见不着海里其实是平静无痕的。

心如虚空无住而住，不应住凡圣两边，不应住迷悟两边，不应住真妄两边，不应住有无两边。念头一落偏颇，就如同灰尘落目，必须揩拭，即使是金屑，眼中也不容收留半分。

侍者文远在大雄宝殿礼佛，赵州禅师看到，就趋前用拄杖打他："你在干什么？"文远不明白老师为何要棒打他，大声答道："我在礼佛，没做错什么呀！"

赵州禅师再追问："你礼佛是干什么呢？"文远回答说："礼佛也是好事呀！"

赵州禅师拿起拄杖又打了他一下："好事不如无事。"

第四分以无相、无住布施，打破我们执取有限福德的迷翳，彻见吾人法性的虚空。佛陀借由福德如虚空不可思量的比喻，让我们反观到自己也有一个天然佛性，如虚空一般，风、火、水劫所不能坏。

心无所住，需要用时间来修炼完成，但是时时警醒自觉，检查自己的发心是染净是正伪，如同经典所言："发心正，果必圆。"

在心如虚空，应如所教住。这心不住而住，从调伏柔顺到安住如虚空，我有几点安心之道，可以在生活中慢慢熟练和我们这颗心相处。

（一）酷暑寒冬都美。

（二）南北东西都好。

（三）高低上下都妙。

（四）人我界限都无。

从欣赏自然寒暑，继而恬适世情的浓淡；不去分别地理方位，明白处处都是好风好水；从不轻高低上下，就能尊重一切不同种族不同阶层的人等；人我既然没有界限，即是互存互依的生命共同体，当然不会有伤害侵犯众生的言行。如此，人人安住其心，即是和乐爱敬的人间净土。

习题

1. 为什么布施要不住六尘？

2. 佛陀以虚空做譬喻，和福德有什么关系？

3. 不住相布施是什么意思？生活里要如何做到？

4. 心有住无住的布施，和我们调伏妄心又有什么关系？

原典

妙行无住分第四①

“复次，须菩提！菩萨于法，应无所住，行于布施②。所谓不住色布施，不住声香味触法③布施。

“须菩提！菩萨应如是布施，不住于相。何以故？若菩萨不住相布施，其福德不可思量。

“须菩提！于意云何？东方虚空④可思量不？”

“不也，世尊！”

“须菩提！南西北方四维[⑤]上下虚空可思量不?”

“不也，世尊！”

“须菩提！菩萨无住相布施，福德亦复如是不可思量。须菩提！菩萨但应如所教住。”

注释

①本分在叙述“妙行无住”，就是说——心应无所住而行布施。有住即是住相，就是对诸法产生虚妄分别；若不住相，就不为妄境所动；不为妄境所动，则不生不灭，清净本然之体迥然独露矣。此不住之住，才是真正的奥妙之行。不着相布施，也就是菩萨在行布施时，了达布施者、受施者及所施物三轮体空，即无能施之心，不分别受施之人，不见有所施之物，当然布施后不存求报的念头。能不着相布施，因施与性空契理，性空无量无边，施福亦无量无边。

②**布施**：布，普也；施，舍也。菩萨修六度万行，以“布施”一义，即可收摄其他五度：一、财施，即是六度中之布施度；施以物资他生也，小至一钱一物，大至国城妻子。二、无畏施，可摄“持戒、忍辱”二度。无畏之故，任何恶魔不能破他的戒体；无畏之故，一切

凌辱皆能忍受；无畏之故，能精进勇猛地修行正法。三、法施，可摄“精进、禅定、般若”三度。又佛因地修行，于诸善业精进不懈；说法之前，必先入禅定，以般若智慧观察听法大众之根性，然后应机说法。

③**色声香味触法**：即六尘。又名六处、六境。一、色，如黑白方圆等，为眼根所对、眼识所缘的境；二、声，一切声、音、乐，为耳根所对、耳识所缘的境；三、香，一切物品乃至男女身体所有之气息，为鼻根所对、鼻识所缘的境；四、味，饮食馔肴美味和辛辣等味，为舌根所对、舌识所缘的境；五、触，冷暖寒热及硬软细滑等感觉，为身根所对、身识所缘的境；六、法，即是识心所想及的心法，为意根所对、意识所缘的境，如回忆往事或憧憬未来。

④**虚空**：有周遍、不动、无尽、永恒等四义。

⑤**四维**：即是东南、西南、东北、西北。

译文

“再者，菩萨了知一切诸法其性本空，为因缘聚灭会合，所以于世间所有的万事万物，都应无所执着，以此无住法中，修行布施，利益众生。也就是六根清净，不住色声香味触法等六尘，而去行布施。

“须菩提！菩萨应该如是修行无相布施。这是什么缘故？若菩萨修行无相布施，没有布施的我，受布施的人，所布施的物，当然布施后更不存求报的念头，这种三轮体空、无相而施的福德是不可思量的。

“须菩提！你认为东方的虚空可以思量得到吗？”

“不可思量的，佛陀！”

“须菩提！那么南西北方四维上下的虚空，可以思量得到吗？”

“不可思量的，佛陀！”

“须菩提！菩萨因体悟三轮体空，不执着事相而行布施，其所得的福德，也和十方虚空一样，是不可思量的。须菩提！菩萨只要依着我的教法修行，自然能令妄心不起，真正安住于清净的菩提本心。”

诸相非如来实相分第五

讲话

在第四分，我们谈论到布施心应无所住，什么是“心无所住”呢？六祖惠能大师在《金刚经解义》中说：“布施应有纯净无染的心，一是不求身相端严，二是不求五欲快乐。为内破悭心，外利一切众生。”从有施心无所住，破解众生执着三有，我是布施者，对方是接受布施者，还有布施的财物，能三轮体空，才能获福如虚空不可思量！

第四分要吾人远离布施住心，第五分进入探讨佛陀外现的三十二相八十随形好，巍巍的丈六金身，就是如来的实相吗？

我分四点来阐释关于“如来实相”的问题：

一、丈六金身非佛。

二、佛身无住灭相。

三、佛陀身随缘现。

四、见法即见佛陀。

经文中佛陀以一句：可以用三十二相之应身见法身如来否？勘验须菩提能否深解菩萨因地修行时，诸多游化事业，都是离相无染，因机施设的。佛陀所证的实相法身，并非我们眼见的有为身相。

一、丈六金身非佛

佛有三身，即法身、报身、应身。法身是离相是清净的，离生死涅槃相，不住有不住无，犹如虚空应物现形，如水中月捉拿不得，三十二相由多劫修行成就，是有为的生住异灭，是随机不同而有增减，所以三十二相不是法身实相。

佛陀所证的法身，离一切差别相，是平等无为。不论恶道众生，四果圣贤，乃至草木含识，都是法身的流露。只因众生对根尘识生起贪爱，障碍了般若慧眼，不能自见法身的大光明藏。

诸佛明了这法身如如之理，即能以般若智教化众生，是谓“如来”。法身本无增减去来，应化的身相是佛陀为度化众生，说法时的身相，也就是佛陀从无忧树出生，伽耶城出家，四十九年说法至双林树下涅槃等身。经文中，佛陀问须菩提："可以以身相见如来否？"须菩提回答："不能。"为什么丈六金身非佛？三十二相非法身实相？佛光山大雄宝殿的对联"兜率娑婆去来不动金刚座"，可以领悟一点法身不动的如如之理。

佛陀于兜率内院观众生机缘成熟，降诞印度作狮子吼，四十九年弘布法音后，示现涅槃。兜率和娑婆来去之相，犹如水中月，池水干涸，月即不现，但是月本无动摇和来去。

佛陀这一句如竿探水，为须菩提和后世一切众生拨去执取有为身相的痴暗。在佛陀住世时，也有一位婆罗门看见佛陀的千辐轮相，对佛陀的身份生起怀疑。《杂阿含经》记载：

有一天，佛陀行走到憍萨罗国的沙林聚落，便于树下静坐。当时，有一个婆罗门看到地下佛陀的足迹，映现着千辐轮相，感到十分惊讶。心想：我从未见到人间有此庄严的千辐轮相，这个人是人吗？于是循着足迹前往，在足迹的尽头，看见有个人于树下静坐。婆罗门看见佛陀六根清净和悦，相如金山光明巍巍地耸立着。

婆罗门趋前恭谨地问道："你是天界的神祇吗？"

佛陀微笑地答道："我不是天神。"

"你是龙、夜叉、乾闼婆、阿修罗、迦楼罗、紧那罗、摩睺罗伽吗?"

"我不是!"

婆罗门更加惶恐地说:"那你是人吗?"

佛陀答道:"我不是人!"

婆罗门充满迷惑地说:"那你……你一定是非人?"

"我也不是非人!"

婆罗门心意迷乱地说:"你究竟是什么呢?"

佛陀语音和雅地回答:"天、龙、夜叉……人、非人等,都是由烦恼所生。我已横渡一切世间痴迷的爱河,熄灭了炽燃的生死之火,我是出离三界的觉者。因此,我不是其中的任何一类众生。我宛如香净远播的白莲,虽生于污泥而不染着;我虽是父母所生,却已超越了世间的尘垢。我历劫来勤苦修行,已断除有为生灭的幻相,已拔除烦恼的剑刺,到达究竟安乐的彼岸,所以,我应该被称为佛陀。"

三十二相,不过是有为的生灭之相,是三世诸佛权巧方便的机宜,透过三十二相的庄严清净,让我们生起渴仰的真心,觉醒自我本性原有个巍巍灿烂,神通妙用的三十二应化身。

二、佛身无住灭相

前文已述，法身如来不生不灭，如月之三喻：月的本体是法身，湛然不动；月之光彩明耀是报身，圆满庄严；河川湖泊映月是应身，有水皆现。如诗偈言：

菩萨清凉月，常游毕竟空；
众生心垢净，菩提月现前。

现前佛陀身相，凡夫见有来有去，执为有相，以为有个三十二相为恒常。二乘行者见其不来，执为无相，落入以无为修因。菩萨已知报化身非有，离凡夫见；知法身非无，离二乘见。但趋向佛乘，犹有法爱，而菩提涅槃，一切法不应住着。

法身无来去住灭的微妙奥义，我借用唐顺宗和佛光禅师一段精彩的问答来说明。

顺宗皇帝问道："佛从哪里来？灭向哪里去？经典说佛常住在世，佛现今又在何处？"

佛光禅师答道："佛从无为来，灭向无为去，法身等虚空，常在无心处。有念归无念，有住归无住，来为众生来，去为众生去。清净真如海，湛然体常住，智者善思惟，更勿生疑虑！"

顺宗皇帝不以为然地再问："佛向王宫生，灭向双林灭，住世四十九，又言无法说。山河与大海，天地及日月，时至皆归尽，谁言不生灭？疑情犹如斯，智者善分别！"

佛光禅师进一步解释："佛体本无为，迷情妄分别，法身等虚空，未曾有生灭。有缘佛出世，无缘佛入灭，处处化众生，犹如水中月。非常亦非断，非生亦非灭，生亦未曾生，灭亦未曾灭，了见无心处，自然无法说。"

有心，见到的是有相生灭的世界，都是为治一切心，而设一切法，像禅门的"黄叶止啼"令无知小儿止啼罢了！无心，才能见自不生不灭的如来法界。我们的生活里乃至修行都离不开群我的关系，无论是亲子、夫妻、朋友、同事、主管部属等等，世间的种种因缘，好坏善恶诸法都是我们自心的呈现，也都是生灭不实的。就如同我们只看到生，就欢喜雀跃；或只看到死，就痛苦悲伤。因为我们只看到一半的世界，不明白生死是一体，如薪火相燃不息，一期的生命，不过是其中的一根木柴。生未曾生，死又未曾死，因为我们有一个不生不死的生命。

佛教的行者是透彻生死的专家，在人命如呼吸间的不可测知，无法主宰的当下，他们把握每一个念头，明了精神世界的内在价值，对人间更是惜物惜情，发大勇猛，建设一个真善美的净土。

三、佛陀身随缘现

佛陀的法身没有生住异灭四相，佛陀于娑婆降生到入灭，那个示现的身相是五蕴和合，是危脆生灭的，而不是佛真正的法身。如《大乘义章》言："身见者，亦名我见，五阴名身，身中见我，取执分别，从其迷故，名身见；以见我故，从其所立，亦名我见。"

所谓凡夫执相分别的心，皆从五蕴和合而来。因此，佛陀一再教诫弟子："圣弟子如是观者，观色如聚沫，受如水上泡，想如春时焰，诸行如芭蕉，诸法如幻术。"如果我们能正观五蕴是苦、空、无常、无我，就能明白世出世间一切依正染净色心诸相皆幻化不实。如《华手经》言："心空如幻，念念生灭。"就如同经文所说："如来所说身相，即非身相。"如来丈六金身，三十二相好，不过是随尔根性差别，感应群机的游化。

我们常常会被六根所蒙骗，这是我亲眼看到的，这是我亲耳听到的。种种见闻觉知的障碍，像盲人摸象，见不到法的全体。有一首诗偈说：

佛在灵山莫远求，灵山只在汝心头；

人人有个灵山塔，好向灵山塔下修。

只要解开六根六尘加诸的妄相，肯定自己本自具有如来之三十二相，反观自然，千里外的灵山，就在心头方寸间。很多学佛的信徒，都希望能亲眼见到佛菩萨，如果可以给菩萨摩顶授记，一定可以得到很多加持和福报。佛菩萨放光显现，不过是使我们一时欢喜而已，真正要斩断我们内心里愚痴的葛藤，谁也替代不了你！求观世音菩萨施予我们的慈悲智慧，何不自己做个寻声救苦，大慈大悲，随力布施，随喜教化的日日观音。《增一阿含经》："三世诸佛，不在天界，不在他处，皆于人间成佛。"

有一个商人，平时信佛，只是脾气暴躁，生气起来，常常口不择言叱骂自己的母亲。有一天他到庙里去烧香，看到观世音菩萨那么庄严美好，心里想：观世音菩萨有求必应，我如果能亲自见到，请菩萨帮忙我生意兴隆，做事顺利，一定可以赚更多的钱。于是他向住持和尚请求：

"法师啊！我要怎样才能见到观世音菩萨呢？"

住持和尚为了度化他的痴迷，改变他对母亲的态度，就想到一条妙计。

"你回家去！如果看到衣服穿反了，鞋子套错边的那个人，就是观世音菩萨，他是有求必应！”

商人欢天喜地赶路回家，一路上并没有见到法师所说的菩萨，心里正气愤法师骗他，回到家大力地敲门。母亲听到急促的叫门声，又急又怕地来开门，结果衣服、鞋子都穿反了。打开门，商人一见母亲的样子，不就是法师所说的观世音菩萨吗？他恍然悔悟，身边的母亲，用血乳哺育他，一生终老殷勤地照料他，不就是有求必应的菩萨吗？商人自此痛改前非，恭敬孝养母亲颐养天年。

诸佛如来，不是遥不可及，不是玄虚渺茫难测，如来分身千万亿，如虚空月，有水皆含，吾人若能识尽本心，万德庄严的如来身相、性德，人人头上有份。因为，如来不在相好在慈悲的给予；如来不在神通在智慧的辨别；如来不在灵感在方便的妙用；如来不在庙堂高坐，而是在人间处处行化。

四、见法即见佛陀

佛陀先破吾人视应化的身相为实相，执着有的泥坑，又恐吾人住于无的深井，所以再教诫一番：凡所有相，皆是虚妄。什么名为“虚妄”？窥基大师在《金刚经赞述》说，虚妄有三等层次：

一、有相有生灭之事法。

二、有漏法及不了义等诸法。

三、遍执有无漏法，皆名虚妄。

所以《中边分别论》说："三界虚妄，心心所也。"既然明了求实相也是了不可得，当下就能契入诸法如如的真相，就如经文所言："若见诸相非相，即见如来。"我们若能拂去贪迷世间的妄相，和执着有个出世间的涅槃可得，那么内心无妄无求，自然宛如湖镜，鉴照万物万象。

见法即见佛陀，佛陀也一再训勉弟子，以法为洲，自依止，莫异依止。这个法，就是识破五蕴的虚假，不着空有二岸，知法性本自空寂不动。

有一次，佛陀思惟：大众于法心生疲累，没有渴仰勇猛的真心，我应该让大众知道法的难遭难遇。于是佛陀没有告诉任何人，也没有携带侍者，以屈伸臂顷的时间，前往三十三天的善法讲堂为天众说法。

大众许久见不到佛陀，焦急地问侍者阿难，阿难也不得知佛陀身在何处。波斯匿王、优填王更是因为思念佛陀，愁烦成疾。佛陀在三十三天说法，历经三个月。思惟：人间的大众已生起渴望求法的心，我应暂舍神通，不自隐身形，以便使出家弟子知道佛陀身在何处。

天眼第一的阿那律入正定，告诉阿难，佛陀现于三十三天为众说法。众人欢喜踊跃，请求神通第一的目犍连，祈请佛陀返回人间。目犍连从三十三天返回，告之大众，佛陀七天之后会从天而降，来到僧迦尸国的大池水旁边。

第七天终于来到了。国王、大臣，一切出家在家弟子都前往迎接佛陀。莲华色比丘尼用神通化为转轮圣王的威德，具足七宝：轮宝、象宝、马宝、珠宝、女宝、居士宝、主臣宝。迎佛的行列，浩浩荡荡地前往僧迦尸国。

当时，须菩提尊者在灵鹫山的一座山洞中缝补衣服。他听说佛陀今日将返回人间，所有的七众弟子都前往礼拜佛陀。他想：我也应该前去拜见佛陀。于是须菩提从座而起，顿然领悟，我前往礼拜的佛陀，只是佛陀的外貌，什么是佛陀呢？是眼耳鼻舌身意吗？如果我到僧迦尸国去拜见佛陀，也只是礼拜地水火风罢了！如佛陀所教诫，真正的礼佛，应该观照诸法空性，没有造作，也没有一个自我的主宰，我应该归命礼敬佛陀的法身。因此，须菩提坐下，继续缝补衣服。

莲华色比丘尼化身的转轮圣王，众宝赫赫，威光明照，到达大池水边。所有的国王与人民都被其威神摄伏，纷纷走避。莲华色比丘尼向前礼拜佛陀，喜不自胜地说："我是第一个见到您，第一个向您顶礼的弟子。"

佛陀说："莲华色你不是第一个礼拜佛陀的人，最先拜见佛陀的人是须菩提。如果有人想要亲见佛陀，应当系心思惟，观照空性，才是真正顶礼佛陀。”

须菩提就如同《般若心经》的“行深般若波罗蜜多时，照见五蕴皆空，度一切苦厄”。以般若的深心，彻见诸法是因缘和合与众生心识变现而有的，要度尽生命的一切苦厄，要有般若慧观。

我们妄心如天马行空，求神通灵感，求放光加被，却任意忽略当下每一个小小因缘。一棵大树开满花朵，结成累累果实，都是从一粒微小的种子开始。须菩提尊者以空无心胜过莲华色比丘尼七宝赫赫的神通。当我们识透修行在修心，不闻他人过，所有善恶要内观自照，那时候，我们就不用再千里迢迢要去迎接佛陀的到来，而能够如须菩提尊者安住眼前事，不动本座缝补衣服，因为见法性者即和如来心心相印。

习题

1. 为什么佛陀说，不可以三十二相见如来呢？

2. 佛陀四十九年说法，从住世到入灭，为什么说没有生灭？

3. 我们要如何体认佛陀不生不灭，随缘示现的道理？

4. 要如何才能见到真正的佛陀？

原典

如理实见分第五①

“须菩提！于意云何？可以身相见如来不？”

“不也，世尊！不可以身相得见如来。何以故？如来所说身相，即非身相。”

佛告须菩提：“凡所有相，皆是虚妄。若见诸相非相，即见如来。”

注释

①本分在叙述，若能了达凡是所有一切造作迁流变化的种种相，都是因缘所生法，因缘会遇而生，因缘离散而灭，如幻如化，虚妄不实，求其实了不可得，那么当体即契无相之理，就可见到无相的法身如来。

译文

“须菩提！你认为可以从身相见到佛陀吗？”

“不可以的，佛陀！不可以从身相见到佛陀。为什么？因为佛陀所说的身相，指的是色身。色身是地水火风四大假合，是因缘生灭，虚妄不实的，并非真实永存之身。佛陀的真实法身，等如虚空，无所不在。但是法身无相，凡眼是无法亲见，只有明了五蕴假合的幻象，才能亲见佛陀不生不灭的法身。”

佛陀告诉须菩提说：“不仅佛身如此，凡是世间所有诸相，都是生灭迁流的相，虚妄不实的。若能了达世间虚妄之本质，就能见到佛陀的法身了。”

真实信心解脱之道分第六

讲话

佛陀从第三分要我们“离相度生”，灭度无量无数无边众生，实无众生得灭度者。第四分则是强调“无住行施”，不住色声香味触法而行布施。第五分要我们明白“诸相非相”，从佛应现的三十二相是生灭虚妄相，彻见湛然空寂的法身如来。

从第三分到第五分旨在扫荡我们对有相、有住的妄想执着，佛陀又怕我们堕入顽空，因此，第六分以真实信心、持戒修福来引导我们踏往般若门槛。第六分的思想脉络，我分四点来阐述：

一、持戒修福入般若门。

二、生实信种万亿善根。

三、心不取法相非法相。

四、佛陀说法借筏渡岸。

一、持戒修福入般若门

须菩提在听闻“若见诸相非相，即见如来”的微妙法义时，心中生起疑惑和担忧的心情。疑惑有人能够信解不疑吗？有人对此甚深玄义能受持奉行吗？于是须菩提向佛陀发问：“佛陀！颇有众生，得闻如是言说章句，生实信否？”

“言说章句”指的是佛陀于《金刚经》所说的，第三分——无相度生、第四分——无住行施、第五分——如理实见如来，揭示之般若实相真义。

关于“实信”即是真实的信心，也就是正确的信仰，能令我们行正道法谛，到达生命圆满解脱的境界。这个“信”有很多的层次，比如：迷信，信有鬼神会赐福降灾，有个神灵可以主宰我们的命运；邪信，贪恣现世欲乐，不信因果轮回，不信有凡圣有涅槃。迷信还不可怕，因为心中有个神祇偶像可以规范身心，邪信就深陷断灭空见，善根薄弱，犯诸禁戒，对正法三宝功德无法信受。

我们究竟要信仰什么？什么样的标准才具备正信的条件？

信实：信有真实历史的。如释迦牟尼佛，是实实在在于古印度降生、成道、教化、涅槃。不是凭空捏造的天神或仙人。

信德：信有道德圆满的。我们信仰的对象，道德要像白莲清净，已断除贪欲、嗔恨、愚痴的污浊，可以作为我们人格道德学习的典范。

信能：信有超越能力的。信仰的对象对我们内心的烦恼痛苦已能够超越，而且可以拔除我们的苦痛，给予我们身心安稳的力量。

信仰确实存在者，信仰道德清净者，信仰具有拔苦予乐的能力者。一般人都有自己执着的信仰，有人信仰爱情的神奇，有人信仰金钱的万能，有人信仰权势的力量，有人信仰地位的尊贵等等，这种充满危脆不安的信仰，像写在沙滩的字，随时会被无常的潮汐淹没。就拿金钱来说，积集再多的财富，你抵挡得住大水、大火、盗贼、贪官污吏、不肖儿女的夺取和败坏吗？因此，这种信仰不合乎究竟的真理，真理要有“普遍如此”“本来如此”“必然如此”的要素，比如经典上说的：“恩爱无常、合会当离、身非己有、命不久长，即吻合佛陀所言的三法印，诸行无常、诸法无我、涅槃寂静。”

《金刚经》所宣扬的般若自性，是显发果上的性德，要圆满万德庄严的华果，必须要有因地上精勤的耕耘。

所以佛陀告诉须菩提：如来灭后后五百岁，只要有持戒修福者，就能对《金刚经》生起真实的信心。

什么是“持戒修福”呢？持戒者即诸恶莫作，修福者即众善奉行。持戒三学通摄，修福则六度全赅。因菩提华果皆由此生根、繁荣、结果。

《增一阿含经》迦叶问阿难：什么样的经偈能生三十七道品和一切善法？

阿难便说此偈：

诸恶莫作，众善奉行；
自净其意，是诸佛教。

此偈涵盖四阿含经，尽具足诸佛之教。诸恶莫作，是诸法本，便生出一切善法。什么缘故呢？因为诸恶莫作，能受持禁戒不犯，身口意清白无染。众善奉行，心意不贪不嗔不痴，则能清净柔软。由此自净其意，即除邪见颠倒，去愚惑想，自然能具足诸佛之教。

迦叶！戒清净已，意即清净，则不颠倒。以无颠倒故，愚惑想灭，诸三十七道品，便得成就。

我们不要轻忽小戒微福，佛陀的三十二相，八十随形好，都是不轻不舍细行功德所成的。我们从佛陀的事迹来看，为病比丘净浴其身，为朽坏的门板清理修复，为阿那律穿针引线等。就如同佛陀对阿那律说的偈语：

世间所有力，游在天人中；

福力最为胜，由福成佛道。

戒，令我们防非止恶，关闭烦恼六根的盗贼，修福则是积极去资助别人，给予众生种种方便。我们目中存有对一切众生生命和尊严的尊重，心中有拔除众生苦难的悲悯之情，由于持戒不施加一切众生任何的毁伤，由于修福不吝给予众生安稳的快乐，身口意清净调和，自然能入般若门槛。

二、生实信种万亿善根

《华严经》说："信为道源功德母，长养一切诸善根。"在前文我们厘清正信的条件要合乎：信实、信德、信能。信仰的真理应契合佛陀的三法印。接下来我们要讨论的是"信"的功德。经文中说："一念生净信……于无量千万亿佛所种诸善根。"为什么一念净信有如此大功德？六祖惠能大师于《金刚经注解》中，谈到实信般若波罗蜜的功德。

信般若波罗蜜，能除一切烦恼；

信般若波罗蜜，能成就一切出世功德；

信般若波罗蜜，能出生一切诸佛。

信自身佛性，本来清净，无有染污，与诸佛性平等无二；信六道众生，尽得成佛，是名净信也。

源于实信、正信、净信般若波罗蜜之力，能获平等无量功德。净信如清水可以灌溉自性田地，令善根增长，这是就着《金刚经》的功德而言。平时的生活中，我们要如何在心田中“种诸善根”？其实只要能自净其意，随力用功，比如念一句佛、持一遍咒、诵一卷经、参一刻禅等加行，都能增益我们的善根功德。

有一天，有个婆罗门来请教佛陀。

“佛陀，我的名字叫作增益，我要如何真正增益善根功德呢？”

佛陀回答：“所谓的增益，是具足持守净戒、听闻正法、喜舍不悭、正观空慧。有此戒、闻、舍、慧庄严身心，才是真正的增益善根功德。”

六祖惠能大师指出，欲滋长一切善根，不离众生身中求：

于一切贫苦众生，起慈愍心，不生轻厌，有所需求，随力惠施。是名种诸善根。

于一切恶类众生，自行柔和忍辱，欢喜逢迎，不逆其意，令彼发欢喜心，息刚戾行。是名种诸善根。

于六道众生，不加杀害，不欺不贱，不毁不辱，不骑不捶，不食其肉，常行饶益。是名种诸善根。

由于对一切众生有平等观，能生一切众生皆有佛性的信心，所以能诸恶远离，众善奉行不疑。我引用一则故事来说明信心的力量不可思议。

舍卫国的东南边，有一条大河，河水滔滔，深不可测。岸上有五百户人家居住，他们从未听闻佛法。

佛陀观察他们得度的机缘已经成熟了，便到河边的一棵大树下静坐着。村民们被佛陀放射的光明吸引，纷纷围坐于树下，佛陀为他们说五戒十善法，村民们虽然心生欢喜踊跃，但是并未完全信受奉行。

此时，对岸有一个人涉水而来，五体投地向佛陀礼拜。众人惊怪说："我们久远居住这水边，从来没有人涉水登岸，你是何方天神，有什么奇妙的法术？"

那人答道："我是住在河另一边的人，听说佛陀在此说法，我一心渴仰甘露的滋润。于是请问河岸的人，他们表示水只齐踝，我因为深信不疑，便涉水前往，并没有什么神奇法术。"

这时，佛陀欢喜赞叹道："善哉！善哉！凭着恳切的真信，能渡生死大河，这数里之水，如履平地，又有什么神奇？"

所以，信心是肥沃性田的土壤，灌溉的雨露，催花结果的和风煦日。菩萨欲行离相度生、无住行施的事业中，持戒修福，种诸善根，是因中修行必备的资粮位。就像《维摩诘经》所说：

虽行于空，而植众德本，是菩萨行；
虽行无相，而广度众生，是菩萨行；
虽行无行，而现有受身，是菩萨行。

三、心不取法相非法相

一念生净信的众生，已不取着“法相、非法相、亦无非法相”。何谓“不取法相”？即已空掉我执四相。“不取非法相”，意即已舍去法执的取着。“亦无非法相”，明白我法俱空，却不滞于空。一念生净信，应不取着我、法、空三执，方能与实相般若同声应和。

经文中云：“若心取相、取法相、取非法相，即着我、人、众生、寿者。”此段的四相，不是对二乘行者开示的破除五蕴假合的我，而是更深入精细地为发大乘心者所说的法。这四相：

我相——以为有个我在度众生。

人相——以为有众生是我所度。

众生相——有能度所度种种差别妄想。

寿者相——对于所行，执着不舍。

我执四相是堕入“我见”，法执四相则陷于“有见”，空执四相不免又执取有个“空”可得。因此，将我相、法相、非法相等四相除净，亦即扫荡“我”“法”“空”三相。如道川禅师的偈颂：

法相非法相，开拳复成掌；

浮云散碧空，万里天一样。

因为手指的开合相，才有拳和掌的差别相，手指的本体没有改变。就像佛陀在《大般涅槃经》说：

善男子！譬如金师，以一种金，随意造作种种璎珞，所谓钳、锁、环、钏、钗、铛、天冠、臂印；虽有如是差别不同，然不离金。善男子！如来亦尔：以一佛道，随诸众生，种种分别，而为说之。

佛陀先要我们于此章句生实信，又怕我们执取世谛文辞，为了荡相除空，不得不嘱咐，不应取着有个我于此言说章句生实信，获无量福德；有个法能令吾等解脱；有个空相牢固不破。

所谓的法相、非法相，也就是说，是佛法的有时候不是佛法，不是佛法的有时候却是佛法。这不是哲学的辩证法，而是法无定法，生命圆通无碍的智慧。

我们只要有慈悲有智慧，一切法皆是佛法。比如：持八关斋戒的末利夫人，着华鬘香油涂身是犯戒不如法的，但是她是为了救御厨的性命，这何尝有违背佛的慈悲教诫呢？佛陀在因地修行，为了救五百人的生命而杀一贼人，这种杀一救百源于慈悲和智慧，又岂能用罪相去做断论？

真正的事佛持戒，是愍念众生苦，作种种方便救济。如《分别善恶所起经》言，事佛有三等：

魔弟子事佛：虽受佛戒，心乐邪业，不知罪福因果，意智迷蒙，入邪见网，是为魔弟子事佛。

天人事佛：受持五戒，行十善业，信有因果，寿终之后，即生天上，是为天人事佛。

佛弟子事佛：奉持正戒，修般若慧，知三界苦，心不乐着五欲，行四摄六度，慈悲方便摄化众生。知死有生，求究竟福，是为佛弟子事佛。

我们若要会得“朝朝共佛起，夜夜抱佛眠”的无上密意，要能拂去法相、非法相的迷翳，做个真正事佛的真净佛子。我引用禅宗的公案，再深入解释什么是法相和非法相。

有一天，苏东坡准备去拜访佛印禅师，事先写信给他，要禅师如赵州禅师迎接赵王一样，省略迎接的繁文缛节。

苏东坡自得已解禅心妙趣，要佛印禅师以最上乘之礼，不接而接和他应和。可是，佛印禅师仍然站在寺门迎接。苏东坡不禁得意地嘲弄，说道：

“你的道行，比不上赵州禅师的洒脱放旷，怎么也不免世间的俗套，空空浪费草鞋钱来迎接我呢？”

苏东坡以为佛印禅师这回必定哑口无言，甘拜下风，岂料禅师挥着蒲扇，悠悠地作答：

赵州当日少谦光，不出山门迎赵王；
怎似金山无量相，大千世界一禅床。

苏东坡看的是迎接的“法相”，佛印禅师于法、非法相俱遣，以大千为一禅床，何曾有起卧之相？

四、佛陀说法借筏渡岸

佛陀四十九年说法，无论宣扬阿含、方等、般若、涅槃等诸法义，乃至《金刚经》所言的住心降心种种法，不过是借筏渡岸。未登岸者，应以“言说章句”为渡生死河流的宝筏；已登岸者，应舍筏不再背负！

禅宗的丹霞禅师烧毁佛像寻找舍利，也是一番老婆心切，希冀吾人揩净心眼，从礼敬的佛像中，去探索有个不坏的金刚舍利身。《金刚经》言空不空，就像宇宙能包容大地山河的森罗万象。禅宗史上，禅门巨匠，为生死大事，不惜血肉之躯，苦行劳役，担柴挑水诸多行业，才有“一击忘所知”的顿悟契机。般若妙谛，绝非断灭顽空者能纳受的。

般若是什么？有四种阶次：

（一）人乘的般若：具正知正见，信因果罪福，闻正法能不轻毁。

（二）二乘的般若：了知四圣谛、十二因缘，能证声闻、缘觉等果位。

（三）菩萨的般若：知缘起性空之理，不厌不离行度众事业。

（四）诸佛的般若：如空中映像，水中显月，随缘应现，湛然不动。

我们从人乘的般若要进阶到诸佛的般若，只有对《金刚经》的言说章句生实信，才能打破心眼的局限，走出法相、非法相等诸自缚。

金刚如宝石明照四方，赶走我们心性的黑暗；

金刚如慧剑快利准确，斩断我们妄想的乱麻。

从佛陀演说的世上第一稀有珍宝——信心之宝中，而生起的实信中截断我、法、空妄相众流，觅求一个不生不灭的金刚宝藏，借般若炬光，开采心灵的矿场。

金刚般若智慧，旨在不取法相非法相，从中知如来设诸方便，皆是借筏渡岸的一片真心！我借用一则公案来说明。

一个严寒的冬天，大雪已落了三天。有一个乞丐去敲荣西禅师的门，颤抖地说：“禅师，我和妻儿已多日粒米未进，连日的大雪又使旧疾复发，禅师你帮个忙，不然我们全家都要饿死了！”

禅师闻言，油然生起悲愍，但是寺里也没有多余的食物，身边也没有什么钱财，如何能帮助呢？忽然想起，有一些准备替佛像涂装用的金箔，于是毫不犹豫拿出给乞者去应急。

座下的弟子不满禅师的决定，抗议道：

“老师，那些金箔是替佛像装金的，你怎么轻易就送人？”

禅师平静地回答：“我是为了尊敬佛陀才这样做的。”

弟子们听不懂禅师的话，愤愤地反驳道：“老师，你把佛陀圣像的金箔送给人，这叫尊敬佛陀吗？”

禅师大声呵斥：“佛陀累劫修道，为众生舍血肉骨髓，在所不惜！佛陀怎么对待一切众生？你们只看到金塑的佛像，怎么看不到佛陀的心？”

荣西禅师把涂装佛像的金箔拿去救济乞丐，是愍伤众生悲苦，与佛心契合相印。傅大士有首偈颂，可以作为吾人勘破妄相，明白密意只在汝边，别无他处的敲门砖。

三佛威仪总不真，眼中瞳子面前人；
若能信得家中宝，啼鸟山花一样春。

金佛不度炉，木佛不度火，泥佛不度水，而人人有个自性天真佛，恁么劫坏空灭，亘古不烧不毁。

习题

1. 正信必须具备什么条件？
2. 持戒修福和般若空性有什么关系？
3. 为什么取着法相、非法相，就无法与般若相应？
4. 如何在生活中不被诸相所迷，见自般若实相？

原典

正信希有分第六[①]

须菩提白佛言："世尊！颇有众生，得闻如是言说章句[②]，生实信[③]不？"

佛告须菩提："莫作是说。如来灭后后五百岁[④]，有持戒修福[⑤]者，于此章句，能生信心，以此为实。当知是人，不于一佛二佛三四五佛而种善根[⑥]，已于无量千万佛所种诸善根，闻是章句，乃至一念生净信[⑦]者，须菩提！如来悉知悉见，是诸众生，得如是无量福德。何以故？是诸众生，无复我相、人相、众生相、寿者相。无法相，亦无非法相[⑧]。

"何以故？是诸众生，若心取相，即为着我、人、众生、寿者。若取法相，即着我、人、众生、寿者。若取非法相，即着我、人、众生、寿者。是故不应取法，不应取非法。

“以是义故，如来常说，汝等比丘，知我说法，如筏喻⑨者，法尚应舍，何况非法。”

注释

①本分在叙述，显真空第一谛，说因修要无住，果证要无得，方为无依无得的实相般若。这种甚深妙法自然不易令人生起实信。谓实信者，是必须由智慧了达无所得法，修无所得行，证无所得果，然后才圆满了彻第一谛，所以是希有难得的。

②**言说章句**：专指“修行要无修，证悟要无证，布施要无相，度生要无我”的真理。

③**信**：必须具备信实、信德、信能三条件。

④**后五百岁**：《大集经》中云，有五个五百岁。此“后五百岁”，即指第五个“五百岁”。从佛陀涅槃之后算起：第一个五百年，特征是“解脱坚固”，即是证悟解脱的人多；第二个五百年，特征是“禅定坚固”，即是认真修行的人多；第三个五百年，特征是“多闻坚固”，多闻的人多，真修真学的人少；第四个五百年，特征是“塔寺坚固”，即是塔寺很多；第五个五百年，特征是

“斗争坚固”，即是是非纷争非常多。

第一与第二个五百年合起来是“正法时期”，一千年；第三与第四个五百年合起来是“像法时期”，一千年；第五个五百年又叫“末法初期”，也就是我们二十世纪所处的时期，距佛涅槃有两千年，是属于“末法时期”一万年中的最初五百年。

⑤**持戒修福**：持戒是持守戒律，修福则指布施功德。一般说来，在家众以布施修福为主。佛教制定戒律，消极的意义在防非止恶，积极的意义则在自度度人，成就菩提道业。

⑥**善根**：“根”，有生长之义。善根即是可生众善之根。若依相宗而言，无“贪嗔痴”三毒，即为善根。若依本经，则“阿耨多罗三藐三菩提心”乃是万善之根。

⑦**净信**：即是“不起有为见，不作无为解，真俗一切捐，圣凡悉平等”，相信自身中有本来的佛性，没有染污，与诸佛是平等无二的。

⑧**法相、非法相**：“法相”，通常指执五蕴、十二处、十八界等诸法为实有，是一种“有病”；“非法相”，指执着诸法皆空，是一种“空病”。但在此处“法相”则专指执着般若波罗蜜法为实有不变的有为法，也是属于一种“有病”；“非法相”专指外道执着诸法皆无、涅槃亦无的“断灭空见”。

⑨**筏喻**：筏是用竹子或木头做成的小舟，以比喻佛法能将吾人从生死的此岸渡至涅槃彼岸。佛经中常以"筏喻法"来说明修道者对于佛所说的一切方便法门，只可视为渡筏，一登彼岸，即应放下，不应再拘泥执着。

译文

须菩提又问道："佛陀！后世的许多众生，听闻您今日所说的微妙言说、章句，能不能因此而生实信之心？"

佛陀回答须菩提说："不要这样怀疑。在我灭度后的第五个五百年，若有持守戒律、广修福德的人，能从这些言说章句，体悟无住的实相般若妙义，而生出难得的真实信心。应当知道这些人，曾经不止于一佛、二佛、三四五佛所种植诸善根，其实他们已于多生劫来，奉事诸佛，种诸善根，现世闻说大乘无住的般若真理，乃至只是一念之间生起清净信心的人，须菩提！如来是无所不知无所不见的，这些善根众生，是会得到无限福德的。这是什么道理呢？是因为这些善根众生，不再妄执有我、人、众生、寿者四相的对待分别，不会执着有为的生灭法相，也不会执着无为的空寂法相。也没有不是诸法的执相。如此则心无所住，而修无相之行，故获功德广大。

"这是什么缘故呢？如果众生一念心，于相上有所取着，则会落于我、人、众生、寿者四相的对待分别中。同样地，若众生执着种种法相，即于我、人等四相有所取着。若又执着无法相，则同样地也会落于我、人等四相的对待分别中。因为取法则滞于有，以为有实有的生灭法相可离；取非法则泥于空，以为又有空寂的非法相可证得，不能与空理相契，所以法相与非法相都不该执取。

“因此，如来常说，你们诸位比丘应当知晓，我所说的佛法，就如同那渡人到岸的舟楫，到达彼岸之后，即应弃舟登岸，不可背负不舍。所以，未悟道时，须依法修持，悟道后就不该执着于法，至于那偏执于非法的妄心，更是应当舍去。”

无得无说破事理障分第七

讲话

纵贯第六分经文的脉络，佛陀开启我们对般若生起真实清净的信心，及破除我们对我、法、空三相的取着，并且指陈诸佛种种示教利喜，都是方便渡岸的船筏。第七分再延伸探讨我们学佛修行者都关切的问题，比如：是否有个菩提正觉可以获得？佛陀有否演说一种无上法，能令一切众生开悟呢？在我们空掉我、人、众生、寿者四相之后，佛陀进一步粉碎我们对佛相、法相的妄执。

在生起对法的真实信心之后，佛陀在第七分以“无得无说”破除我们对佛相、法相的执着。第七分我用四点来说明：

一、佛陀无证悟无言说。

二、菩提正觉无有定法。

三、真理实相色空一如。

四、无为法摄三贤十圣。

不取着一佛一法之相，湖光水色，山花溪声，无不深藏开悟的无上法。如《楞严经》说：“十方虚空界，都在如来心中，犹如片云点太清。”

这有生灭的佛相，有限的言说，不过是佛陀手掌所握的片叶，而未说之法如林中叶数！

无得，破除凡夫以为有个正觉可得的“事障”，及破除二乘行人的“理障”，以为正觉虽不可获取，但可以“心得”。无说，则令一切众生，不要被语言文字障道。如《法华经》说：

诸根利钝，精进懈怠；

随其所堪，而为说法。

一、佛陀无证悟无言说

佛陀三大阿僧祇劫修炼，百劫由忍辱力得相好圆满，累劫难行能行而于人间成等正觉。天上人间广开一十六会的般若法筵，怎么说佛陀没有证悟，也没有说法呢？

我们回想第六分的经文："如来说法，如筏喻者，法尚应舍，何况非法。"透露佛陀说法如筏喻，未渡则取，既渡则舍，取舍不定，因此，没有一定的法名为菩提。佛陀出世度生，自然说法，似黄叶止小儿啼，视众生性大小利钝不同，应病予药。佛陀所证之果，名为无上正等正觉，是因人而示，就事应机。

无上者，对治三贤十圣执着有个"无上法"可得的法爱；正等者，对治声闻缘觉停滞于偏枯灰灭；正觉者，对治凡夫外道之痴邪迷梦，假名正觉。

佛陀之"无上正等正觉"，不过是遇凡说凡，逢圣说圣，证悟和言说，不过是权立方便之教，菩提本然寂灭，虽说不增，未说不减，哪里有个觉悟可得？法性又岂能以言语文字可以诠释？

有一个学僧，向夹山善会禅师请示。

"从古至今，历代祖师大德都立下言教以便诲示后人，禅师为什么却说是'无言之教'呢？"

禅师回答："三年不吃饭，目前无饥人。"

学僧反诘："既然饱足无缺，为何我没有开悟？"

禅师答道："只因为有迷有悟，让你失去了本性，且听我一偈：

明明无悟法，悟法却迷人；

长舒两脚睡，无伪亦无真。”

学僧仍是不解，再问道：“十二分教及祖师西来意，都是悟法悟人，禅师怎么颠倒是非，说没有悟法，也没有迷人？”

禅师答道：“那些西来意不过是老僧的坐垫罢了！你苦苦探问西来意，为什么不问你自己的来意？”

学僧已仿佛见到一丝曙光，只是心眼还未开张。

“难道圣教言论，皆一无可取吗？”

“可取的都不是圣教！”

“若无言教，学僧如何开悟？”

禅师大喝一声道：“自己的西来意，何劳他人言教？”

学僧终于心有所悟。

菩提与证悟是离心缘相，离语言文字相，要能“言语道断，心行处灭”，法性的实相就会向我们显露！心取着圣教言说的“法相”，心地昧惑于迷悟差别，心不平等，向外贪求，空堕五百年野狐身，不得解脱。

二、菩提正觉无有定法

佛陀犹如大医王，所说的法，如疗病的药方，盖众生病情不同而有差别。比如：说布施法治贪欲病，说持戒法治不净病，说忍辱法治嗔恚病，说精进法治放逸病，说禅定法治散乱病，说般若法治愚痴病。《大方等顶王经》：

佛犹良医，经法如药；用疾病故，而有医药；无病，则无药。一切本空，无形无名，亦无假号。心等如空，无比无侣，忽然无际，尔乃应道。

有一天，佛陀来到孙陀利河边。当时，有一位水净婆罗门住在附近，他以为佛陀要到河中洗浴，急忙地跑向佛陀。

婆罗门问："你是要到孙陀利河中洗浴吗？"

佛陀反问："到河中洗浴，可有什么利益？"

婆罗门欢喜地答道："久远以前，有仙人在孙陀利河度化众生，如果你以此圣水洗浴，即能消除一切罪业，获得清净和吉祥。"

佛陀微笑说道："世间的河水，只能洗净我们身体上的污浊。即使跳进圣河洗浴，历经百千年，也无法祛除内心烦恼的尘垢。如果要消除内心的罪业，只有靠清净的法水才可以做到。"

"那什么是清净的法水？"

"保持清净的心，受持不杀生、不偷盗、不邪淫、不妄语、不饮酒的净戒，以此深信因果罪福之力，对他人不贪、不嗔、不痴，如此清净的法水，才可以为我们洗净内心的尘垢。"

向河水求得清净安稳了不可得！就像开发觉性，证知人人有个不增不减的菩提自性，求圣教言说，求佛法诸相，徒增心魔妄念。佛陀说有证悟的果，说有证悟的法，为满足众生种种的欲求，在法性平等中，因中修，果上证，不过是“借路返乡”的假名罢了！

佛陀的此时说有，彼时谈无，只为破除众生心地的迷暗。如溥畹大师：

妙有不有，故将真空而遣有；

真空不空，特假妙有以除空。

就如同禅门慈悲的示教，你没有拄杖子，我给你拄杖子，你有了拄杖子，我就夺取你的拄杖子！

有一天，一位在家居士，向智藏禅师请教。

“禅师，有没有天堂地狱？有没有佛和菩萨？有没有因果报应？”

居士连着发问几个问题，禅师都一一回答：“有呀！有呀！”

这位居士听后，搔搔头，不以为然地说：

“禅师，你答错了！我请教径山禅师和你相同的问题，他都说：‘没有呀！没有呀！’你怎么说‘有’呢？”

智藏禅师知道这位居士的根性，于是反问他：“你有老婆吗？你有金银财宝吗？你有房舍田产吗？”

居士答："这些我当然都有。"

禅师附上这位居士的耳边说："你拥有妻儿家小，财宝田产，径山禅师有吗？"

"当然没有。"

智藏禅师于是正色地说："所以，径山禅师跟你说无，我跟你说有。"

这段公案，径山说"无"，是指觉者湛然空寂的无限法界；智藏说"有"，是指吾人泥陷于耳闻眼见的虚假世界。就如本分的经文："如我解佛所说义，无有定法名阿耨多罗三藐三菩提，亦无有定法如来可说。"

泯除了有无二边，法非法法相，真实自性朗朗现前。

三、真理实相色空一如

经文说："如来所说法，皆不可取、不可说，非法、非非法。"法性离一切相状取着，真理实相非言语声色可以涵容。离觉悟烦恼二边，更非色有空无所能分隔的，真理实相，菩提法性是净秽一如，色空一如。《大方广宝箧经》说：

须菩提问："文殊师利！佛法和烦恼，有什么差别？"

文殊师利答："须菩提！如须弥山王光所照处，悉同一色，所谓金色。般若光照一切结使，悉同一色，谓佛法色。佛法结使，以般若慧观，等无差别。"

我们于根尘识和合的世界，一心希求快乐幸福，但是快乐的指标不仅是物欲的满足和感官的快乐，我们努力耕耘世间金钱、爱情、势力、地位的田地，却任由我们内在的心田荒芜干涸。

有一天，佛陀来到憍萨罗国的那罗村落。一位名叫婆遮的婆罗门正用犁具在田里作务，他遥见佛陀安详走来，暂时放下工作，迎向佛陀说：

“佛陀！我努力耕耘种植，来换取生活所需，不必向人乞食，佛陀也应该耕种下田，自给自活。”

佛陀含笑回答：“我时时刻刻都不忘辛勤的耕种。”

婆罗门讽刺地问佛陀：“我怎么没有看见你使用犁、轭、鞅、铲等农具呢？”

佛陀柔和地回答：“婆遮！我用信心做种子，以善法净行为良田。使用智慧的犁轭，配上惭愧的车辕。持戒是我的马鞅，用苦行做灌溉的河水。我的正念是勤于耕耘的农夫，昼夜守护每一寸土地。调和身、口、意三业，肥沃正观法喜的稻穗。我努力铲除烦恼的稗草，收获丰盛的粮食。

“我精进不废地春耕、夏耘、秋获、冬藏，令正法良田长成硕大饱满的稻穗。如此耕耘的人，能收获清净三业的道果！如此精进守护良田的人，能够熄灭三界之火，到达清凉安稳的境界。

“婆遮！世间的人只看到五欲的田地，却不知五欲是苦、空、无常。辛勤一生满足欲望，却忘失了耕耘心田的重要。善于耕田的人，是耘除三毒秽草，得到涅槃的收获呀！”

人间里的人，避苦求乐，却不知祸福无门，唯人自招。求神问卜，举心动乱不已，离真心更远，意念纷纷总是魔！什么是人间无上的吉祥和幸福，佛陀在《大吉祥经》提出十修法门：

一、不要亲近愚痴的朋友。

二、选择良好的居住环境。

三、养成规律有序的作息。

四、避免饮酒逸乐的应酬。

五、对上恭谨对下要慈爱。

六、处事忍耐柔和并谦虚。

七、不为毁誉褒损而动心。

八、亲近寺庙及听闻佛法。

九、思惟五欲之乐不久长。

十、时时正念及修习十善。

如果人人奉行十修法，不论身在何处，内心都会感觉丰盈喜乐，生活于无愁、无恼、无病、无害的安稳中，这才是人间无上的幸福和吉祥！

吾人欲觅无上法门，就像六祖惠能大师所说："菩提只向心觅，何劳向外求玄。"一切反求诸己，成佛作祖谁也无法代替你自己。《金刚经》先破后立，先铲平我们习气妄相的高墙，再向我们裸露光华四射的摩尼心珠。

我们遭逢的境相，无论是事业的盛衰起落，人情的荣枯冷暖，乃至生死的离合来去等等，如何不被"黑风"吹堕至罗刹鬼国，先得觑破世间虚妄的假象，才能建立冷暖一如、色空一如、生灭一如、荣枯一如的"金刚悉坛"。

药山禅师在庭园中打坐，身边坐了两位弟子，一位叫云岩，一位叫道吾。禅师忽然睁开眼，指着一枯一荣的两棵树，先对道吾问道：

"那两棵树，你说是枯的好，还是荣的好？"

道吾回答："荣的好。"

药山禅师再问云岩："你说，枯的好，荣的好？"

云岩答道："枯的好。"

这时，恰好一位侍者经过，药山禅师又以同样的问题问："侍者，你说是枯的好，还是荣的好？"

侍者答道："枯者任它枯，荣者任它荣！"

勘破红尘俗事的荣枯色空的对待，不思善，不思恶，恁么时，忘却思惟比拟的较量，大道全体现前！文偃禅师有首诗：

金屑眼中翳，衣珠法上尘；

己灵犹不重，佛视为何人？

参禅悟道须是个明眼人，不被金屑、衣珠所遮蔽，不被佛魔所诳惑，离色有空无二边。就像弦月、半月、满月的圆缺阴晴诸相，月的本体如如不动，未有明暗增减一分。法、非法、非非法犹如月的阴晴之相，只是月亮少分的显露，不应取着这生灭诸相，打失了有个如如的菩提明月。

四、无为法摄三贤十圣

经文说："一切贤圣皆以无为法而有差别。"什么是"一切贤圣"？指的是大乘三贤十圣菩萨。三贤者谓十住、十行、十回向菩萨。十圣者指十地阶位的菩萨。三贤还未臻至十圣位，十圣者未到达究竟佛位，亦即大乘菩萨者不能执着这阶次地位之相，一着相就不能称作菩萨。（如第三分经文："若菩萨有我相、人相、众生相、寿者相，即非菩萨。"）

接下来我们要了解何谓"无为法"。溥畹大师说：

以无所作者，故名无为。但有一法，即属有为。非无作为，正显一切俱空之理。

溥畹大师所说的也就是经文的："如来所说法，皆不可取，不可说……”无得无说，破除事理二障及语言文字的葛藤，佛陀无论是显说密谈，无非要吾人离思惟作用，不要陷入空有的泥沼，引众生会归中道，彰显本性。

一切贤圣都依无为而修，事相上有三贤十圣前后阶次的差别相，但在每个人究竟圆满的法性上平等无有差别。如《维摩诘经·佛国品》：“佛以一音演说法，众生随类各得解。”

佛陀的一音即是究竟的“无为法”，因众生贤愚利钝差别，而产生不同悟解的深浅。在《优婆塞戒经》卷一，以三兽渡河，来解说一乘的无为法。

善男子！如恒河水，三兽俱渡，兔、马、香象。兔不至底，浮水而过；马或至底，或不至底；象则尽底。声闻渡时，犹如彼兔。缘觉渡时，犹如彼马。如来渡时，犹如香象。是故声闻、缘觉，虽断烦恼，不断习气；如来能拔一切烦恼和习气根源，故名为佛。

三兽渡河，迹分深浅，而水无深浅。三鸟飞空，(雀、鸽、雁) 因为形体力量不同，飞行有远近差异，但是虚空并无远近的分际。菩萨贤圣的阶位尽然不同，却依此无为法而修而证，理性上没有差别，只因众生妄想习气不同，而有阶次的差别。佛陀方便设立“三贤十圣”，我们不可取着什么果位，应了彻佛陀无有定法可说。因为“无为法”不落语言文字，不可取、不可说，如此，方能真正“解佛所说义”。

有一天，白居易向惟宽禅师请益。

“禅师，身口意如何各自修行？”

“无上菩提者，被于身为律，说于口为法，行于心为禅，应用者三，其致一也。如江淮河汉，在处立名，名虽不一，水性无二。律即是法，法不离禅，身口意合一而修，身口意皆名心也。你为什么要妄自分别？”

“既然都没有分别，那又要怎么修行？”

禅师答道：“心本无损伤，为什么要修行？要明白垢和净都不可取着动念。”

白居易疑惑说：“禅师，尘垢必须拂拭，不可起念，又增无明，难道也不能有清净修行的念头吗？”

禅师回答：“如人眼睛，物不可住，金屑虽然珍贵，落眼亦成病；乌云遮住万里晴空，白云也会遮蔽晴空呀！”

白居易更加不解：“那么无修无念和凡夫又有什么不同呢？”

“凡夫长无明，二乘长执着，离此无明和执着二病，是名真修。真修者，不得勤，不得忘，勤者近执着，忘即落无明，此为禅的心要，无修而修的无上密教。”

禅心即无为法，事相有身口意之修为，有三贤十圣地位的证得，如同百川归于大海，咸同一味。我们心不味着经义文字，体会佛陀“有得有说”慈悲假名的安立，从中成就清净的信心，打开一处不见不闻，无得无说，处处啼鸟花香的缤纷世界。

习题

1. 什么叫作无得无说？

2. 什么是无上正等正觉？

3. 人生最究竟的幸福是什么？

4. 既然是无为法，为什么又有“三贤十圣”的差别？

原典

无得无说分第七[①]

“须菩提！于意云何？如来得阿耨多罗三藐三菩提耶？如来有所说法耶？”

须菩提言：“如我解佛所说义，无有定法名阿耨多罗三藐三菩提，亦无有定法如来可说。何以故？如来所说法，皆不可取、不可说，非法、非非法。所以者何？一切贤圣[②]皆以无为法[③]而有差别。”

注释

①本分说明，凡夫之见，以为物可得，法可说，这均是一种执着。又有人以为法不可说得，但可以心得，这亦是一种无形的执着。即所谓的“所知障”“理障”。事障障凡夫，理障障菩萨。今云“无得”，就是要破事、理二障；“无说”，是要破语言文字之障。若能得“无得”之得，才是真得；说“无说”之说，才是真说，以还现本来的清净自性。

②**贤圣**：有大乘、小乘之分。大乘的“十住”“十行”“十回向”菩萨，只断见思惑，尚有尘沙无明在，但称三贤；“十地”菩萨，才谓之十圣。小乘以“五停心、别相念、总相念、暖、顶、忍、世第一”共为七贤位，以声闻四果为圣位。

③**无为法**：与“有为法”相对。非修造作为，非生灭变化，故名“无为”，即是非空非有之本来自性清净心。

译文

“须菩提！你认为如来已证得了无上正等正觉吗？如来有所说法吗？”

须菩提回答说："就我所了解佛陀说法的义理，是没有一定的法可以叫作无上正等正觉，也没有固定的法，为如来所说。什么缘故呢？因为如来所说的法，都是为了众生修行及开悟众生而假设的方便之法，不可以执取，般若的实相，是无法以语言诠释的，不可执着实有的菩提可得，也不可执着没有菩提正觉，落于有和空，都是错误的。这是什么缘故呢？因为没有一定的法名为菩提，一切贤圣，也都是依寂灭的无为法而修，因证悟的深浅不同，才产生有三贤十圣等阶位的差别。"

般若为三世诸佛母分第八

讲话

第七分以无得无说强调法性为毕竟空，三贤十圣阶位是佛陀示教利喜，借筏渡河罢了！吾人知毕竟空，才能与平等的法性声气相通。由于第七分宣说毕竟空的妙旨，佛陀又恐行人对受持、读诵此经的功德讥为虚无断灭，佛陀为显示受持、读诵此经有不可思量的功德，因此用满三千大千世界的七宝布施做校量。在第八分以般若是三世诸佛母，一切善法功德皆依此而出生为主轴来阐述。我分四点来说明：

一、七宝布施非福德性。

二、受持般若胜七宝施。

三、般若是三世诸佛母。

四、扬眉瞬目处处般若。

我们以满三千大千世界的七宝布施，这种福德固然是功不唐捐，但是物质资财的布施却是有漏有限的。在《增一阿含经·邪聚品》提出有五不净施没有利益功德：

（一）以刀器施人。

（二）以毒品施人。

（三）以牲畜施人。

（四）以淫女施人。

（五）造作鬼神祠。

此五种不净施，令众生相互杀戮仇恨，并生起染着颠倒之想。《毗耶娑问经》卷上，选择五种对象布施，可以得到利益和福德。

（一）急难救助施。

（二）远来资给施。

（三）老病孤独施。

（四）有德长老施。

（五）离乡护他施。

对于远客和离乡者施予资助；对于苦难和老病者给予怜恤；对于有道德有慈悲的长老，用恭敬的心布施四事供养（饮食、衣物、卧具、医药）。了解布施物品和对象的清净与否，便会产生福德利益的差别。下文将探讨福德和福德性有什么不同。

一、七宝布施非福德性

布满广大如三千大千世界的七宝布施，财物的施予，只能暂时令众生的生命得到帮助，但是色身的饱足很容易做到，让众生懂得开发智慧，明白业报因缘，这就不是金钱物质能办到的。就好像从事慈善事业，每一个社会福利团体都可以去做，但是使每个人清净自心，止恶行善，就必须借由宗教的力量。《法华经》说："佛陀为一大事因缘降生人间。什么是一大事因缘？即为令众生开佛知见。"世间上财富的多寡，并不等于内心的满足和快乐。就像：

有钱可以买到美食，买不到食欲。
有钱可以买到医药，买不到健康。
有钱可以买到床铺，买不到睡眠。
有钱可以买到赞誉，买不到知己。
有钱可以买到书本，买不到气质。
有钱可以买到妻妾，买不到爱情。
有钱可以买到群众，买不到真心。
有钱可以买到旅行，买不到宁静。

有钱可以买到房舍，买不到安住。

有钱可以买到珍宝，买不到智慧。

很多很多的问题，不单是物质层面能够解决，就如六祖惠能大师所说：

宝满三千及大千，福缘应不离人天；

若知福德之无性，买得风光不用钱。

人天的福德终有尽时，生天虽然有四事福乐，最后也难逃五衰相现堕落的业报。

四事福乐：

（一）身高端严——最低的四天王天，身高也有几十丈。

（二）寿命长久——四天王寿长五百岁，合人间的九百万岁。

（三）欲乐幸福——思衣得衣，思食得食，五欲满足。

（四）禅定微妙——享有四禅八定的禅悦。

五衰相现：

（一）衣服污垢。

（二）顶上华萎。

（三）身体发臭。

（四）腋下流汗。

（五）不乐本座。

我们忙碌着积集世间的财宝，也要挖掘成贤成圣的内心宝藏。比如佛教的“七圣财”，其中的信仰财，能得身心欢悦；精进财，得邪魔不侵；持戒财，得善神拥护；闻法财，得诸佛护念；喜舍财，得远离怖畏；惭愧财，得善法增长；智慧财，得不死甘露。

财施有限有漏，无法使众生由迷知返，开悟佛性。而观念的启发，思想的教育，这种法的布施，威势无穷。如《金光明经·业障灭品》说：

善男子！假使有人，以三千大千世界，满中七宝，供养如来。若复有人，劝请如来，转大法轮，所得功德，其福胜彼。何以故？彼是财施，此是法施。由其法施，有五胜利。一者，法施兼利自他，财施不尔。二者，法施能令众生出于三界，财施之福，不出三界。三者，法施能圆净法身，财施但唯增长于色。四者，法施无穷，财施有尽。五者，法施能断无明，财施唯伏贪爱。

有一天，佛陀在祇洹精舍的门外，遇见哭哭啼啼的周利槃陀伽。佛陀慈悲地问他：“你为什么站在这里伤心难过呢？”

“佛陀！我的哥哥嫌弃我笨拙，无法受持法义，他驱逐我，要我还俗回家，因此我很难过。”

佛陀安慰他，把他带回精舍。教他手拿扫帚，念诵及思惟它的名字。

周利槃陀伽感谢佛陀没有摈除他，并且还慈祥地教导他，于是每天专心诵念，虽然愚笨，经过一个月的时间终于记住“扫帚”两个字。

周利槃陀伽专心致志念诵，有一天，他思惟：这扫帚又叫作“除垢”，垢是地上的灰尘沙土，除即是把它清扫干净。又过了几天，他又再思惟：我的身心也有尘垢，那么烦恼就是尘土之垢，智慧就是祛除的扫帚。周利槃陀伽由此思惟五蕴妙义，便得解脱，证阿罗汉果。

仅仅持诵“扫帚”的法义，由此能证得第一罗汉果位，如此殊妙的功德，又岂是有限有相的七宝施予能比拟。福德像布施一碗饭，令人疗饥而已，福德性却是一粒种子，使人种一得百千收获。

二、受持般若胜七宝施

前文我们说明福德与福德性的不同处，但是福德性不是什么都没有，福德性蕴含的是一种“能力”，就像每一个众生都具备有成佛的“能力”。福德性中含有无限的福德。像经文所说：“若复有人，于此经中受持，乃至四句偈等，为他人说，其福胜彼。”

四句偈，指的是三十二分经文的哪四句偈呢？诸家所说，议论纷纷，有人认为是前分的“不可取，不可说，非法，非非法”；有的认定是“若以色见我，以音声求我，是人行邪道，不能见如来”；也有人指为是“一切有为法，如梦幻泡影，如露亦如电，应作如是观”。众说纷纭，无一定论。其实我们切勿被文字瞒骗，读经者要善于“转经”，而不被经所转！佛陀说的四句偈，原无定法，只是显明受持此经的福德无量无边，即使仅受持经中最短少的四句偈，所获的福德胜过布施三千大千世界的七宝。

《坚意经》说：

其有好心善意之人，闻佛明法，一心而听。能一日可。不能一日，半日可。不能半日，一时可。不能一时，半时可。不能半时，须臾可。其福不可量，不可訾也。

此好心善意之人，即具备能解佛所说义，受持般若的福德性，即使须臾一念，也能获福无量。《大般若经》说，受持般若有十种利益：

（一）一切喜舍，无有施想。

（二）持戒不缺，不生戒相。

（三）行于忍力，无度众念。

（四）行于精进，离于身心。

（五）修禅定乐，不乐定境。

（六）一切魔军，不得扰乱。

（七）外道邪论，正心不动。

（八）渡生死河，达涅槃岸。

（九）于众生身，起增上悲。

（十）尽形寿命，入大乘道。

一法一偈的福德能令人弃迷得悟，由痴转慧，此福德性含藏的福德是无与伦比。因此，对经中义理能深信忆念，即是“受”，依此理，放旷无住于日用之中，即是“持”。我们对善法正道要能受持奉行，不受不持，读诵千经万论，就像牧人在计算他牛羊的数目罢了！闻法不精勤受持，蹉跎大好光阴，白白错失超凡入圣的时机。

有一天上午，佛陀着衣持钵入舍卫大城乞食，阿难也跟随着。当时，有一对年老的夫妇，佝偻着背，蹲在街道烧垃圾的地方取暖，像是只掉光羽毛的老鹄鸟，流露贪婪又悲苦的神情。

佛陀告诉阿难：“这对年老的夫妻，如果在人生四个阶段：少年、青年、壮年、中年，能够勤奋工作，节俭储蓄，就可以成为舍卫国第一或第二或第三或第四的富有长者。如果能够学道修行，精进不懈，也可以证得阿罗汉果或阿那含果或斯陀含果或须陀洹果，入贤圣位，得解脱乐。但是他们奢逸堕落，闻法不着意受持，年老时，财富散去，更错失证得解脱果位的因缘。”

佛陀语重心长地教示：“年少时，不勤奋求取富足，也不修持梵行，老年后就像老鹄鸟栖止于干涸的池畔，只能悲苦地度尽残生。”

三、般若是三世诸佛母

经文说：“一切诸佛，及诸佛阿耨多罗三藐三菩提法，皆从此经出。”如果我们能受持四句偈等，便知了一切诸法的法身、报身、化身，及菩提果之法，都从此般若经而流出。为什么般若是三世诸佛之母呢？

《佛升忉利天为母说法经》说：

如来从智慧度无极生。设人观察推其本末，过去、当来、现在诸佛，谁为母者？则当了知：智慧度无极是其母也。

为什么三世诸佛皆由般若出生？因为诸佛由般若智，证真如菩提理。又经所证之理，起般若方便智，为众生说法。因此，般若能生三世诸佛。我们要觉知般若智，证了菩提果，有三种法门可入，《优婆塞戒经》卷一：

菩提有三种，一者从闻而得，二者从思惟得，三者从修而得。声闻之人，从闻得故，不名为佛。辟支佛人，从思惟已，少分觉故，名辟支佛。如来无师，不依闻、思，从修而得，觉悟一切，是故名佛。

闻、思、修入三摩地，菩提虽不从闻思而得，却可从闻思而入，次第入佛地位。

般若非声色言诠，就如前分所说：“如来所说法，皆不可取，不可说。”般若是三世诸佛母，不可取着又不可言说，那么我们要如何依止无住、无着的法门？佛陀在《中阿含经》说了一则“一夜贤者经”，可作为我们的指引。

不要追悔过去的事，
不要担忧未来的事，
过去的已被现在遗弃，
而未来还有很多因缘可以创造。
审慎观察吧！
我们当下的色、受、想、行、识，
不要压制它，更不要改变它，
只要清楚它的集灭和败坏。
今日应依众善修行，
谁也无法把握，
死神的大军就站在门口！
不要让过去、现在、未来的妄心迷惑，
审慎观察啊！
如此，一夜就可以成为贤者，
就像无云的晴空，
没有愁恼，没有动摇。

一夜可成贤者，一念之间也能出魔界而入佛界。四句偈能生三世诸佛，能获菩提道果。四句偈的无量妙用，我用一段故事来阐明。

有一个商人，经年累月在外地忙碌，到了岁末，赶着回家团圆。在赶路的途中，心里想着：难得回家一趟，一定得选样特别的礼物送给太太，让她开心。走到街口，看见一个老和尚，身旁树着一面牌子，写着：我有四句偈，能免难消灾。商人十分好奇地趋前探问。

“老和尚，什么偈子这般神奇，可以让人免难消灾？”

“你要买吗？”

商人实在按捺不住心头的疑惑，就决定买下老和尚的四句偈。

“你仔细听了。向前三步想一想，退后三步想一想；前后再三要思量，如意吉祥保安康。”

商人听后，觉得老和尚念诵的偈子也没什么特别，但是已开口要买这首偈子，只得向老和尚问：“这偈子要多少钱？”

“十两黄金！”

商人一听价钱，悔不当初，气恼这老和尚诳骗他，无奈地付了钱，再继续赶路。回到家，已经是除夕的深夜，他推开太太的房门，床头摆着两双鞋子，仔细看清楚，竟然是一双女的，一双男的。不禁怒火中烧，跑到厨房拿了一把菜刀，准备把这对奸夫淫妇杀死。

正当要动手时，一个念头闪过那首老和尚的四句偈。于是他照着偈子，向前走三步想一想，向后走三步想一想，走动的声音，吵醒了睡梦中的太太。商人的太太看着丈夫手里拿着菜刀，吓得大叫说："你这是在做什么？"商人指着那双男人的鞋子问："这又是什么？"

太太一听，明白先生的意思，生气地大骂说："逢年过节，我为了讨个吉利，把你的鞋子摆到床头陪伴我，象征人不在物在，夫妻团圆，你却误会我做了什么见不得人的事，还拿把刀子要来杀我……"

商人一听，猛然惊醒，自言自语："值得！值得！这偈子不只值十两黄金，值一百两，值一万两。"

一首偈子，阻止了一场家庭悲剧的发生，我们能不信四句偈的功德能出生三世一切诸佛吗？

佛法的真如性海，一与多，大与小无有差别。就像一颗种子，那么微小，但是它集合宇宙的煦日和风，涵盖四季的雨露霜雪，集合如此巨大的力量，使它开花结果，传播无量的未来花树。一颗种子开万千花树，是一也是多，是微小也是巨大的。

四、扬眉瞬目处处般若

第八分，从七宝布施的福德与般若四句偈福德性的校量福德，我们深刻理会般若的功德，是过去、当来、现在诸佛修行的慧炬，能照见自家宝物。佛陀在《金刚经》破了一法又立一法，立了一法再破一法，无论破或立，都是要吾人不住一法，要明究本心，会归中道。

经文中说：“所谓佛法者，即非佛法。”佛法者，指的是什么？

（一）能证的果智与所证的修法，都是了无所得，也无有定法可说，所以说，即非佛法。

（二）佛陀以般若无所得智而所证之法，非法界众生能晓知，所以说，即非佛法。

（三）因为法性离言说文字，本不可说，佛为度化众生，方便说之，所以说，即非佛法。

佛陀所证之果位，能证之妙法，已证之境界，不可取着语言文字，说“即非佛法”，为破众生执着诸佛有所得有所说法的“法相”。就像周利槃陀伽由念诵“扫帚”而除心垢，终获罗汉果位。“扫帚”两字非法义圣谛，为什么也能令人开悟见智？就如经文所说：“所谓佛法者，即非佛法。”是佛法，有时候不是佛法；不是佛法，有时候却是佛法。念诵“扫帚”不是佛法，但是深心思惟，不取着法非法相，反而契入大道。白居易的“僧院花”写着：

欲悟色空为佛事，故栽芳树在僧家；
细看便是华严偈，方便风开智慧花。

禅门中，有因茶盖扑落地，而觑见亲娘鼻孔；有因一片瓦石而击碎虚空，据坐大雄峰。从第一分到第八分，若能会得一法一偈，三世诸佛原在心中坐，骷髅眼中已是一片柳绿花红。

有一天，清税对曹山本寂说："我穷困死了，请你慈悲救济我吧！"

曹山召唤他："税阇黎！"

清税应诺一声。

曹山拍手大笑："喂！最香醇的清原白酒都被你喝了三杯，你怎么说是滴酒未沾唇？"

我们就像《法华经》的穷子，借贷乞讨过日，混蒙瞎忙一场，不知自己衣里有明珠一颗。佛陀谈显密之理，说色空之法，此说彼说，都是引导行者反观自得！吾人若能不着声色诸相，不取言说文字，降伏了贪求身外的妄心，自然能饱饮到汩汩不绝的自性芬芳。

习题

1. 为什么不清净的财物布施，无利益功德？
2. 为什么法布施胜过财宝的布施？

3. 四句偈的功德有多大？

4. 为什么般若是三世诸佛之母？

原典

依法出生分第八[①]

“须菩提！于意云何？若人满三千大千世界[②]七宝[③]，以用布施，是人所得福德，宁为多不？”

须菩提言：“甚多，世尊！何以故？是福德即非福德性，是故如来说福德多。”

“若复有人，于此经中受持[④]，乃至四句偈[⑤]等，为他人说，其福胜彼。何以故？须菩提！一切诸佛，及诸佛阿耨多罗三藐三菩提法，皆从此经出。须菩提！所谓佛法者，即非佛法。”

注释

①本分叙述般若智慧，是三世诸佛之母，能出生诸佛，亦是一切佛法的根源，再明白地说：因诸佛由般若智，证真如之理，亦即先以般若为师，故说诸佛从此经生；又诸佛所证真如之理，起般若方便智，为众生说法，此经又为诸法之师，所以说，诸法从此经出。

②**三千大千世界**：系为古代印度人之宇宙观。谓以

须弥山为中心，周围环绕四大洲及九山八海，称为一小世界，乃自色界之初禅天至大地底下之风轮，其间包括日、月、须弥山、四天王天、三十三天、夜摩天、兜率天、乐变化天、他化自在天、梵世天等。此一小世界以一千为集，而形成一个小千世界，一千个小千世界集成一个中千世界，一千个中千世界集成一个大千世界，此大千世界因由小、中、大三种千世界所集成，故称三千大千世界。又于佛典之宇宙观中，三千大千世界乃一佛所教化之领域，故又称一佛国。

③**七宝**：指七种珍贵的财宝。即金、银、琉璃、琥珀、砗磲、玛瑙、珊瑚。

④**受持**：指对于经中的义理，能够了解而谨记于心，叫作“受”；了解之后，能念念不忘，并且实践于日常生活中，就叫“持”。

⑤经中所提出的四句偈有多种说法，究竟是哪四句，古来议论很多。总之，这四句偈，不必太刻意去分别是哪四句，泛指经文中任何最小最短的偈子。

译文

“须菩提！譬若有人用盛满三千大千世界的七宝去布施结缘，你认为这人所获得的福德果报，多不多呢？”

须菩提回答道："很多，佛陀！为什么？因为七宝布施，所获得的是世间有相的福德，所以佛陀说福德多；如果从性上说，没有所谓福德的名称，哪里有多和少可说呢？佛陀不过是随顺世俗，说七宝的布施，所获的福德是很多。"

"如果又有一人，能够信受奉持此经，受持即使短至其中四句偈等，又能够为他人解说，那么，他所得的福德果报更要胜过布施七宝的人。什么缘故呢？须菩提！因为十方一切诸佛，都从此经出生，此般若法为诸佛之母；又一切无上正等正觉法，亦从此经出生，此经又为诸法之母。因此，如果没有此经，也就没有十方一切诸佛，以及成佛的无上正等正觉法。须菩提！所谓的佛法，不过依俗谛而立的假名，并非就是真实的佛法，因为众生有凡圣迷悟的分别执着，佛陀为了开悟众生，不得不方便言说。若以法性毕竟空而言，求诸佛的名称尚不可得，还有什么叫作成佛的无上正等正觉之法呢？"

实相无相四果性空分第九

讲话

从第七分佛陀以“菩提非证得非言说”，破除吾人对佛法二相的执取；贯穿至第八分讲解般若是三世诸佛母，受持读诵者之功德胜三千大千世界珍宝布施；第九分则从胜义谛的立场，大力驳斥有惑可断、有果可证的求取。在第九分实相无相四果性空，我用四点来说明：

一、无惑断无四果证。

二、离诤论得三昧味。

三、灭习气人中第一。

四、无想念住寂静处。

此分由佛陀问须菩提，小乘行者证得四种果位，能否动念有个证果的我相？展开了对小乘证果的妄心，提出降伏的方法。

一、无惑断无四果证

第九分显现佛陀善护念善咐嘱诸菩萨的用心，度生要离相（下化众生），得果也要离相（上求佛道），一切诸相不可住着。

从第一分至第八分，二乘圣人听闻般若空理，已生起回小向大的真心，只是疑惑如何在下化众生时，能心离诸相不住妄想？佛陀以证得四果为喻，拔除二乘圣人离相去妄，无能度所度凡圣差别的法执。

《大般涅槃经·如来性品》说：

明与无明，智者了达其性无二；无二之性，即是实性。若计善计恶，可作不可作，善道恶道，白法黑法；凡夫谓二，智者了达其性无二。无二之性，即是实相。

菩提和无明，凡夫和圣贤，在真如法性的晴空，并无好恶美丑的分别。佛陀在此引小入大，令声闻行者入般若性海，也借小喻大，小乘四果应不住果证之妄相，更何况大乘菩萨于游化度众之事业，哪里能住着三乘十贤的阶次地位呢？

《胜天王般若经·法界品》中，佛陀答复胜天王如何能离诸障惑，心得清净。

大王，此可智知，非言能说。何以故？过诸文字，离语境界口境界故。无诸戏论，无此无彼，离相无相。远离思量，过觉观境，无想无相。过二境界，过诸凡夫，离凡境界。过诸魔事，能离障惑，非识所知。住无处所，寂静圣智，从无分别智慧境界。无我我所，求不可得，无取无舍。无染无秽，清净离垢，最胜第一。性常不变，若佛出世，及不出世，性相常住。

空性之理，离言文字，智识见闻之垢秽，当我们止息了颠倒的妄想，最胜第一的空理和我们原是形影不离，常伴左右。

南塔光涌禅师初次参访仰山禅师时，仰山问他：

“你来做什么？”

“来拜见禅师。”光涌恭敬地回答。

“见到禅师了吗？”

“见到了！”

仰山目光锐利地逼问：

“禅师的样子像不像驴马？”

“我看禅师的样子不像驴马，更不像诸佛。”

“不像是佛，那么又像个什么呢？”

光涌镇静地答道：

“如果有所像，和驴马又有什么分别？”

仰山赞叹道：“凡圣两忘，情尽体露，二十年之中，再没有人可以打败你，你好好珍重！”

光涌禅师明了，自性头上，本无世间男女，驴马诸佛等凡圣净秽的差别妄相。凡圣两忘，得鱼忘筌，菩萨行道才能于红尘烈火中清凉自在。就如同圆悟克勤禅师所说：

> 报缘未谢，于人间世上有许多交涉，应须处之，便绰绰然有余裕，始得人生各随缘分。不必厌喧求静，但令中虚外顺，虽在闹市沸汤中，亦恬然安隐。

二、离诤论得三昧味

佛陀在文中赞叹须菩提尊者得“无诤三昧”。什么是“无诤”？即是无我无人，无彼无此，无高无下，无凡无圣，泯绝差别对待之相。无诤三昧并非每个证得阿罗汉果的人，都具有此修养，而是须菩提尊者深知众生生死不已，皆由心有高下胜负之诤，妄造口业而论议不休。因此发愿生生世世受解空性，心寂静故，平等爱念一切众生。《涅槃经》说：须菩提住虚空地，若有众生嫌我立者，我当终日端坐不起；嫌我坐者，我当终日立不移处。

须菩提尊者心性调柔清净，随顺众生欲求，不令众生生起嫌恶之心。人际之间的无诤之道，旨在能破我爱、我见的妄相，心住寂静处，才可与人无诤，与世无诤。

《所欲致患经》说，众生因贪爱恣意，彼此愤怒相诤：

贪爱所在，放心恣意：父说子恶，子说父恶；母说女恶，女说母恶；兄说弟恶，弟说兄恶；姊说妹恶，妹说姊恶。家室宗族，转相诽谤，是为贪欲之患。因致勤苦，皆由多求，放心恣意，为欲所溺。

亲情、友情、爱情等等，人人都欢喜和乐无诤，如何于现实生活中获得“无诤三昧”？根本之道，要先从反求诸己，观照心念开始做起。

摄身守意，柔和自安，可以远离争论之苦，进一步爱护众生，施与无畏，自然于人我相融无碍。

如爱护众生的生命，不加以鞭杖烧煮之痛楚；拔除众生烦恼的痛苦，给予光明的导护；爱语鼓励众生，生起增上善缘的信心；以种种方便摄令众生开悟觉性，能入佛知见。生活中能胸怀三千法界“同体共生”的平等观，我们也能浅得几分“无诤三昧”的法喜。

《杂宝藏经》有一则婢女与羊相争的故事，可以令我们对嗔怨相争的祸害有戒慎警惕的作用。

有一个婢女，负责磨房的工作。每天早上要把主人交代的大麦、黄豆等杂粮研磨成粉。有一只羊常常趁婢女不注意的时候，偷吃豆粉。因此婢女常因研磨的豆粉斗量不足，而被主人怒叱责打。每次婢女被主人责怪后，就生气地拿起竹杖捶打羊，屡次挨打的羊，心中也积集怨恨。

有一天，婢女在生火，羊看见她空手无杖，就用角去触犯她，婢女又气又急，就拿起着火的木柴打羊，羊被火烧痛时，四处翻滚，身上的火苗，焚烧村人房舍，并且殃及山野。山中有五百只猕猴，走避不及，被火烧死。

羊和婢女相互含嗔怒怨，造成人畜身命俱焚。所谓嗔火一起，烧尽功德树林；诤论一生，刹那飘坠腥风血雨的罗刹鬼国。

佛陀在弟子们发生争论时，如何开启他们的心智？《杂阿含经》有一则比丘争诵经呗的故事。

有一天大迦叶对佛陀禀报：

“佛陀！有两位比丘，心性刚强，一位是阿难的弟子难荼，一位是目犍连的弟子阿毗浮，两人时起争论，相互争诵经呗。明日约定一决胜负，比赛谁诵出的经呗多，谁说的法更胜！”

佛陀立刻派人唤来难荼和阿毗浮，问他们：

“你们听过我的教诫中，有教导人彼此斗争，分别胜负高低的经义吗？”

“我们不曾听过佛陀有争论胜负的经义。”

“真正胜利的人，是止息贪嗔痴的迷乱，能勤修戒定慧三学，杀掉六贼造作；能正观五蕴如芭蕉不实，以八正道为指标，证入大般涅槃为寂乐。背诵千章万偈，不明自心，于解脱何益？”

佛陀揭示欲入圣流位，要心能正定，远离人我彼此的争论。身口意三业的修为，口业最容易布施，不需要有很多的钱财，也不需要花费很多的时间，只要口出善语，就如花香，可以使人感染到欢喜和愉悦。我们只要以佛的四种语言，自然能化解人际的论议和是非。

要说清白无染的善语。

要说止非息诤的妙语。

要说正法善道的实语。

要说利益安乐的法语。

佛的善语、妙语、实语、法语，像百花齐放的花园，令众生乐于亲近；更似高山流泉，人人得以热恼冰消。

三、灭习气人中第一

前文已说明有争之祸，无争自安的经义，接下来的经文，佛陀赞叹须菩提是“人中第一，是第一离欲阿罗汉”。什么是“人中第一”？以小乘七贤位中的世第一位，即为人中第一。须菩提已证四果罗汉，不仅是人中第一，在罗汉中也是名列第一。因为有的罗汉我执烦恼虽断，但仍有余习未净；有的罗汉因曾为牛，因此吃饭时还有反刍的习气；有的罗汉曾为女身，仍保有揽镜自照的余习。唯有须菩提已灭尽所有余习，是“第一离欲阿罗汉”。综合此段经文，须菩提具有三种第一：

修持无诤三昧第一。

二乘贤圣果位第一。

四果罗汉离欲第一。

贤圣虽有余习，但已不会再造诸恶业果报，反观我们凡夫心志薄弱，恶多善少，如何令习气之魔力不起，唯有增长菩萨的大行，来对治八万四千魔军。《大方广宝箧经》卷中：

> 愚痴之力，是为魔力；慧明之力，是菩萨力。
>
> 骄慢之力，是为魔力；大智慧力，是菩萨力。
>
> 诸邪见力，是为魔力；空无相无作力，是菩萨力。
>
> 诸颠倒力，是为魔力；正真谛力，是菩萨力。
>
> 我我所力，是为魔力；大慈悲力，是菩萨力。
>
> 无生无灭，无有诸行，无生忍力，是菩萨力。

开展我们内在的慧明、慈悲、正见、空性等大力，才能粉碎摧破魔罥的囚禁；也才能洞察世间青黄黑白邪见的砂砾，不被幻影妄相所迷惑。

佛陀如何开导习气未断的弟子？

《中阿含经》：

难陀是佛陀同父异母的弟弟。刚出家不久的难陀，心高气傲，自恃是高贵的刹帝利种姓，及身为佛陀弟弟的优越感，言行倨傲无礼，常和比丘们在语言上时有冲突。

有一天，难陀身着色彩鲜艳的衣服，脚着丝绸光亮的鞋履，双眼涂上缤纷的彩影，手中持着上品的好钵，一身光鲜照人，准备入舍卫城乞食。

当时比丘们见到难陀浮华的装扮，纷纷向佛陀禀告。佛陀立即派遣一位比丘把难陀找来。

佛陀问道："难陀！你是否常常自恃佛陀同父异母的弟弟，心生骄慢，目中无人，常和比丘们言语争论？你为什么要做此鲜艳色彩的装扮，入舍卫城乞食呢？"

难陀低头默然。

佛陀慈悲地再说道："难陀！你是为成就正道而出家，应该以惭耻为美服，以灭道为喜乐，怎可贪求世间色身的轻、软、香、滑等不实的妄相？要知我们的色身昼夜有九孔流出不净的汁液，唯有寻觅内在和平的人，战胜五蕴的巧贼，才是世间真正第一庄严的人。"

难陀在未调伏心性时，仍有欢喜打扮的习气，我们从凡入圣，其实是一场"内在革命"的战争，从彻头彻尾的洗心革命，迎向显发佛性的真理之战。

现在很多初机学佛者，戒疤未干，律法不明，丛林规矩生疏，不先缩小自己，安于丛林养深积厚，开口便道住山闭关，不知福慧资粮不足，自身德学心性未臻圆熟，佛魔不分，白白空费檀那的信施！真正的闭关要能做到：

关闭六根贼。
禁足妄想心。
正观三毒军。
清净身口意。

禅门中有句："不破本参，不住山。"可见，菩萨因地修行，要先成熟福慧二严，心中已有个消息，才谈闭关住山，不是用此诳惑他人，轻心慢人，欺瞒自己。闭关不是逃避生活的借口，更不能沦为沽名钓誉的台阶。佛陀时代，有住阿兰若比丘，也有人间游化，热心热力的菩萨比丘。

吾人修行，要能不轻一法，不谤一法，不慢一人，不着一边，内心至诚恭谨八万四千法门，及刹尘一切含识众生。因为任何一法都是入解脱门，任何一人都是未来佛种。如《法华经》中的常不轻菩萨，肯定人人是未来佛，皆以侍佛的恭敬心待之。唯有灭除凡夫我见的妄想，我们才能平等正观，视一切众生都是未来的如来佛种。

四、无想念住寂静处

小乘四果的“无诤”“离欲”都筑基于心无想无念的空性，亦即证得四果的圣人，心无欲无争，如明潭映月不住万象。泯绝有证果的我相，有能证的果位，如此谓之真正“住阿兰若处”的圣人。

《大集经·贤护分》卷二的“思惟品”中，提到生死和涅槃的分别：

今此三界，唯是心有。何以故？随彼心念，还自见心。今我从心见佛，我心作佛。我心是佛，我心是如来。我心是我身，我心见佛。心有想念，则成生死；心无想念，即是涅槃。诸法不真，思想缘起；所思既灭，能想亦空。贤护当知！诸菩萨等，因此三昧，证大菩提。

诸佛方便设教，不论是大乘十地，声闻四果之名，种种权立如溪河川湖，名称不同，最后尽归大海，咸同一味。一念心无想念分别即一念佛，得一念涅槃乐。我们的心住在哪里？感官的快乐，财富的积集，情爱的满足，名位权势的壮大等等，实现了世间欲乐的追逐和富足，我们的身心得到了真正的安稳吗？日日食不知味，夜夜难以安眠，只因为我们陷溺在贪爱的泥坑，痴情的大海，嗔火的山林……

罗汉心无想念，是究竟常乐的法界。综观《金刚经》的经纬，每一分都不断阐释如何管理我们这颗心，获得身心无忧无惧的涅槃生活。《十诵律》卷十八，提出心不乱念，一心睡眠有五善事：

若比丘不乱念，一心睡眠，有五善事。一者无难睡。二者易觉。三者无噩梦。四者睡时善神所护。五者睡觉心易入觉观法。

禅门中，吃饭睡觉是大修行，行者若不摄意正心，白日随业缘流转，痴暗如梦中人；夜里心驰意纷，又随境生忧悲苦乐之情，宛如梦中梦，颠倒渺茫！能够安稳入眠，心不住想念，要有善业的修持。如《大般涅槃经·梵行品》卷十九的偈颂：

身无诸恶业，口离于四过，心无有疑网，乃得安稳眠。

身心无热恼，安住寂静处，获致无上乐，乃得安稳眠。

心无有取着，远离诸怨仇，常和无诤讼，乃得安稳眠。

若不造恶业，心常怀惭愧，信恶有果报，乃得安稳眠。

敬养于父母，不害一生命，不盗他财物，乃得安稳眠。

调伏于诸根，亲近善知识，破坏四魔众，乃得安稳眠。

身心安稳，昼夜不惊不扰，还从吾人清净身口意三业中来！《金刚经》为肯定有个安稳的身心法界，因此完全否定一切住心的妄相。心无想念，心无住着，如何用功办道呢？

道光禅师有一次向大珠慧海禅师请教：

“禅师！您日常用功，是用什么心去修道？”

大珠答道：“我无心可用，无道可修。”

道光不解地说：“禅师！您既是无心可用，无道可修，为什么每天要上堂说法，去接引禅徒？”

“我上无片瓦，下无立锥之地，哪里有度众的地方？”

道光不服气地反驳道：“您日日聚众论道，这不是在说法度众？”

“请你不要诬赖我，我连话都不会说，如何去论道？我眼中看不到有一个人，如何说是度众呢？”

道光更是不平地道：“禅师！您明明上堂说法，接引禅徒，怎可说无？您这样说，不就是打妄语吗？”

大珠气定神闲地答道：“老僧连舌头都没有，如何打妄语呢？”

道光紧接着问：“难道器世间，有情无情的世界，你和我的存在，还有参禅说法的事情，都是假的吗？”

“都是真的！”

“既然是真的，您为什么都要否定呢？”

大珠淡然地答道：“假的，要否定；真的，也要否定。”

第九分的经义，旨在阐发小乘四果无惑可断，无果可证，令行者心无想念，不住凡圣妄心。如百丈禅师所言：

> 若藏府中都无所求，都无所得，此人诸恶不生，人我不起，是纳须弥于芥子中。不起一念贪嗔，是能吸四海水，不受一切喜怒语言入耳中，于一切境，不惑不乱，不嗔不喜，刮削并当得净洁，是无事人。

人无求就能心中无事，心中无事即是贵人！终日奔走于沸腾名利场中，天然如沧海寰宇，不沾染半分尘影。

习题

1. 佛陀以四果为喻，有什么特别的含意？
2. 什么是无诤三昧？生活中如何实践之？
3. 佛陀如何教育习气未断的弟子？
4. 真正住阿兰若处，闭关修行的条件是什么？

原典

一相无相分第九①

“须菩提！于意云何？须陀洹②能作是念，我得须陀洹果不？”

须菩提言：“不也，世尊！何以故？须陀洹名为入流，而无所入，不入色声香味触法，是名须陀洹。”

“须菩提！于意云何？斯陀含[3]能作是念，我得斯陀含果不？”

须菩提言：“不也，世尊！何以故？斯陀含名一往来，而实无往来，是名斯陀含。”

“须菩提！于意云何？阿那含[4]能作是念，我得阿那含果不？”

须菩提言：“不也，世尊！何以故？阿那含名为不来，而实无不来，是名阿那含。”

“须菩提！于意云何？阿罗汉[5]能作是念，我得阿罗汉道[6]不？”

须菩提言：“不也，世尊！何以故？实无有法名阿罗汉。世尊！若阿罗汉作是念，我得阿罗汉道，即为着我、人、众生、寿者。

“世尊！佛说我得无诤三昧[7]，人中最为第一，是第一离欲阿罗汉[8]。世尊！我不作是念，我是离欲阿罗汉。世尊！我若作是念，我得阿罗汉道，世尊则不说须菩提是乐阿兰那行者[9]，以须菩提实无所行，而名须菩提是乐阿兰那行。”

注释

①本分叙述所谓“般若实相”，非有相非无相，非一非异相，离一切相，即是实相。佛陀借声闻四果为喻，破除有惑可断，有果可证的妄念。

②**须陀洹**：华语“入流”。声闻四果中之初果。有三种义：一、入流，谓初入圣流也；二、逆流，谓逆生死之瀑流也；三、预流，谓得预圣人之流也。此位须断尽三界八十八使见惑，方证得之，当未断尽时皆为向，已断尽为果。

③**斯陀含**：华语“一往来”。声闻第二果。谓其当于欲界的天上、人间，各受生一次也。此位除断尽三界见惑外，须更断欲界思惑前六品，方证得之。当断一至五品时，皆为向，已断尽第六品为果。又名“薄淫怒痴”。

④**阿那含**：华语“不来”或“不还”。声闻第三果。谓不再来，或不再还于欲界也。此位须断尽三界见惑及欲界九品思惑，方证得之。当断第七、八品思惑时皆为向，已断尽第九品为果。

⑤**阿罗汉**：华语“无学”。声闻第四果。谓断尽三界烦恼，究竟真理无法可学。含有三义：一、杀贼，杀尽烦恼贼也；二、应供，谓道高德重，为世福田，堪受人

天供养；三、不生，谓永入涅槃，不再受分段生死也。

此位须断尽三界见惑及欲界九品思惑，并色界、无色界八地七十二品思惑方证得之。当未断尽时为向，已断尽则具六神通，入无学位（前三果皆为有学位，尚须进取修学也），所作已办（即断见、思惑之事已办），不受后有（未来的果报或后世的身心，曰后有），称为阿罗汉道。

⑥前三果，都叫作“果”，为什么到阿罗汉，不称为“果”而称作“道”？因为前面三果罗汉还有学位；就是还要修学，还未达到最高境界。而无学位的第四果阿罗汉，已证到般若、无为的真理。他这个“道”已与“觉道”“佛道”相近了，所以不用“果”来说。

⑦**无诤三昧**：梵文 Arana，音译阿兰那，华语无诤；梵文 Samāhhi，音译三昧，华语正定，就是入了禅定之意。“无诤三昧”，就是无我人、彼此高下、圣凡之分，一相平等。连真空亦无住，若有住者，即有对待，便生争论，长系生死矣。

⑧**第一离欲阿罗汉**：此专指须菩提尊者，因为须菩提是发愿修“无诤三昧”的罗汉，为人中第一，亦为阿罗汉中第一，故称第一离欲阿罗汉。

⑨**乐阿兰那行者**：乐于在山林中寂居静修的人。

译文

“须菩提！你认为须陀洹会生起这样的心念？‘我已证得须陀洹果！’”

须菩提回答：“不会的，佛陀！为什么呢？须陀洹的意思是入圣流，而事实上是无所入的，不执着色声香味触法等六尘境相，因为心中没有取舍的妄念，不随六尘流转，所以，才叫作须陀洹。”

“须菩提！你认为斯陀含会有这样的念头吗？‘我已证得斯陀含果！’”

“不会的，佛陀！什么缘故呢？斯陀含的意思是一往来，已证初果，要再一往天上，再一来人间，断除欲界思惑。而事实上，他对于五欲六尘已不起贪爱了，应是体顺无为真如之理，在这无为真如之理上，哪有往来之相呢？因为他已无往来之相，所以才叫作斯陀含。”

“须菩提！你认为阿那含能有这样的心念吗？‘我已得阿那含果！’”

“不会的，佛陀！为什么？阿那含的意思是不来，二果斯陀含，断除了欲界思惑以后，就永久居住于色界的四禅天，享受天上的福乐，不再来人间，所以才名为不来。所以心中已没有来不来的分别。因此，才称为阿那含。若他尚有证果之念，便是着了不来之相，就不可以称为阿那含。”

“须菩提！阿罗汉能起一种念头？‘我已证得阿罗汉道！’”

“不会的，佛陀！怎么说呢？因为实际上并没有什么法叫作阿罗汉。所谓的阿罗汉是彻悟我、法二空，不再随妄境动念，只是寂然如如，才为此立一假名。佛陀！如果阿罗汉起了我得阿罗汉的念头，那么，就是有了我、人、众生、寿者等法相对待分别，就不可以称为阿罗汉。

“佛陀！您说我已证得无诤三昧，是人中第一，亦为罗汉中第一离欲的阿罗汉。但我并没有执着我是离欲罗汉的念头。佛陀！如果我有得阿罗汉道的念头，佛陀就不会称我为阿罗汉，那么，佛陀也不会赞叹我是欢喜修阿兰那行。因为须菩提并不存有修行的心相，妄念不生，所以才称为是欢喜修阿兰那行的。”

庄严佛土无有住相分第十

讲话

第九分已解除小乘行人对四果证得之惑，使之回小向大，知无为法中，证无所证，得无所得。既然四果无得无证，那么佛陀于三大阿僧祇劫中因地修行，是否也没有所修所得的法呢？佛果上的依正庄严，难道都是虚无吗？佛陀明白大众有此疑问，因此在第十分针对于成佛说授记、庄严佛土等主题，做明确的解答。

一、成佛授记不着住相。

二、随其心净佛土庄严。

三、发大乘心应无所住。

四、法身无相不可丈量。

经典上记载佛陀因地修行中，难忍能忍，难行能行，乃至折骨为笔，取血为墨，析皮为纸，写经流通法音的感人事迹。佛陀累劫内外俱舍，不惜散尽财宝、房舍、车乘、童仆等等，尽大地山河一寸一厘，尽是佛陀布施的证明。

一、成佛授记不着住相

佛陀被授记当得作佛，燃灯佛可有授予成佛之法？佛陀是否有所得呢？《大般若经》说：

菩萨摩诃萨，于一切法无所取着，能从此岸到彼岸故；若于诸法少有取着，不能从此岸到彼岸。

此岸彼岸相隔不远，凡夫贤圣近在咫尺，只在于不取着诸法，即能横渡生死苦海，登涅槃舟航。佛陀于燃灯佛所是否有得？就如同须菩提回答："不也，世尊！如来在燃灯佛所，于法实无所得。"佛陀要是于法有所得，即着我相、人相、众生相、寿者相，四相不空，如何成佛有份？以"授记"而言，有两种授记：一是凡夫的授记，即人人本具佛性，个个皆是未来佛种；二是菩萨的授记，即是八地菩萨，已入"无功用行"位，如燃灯佛授记善慧菩萨（指释迦牟尼佛）。

佛陀为拔除大众的邪见，以为燃灯佛有个神奇的成佛之法传授给他，而佛陀也有获得什么秘密的妙法，心向外求，不肯老实修行，探究本心。佛陀被授记成佛，源于累劫修行，圆成资粮位得来，而非是因为燃灯佛的授记才得以成佛。《大方广如来秘密藏经》卷下：

佛言：迦叶！解知烦恼从因缘生，名得菩提。迦叶！云何为解知从因缘所生烦恼？解知是无自性起法，是无生法，如是解知，名得菩提。

真正得到菩提者，彻了菩提不生不灭，圣凡互存，生佛不二，而菩提与烦恼实无自性，从因缘中来，亦从因缘中灭。授记成佛之名，也是诸佛的殷勤婆心，慰谕心性怯弱的众生，为其施设小乘四果，大乘十地，授记成佛等名。就如《法华经》的化城喻，诸佛幻化美妙庄严的城市，令众生心生欣羡，生勇猛心，舍小向大，百尺竿头更进一步。佛陀以燃灯佛无法可授，佛陀无法可得，揩拭众生心地的迷影。

日用生活中，我们往往希求有个什么妙法神咒，可以使家庭圆满，事业顺利等。有一些学佛者，诵经拜佛，种种布施，稍有感情、事业、工作、健康的挫折，每每就怪起佛菩萨没有给他庇佑。佛法岂是廉价的交易品，我们和佛菩萨的往来，是信仰清净的增长，是积厚善法功德的势力，是踏入选佛场的门槛，不过是借用经咒的净化和诸佛感应接心。

财富有财富的因果，健康也有健康的因果，人天福乐果报由奉行十善业中来。一句佛号，一遍经咒，能消除我们的罪业，根源于真心恳切发露的忏悔。有一首咒语，能令大家如意安康：

慈咒能降伏一切鬼魅。
悲咒能远离一切邪恶。
喜咒能所愿所求如意。
舍咒能契入诸佛密语。

慈悲喜舍是我们内心无上的密咒，能降伏鬼魅冤结，使我们朝夕与佛同眠共起。

佛陀得燃灯佛授记，心无住着，因而并没有授记之法，得授记之人，人法双亡，才是真正的授记。

有一个信徒，由于求悟心切，自己造了一尊佛像，每天带在身边，虔诚供养。

有一次他到庙里烧香，香烟袅袅四处飘散，他发现烧的香都飘向其他的佛像。心想：我的佛像都闻不到我烧的香，我必须想个办法。于是他心生一计：就在佛像的鼻孔上穿个孔洞，系住香环，自此以后我的佛像就能享用我烧的香。

几天以后，原本洁净白皙的佛像被熏黑了鼻子。他才恍然大悟，因为自己贪求功德，毁掉了庄严相好的佛像。

这则黑鼻子佛像的故事，主人贪求无知的行径，看似可笑，再仔细思量，不也是反映吾人自心的贪欲和痴迷？终日背着外在的佛像，四处乞求开悟的功德，却不知内在有一尊万德庄严的佛，昼夜惺惺然，戒香德馨终年袅袅不绝。

二、随其心净佛土庄严

前文已说明，燃灯佛无法可授，佛陀无法可得之性理，那么菩萨在因地修行，一切功德都回向于菩提华果，为什么佛陀却说菩萨没有庄严佛土呢？佛陀申明其中原委，即是经文所言：庄严佛土者，即非庄严，是名庄严。

我们先从"庄严佛土"说起。佛陀说庄严佛土，是为权教菩萨开示，要发广大心，以六度万行之功德，庄严佛土。由此回向佛果菩提，才能令菩提心苗茁壮成熟，而不堕入二乘行人的焦芽败种。先建立有个庄严殊妙的佛土，令众生不着人天福报，离二乘心。"庄严佛土"是假谛，是权教的假有之相。

"即非庄严"是空谛，了知诸法空无所住，无一恒久庄严之相可得。在心不住着庄严之相，以"假不碍空"入第一义谛，虽广修功德万行，心不动念住相，而能任运自在，"是名庄严佛土"。

三谛：

庄严佛土——假谛：权教方便，令众生不求人天福报，住着二乘圣境。

即非庄严——空谛：晓了一切法空无所住着，不住庄严之相。

是名庄严——真谛：即空即假会归中道，明白非空非假之理，而能大建水月道场。

我们受持《金刚经》要有空假无碍的知见，就像诗云："竹密不妨流水过，山高岂碍白云飞。"欲成就一切佛法，庄严佛国净土，于因地修行，应起心观照，检验是否偏离正道！《华手经·验行品》卷二十二：

佛告舍利弗：应以三事验菩萨心。何谓为三？常勤精进，求法不倦，谓是大乘菩萨藏经，以是经故，自增善根，亦能增长众生善根。

常随法师，恭敬供养，若过千秋，乃能得闻善根相应一四句偈。闻已随顺，不违不逆，不没不退，追随法师，益加恭敬。

恒自咎责，我以宿世障法罪故，不得闻法，非法师咎。今当亲近随从法师，令我一切障法罪业，皆悉消灭，是名为真菩萨心。

净土的庄严皆从因中修得，阿弥陀佛的极乐世界，有黄金铺地，七宝楼阁行列，八味功德水充盈其间，都是法藏比丘以四十八愿的悲智所完成的。佛的净土在何处？《金刚经注解》：

佛土者，佛之妙性也，众生之真心也。外不染六尘，内无我人，不着断灭，故名净土。

佛国净土在哪里？纳涵于众生和诸佛的真心妙性中，净土即在不染六尘，无人我四相，当下严熟成就。《维摩经·佛国品》说：

有一次佛陀正在说法。舍利弗心中有个疑惑，前来向佛陀请示。

“佛陀！为什么十方诸佛国土皆是殊严净妙，只有佛陀您的娑婆世界，却是丘陵、荆棘、砂砾、土石诸山，秽恶充塞其中呢？”

佛陀以脚趾按地，刹那，秽恶诸相皆隐没，百千珍宝严饰的净土涌出。

“舍利弗，我佛国土，原本净妙具足，为度下劣人故，才示现众恶不净。就如诸人天等，随福德业缘不同，食器饭色而有不同。因此，舍利弗！如果心地清净，便见娑婆世界万德庄严，无有恶浊。”

日月原本明耀高悬，盲人不见，不是日月的过失。我们要如何心地清净，庄严佛土？有三种方法：

庄严世间佛土：造寺写经，布施供养。

庄严报身佛土：于一切人，心存慈和恭敬，视一切众生如佛，和乐无诤。

庄严自性佛土：息造作妄心，心常寂然不动，不向外求，即与道相契合。

其实佛土庄严与否？与我们的生死何干？我们要如何日日不离道，庄严自心，庄严家庭，庄严人我，乃至成就无量无边的佛土庄严。如果不先超度自己内心的砂砾、荆棘、坑谷、丘陵种种恶浊，如何能显现平掌如镜的黄金佛土？

超度贪欲得富足。
超度嗔怒得慈悲。
超度愚痴得光明。
超度冤亲得平等。
超度妄想得寂静。
超度啼哭得安乐。

安乐光明的国土，要先以超越内心黑暗的妄想开始。心荡然洁净，自然六根所见所闻，都是念佛念法念僧的法音宣流。

三、发大乘心应无所住

《金刚经》重要的主旨之一，就是“应无所住而生其心”，能掌握此意趣，即能独具慧眼，照见金刚宝山中的种种宝物。

经文中“诸菩萨摩诃萨，应如是生清净心，不应住色生心，不应住声香味触法生心，应无所住而生其心”，从无法可授，无人可得，令众生知佛果性空，不应有能得的心，执求能得的法。佛果如是性空，佛土的庄严之相，更应不生可得之心。佛陀以佛果、严土为喻，向菩萨广说“应无所住”即是清净自心。《思益梵天所问经·分别品》第三：

佛不令众生出生死入涅槃，但为度妄想分别生死涅槃二相者耳。此中实无度生死至涅槃者。所以者何？诸法平等，无有往来；无出生死，无入涅槃。

心无所住，意不贪恋，生活中的穿衣吃饭，悲欢违顺诸境，于迎宾宴客中，尽露本色风光，随缘而住，免去许多业缘的钩牵，生死涅槃自不相干！

有一位无果禅师潜居山林，以参禅为定课，二十年来都由一对母女护持供养。由于长久以来一直没有见性，因此打算离山去寻师访道，希冀能明了父母未生之前的面目。这对护法的母女，亲手缝制一件棉衣，并且包了四锭的银子，送给禅师作为路费。

禅师接受母女两人棉衣和钱银的供养，是夜仍坐禅养息。到了半夜，见一青衣童子，手持幡盖，带领着一列的鼓吹歌弦而来，放下一朵大莲花，殷勤请他乘坐莲台。禅师暗忖：我是禅门中人，未修净土善因，不应贪着此境。青衣童子又再三劝请，表示勿错过吉时良辰。禅师随手拿了一把引磬放入莲台上。不久，童子及诸乐人，便逐渐远去。

清晨时，禅师正准备启程，护法的母女匆忙赶来，手里拿了一把引磬，满腹狐疑问禅师道："这是禅师遗失的东西吧！只是很奇怪，昨晚家中母马生了死胎，马夫剖腹时，却发现禅师的引磬，只是不明白，为何这把引磬会从马腹生出来呢？"

无果禅师闻语，不禁冷汗淋漓，于是作偈：

一袭衲衣一张皮，四锭元宝四个蹄；
若非老僧定力深，几与汝家作马儿。

无果禅师因不贪着胜境妙果，才得以免去入马腹的业报。吾人心若有所住，就不免贪求颠倒，若住于渴爱中，就堕入火咽饿鬼报；若住于嗔怨仇报中，当下身受修罗争斗苦；若不明事理，痴暗无知，宛如陷入畜生的业识茫茫中。

佛陀知众生心性和习气，因此用金刚坚利的剑戟，铲除我们心地满布的葛藤，不妄求神通妙法，于好恶美丑诸境不生住心。《金刚经》的三十二分，分分都探溯心的本源，让我们返璞归真，不再被世间的粉墨声色眩惑，做一个正观自在的逍遥人！

真正的自由是什么？检查我们这颗心猿意马的心，面对无常的情感，能随缘不自苦恼人？面对人我的是非，能心平气和随缘消业？面对名缰利索，能超越安然？面对生死一刻，能正念分明？只要能管理自己的妄心，就能勘破四大五蕴的牢狱，安住生活中种种的动乱！

有一个金碧峰禅师证悟后，能放下世间诸缘的贪爱，唯独对身边的玉钵爱不释手。每每入定之前，一定要先把玉钵收藏妥当，然后才能安心入定。

有一天，阎罗王因为他的世寿已尽，就差几个小鬼去捉拿他。禅师入甚深禅定中，小鬼们上山下海也遍寻不到他的踪迹。过了几天，小鬼着急不已，找不到禅师，要怎么回去向阎罗王交差？于是跑去找土地公，请他帮忙想个办法，让禅师可以出定。土地公向小鬼表示，禅师是个证悟的人，对世间的许多境缘都已放下，唯独对玉钵仍有贪爱，也许你们设法取走他的玉钵，他一动念，可能就出定了。

小鬼们依照土地公的指示，找到禅师的玉钵，顽皮地敲打玉钵，禅师心疼玉钵被小鬼们玩弄敲打，赶快出定要抢救。小鬼看到禅师现身，拍手笑道："走吧！跟我们去见阎罗王。"禅师闻言，了知一念的贪爱要毁去他千古的慧命，立刻把玉钵打碎，再次入定，空中回响一偈：

若人欲拿金碧峰，除非铁链锁虚空；

虚空若能锁得住，再来拿我金碧峰。

人人心中有个放舍不下的“玉钵”，可能是财富、名位、爱情、权力等等，若不肯奋力粉碎搁置心头的“玉钵”，如何能有一个无所住，光风霁月的心灵桃花源？

四、法身无相不可丈量

佛陀用须弥山王微妙身相为喻，显示无相的法身是不可丈量的。因为须弥山王身虽大，还是有大小称量和形色的比较，但是法身之相非世间的大小、形色所能涵括得了。所以，经文说：“佛说非身，是名大身。”这个“非身”是无相之身，有别于须弥山王的有相之身，也就是法身。

佛陀嘱咐行者，不住授记，不住严土，不住得果。证得佛果者即得此“非身”的无相法身，此无相法身，也不可住着执取。《首楞严经》卷二：

一切众生，从无始来，迷己为物，失于本心，为物所转。故于是中，观大观小，若能转物，则同如来。身心圆明，不动道场，于一毛端，遍能含受十方国土。

毛端和须弥的大小之相，可以含摄融通，所谓一毛端现十方国土；一滴水见宇宙万象。

有一位信徒向无德禅师请教："同样一颗心，为什么说心量有大小的分别呢？"

禅师并未直接回答，向信徒说道："请你把眼睛闭起来，默造一座城垣。"

信徒依言默造了一座城垣。

"请你再默造一根鹅毛。"

信徒再次闭目默想。

"当你造城垣和鹅毛的时候，是借用别人的心，还是自己的心去构造的？你造城垣和鹅毛，既然是用同一颗心去造作的，可见心是能大能小呀！"

世界上什么东西最大，什么动作最敏捷？不是须弥山最大，也不是电光最快速，而是我们的心念，摄受三千法界和刹尘，毫厘大小不过是世俗谛的假名分别。佛陀于第十分抽丝剥茧为我们拆去授记相、严土相、佛果相的种种障碍。"应无所住"不是不积庄严刹土的福慧资粮，更不是执取无授记无佛果的断灭知见，而是要我们肯定自性本具足七重楼阁宝树的佛土，庄严自性的无相法身。

学佛人，不舍一善法供养，外在的供养固然有益众生，但身心圆明灵澈，无一沾染，才是最好的供养。物质有限，情意无量。真心四供养，能自他庄严。

一炉清香，不如一瓣心香。

一束鲜花，不如一脸微笑。

一杯净水，不如一念清明。

一句佛号，不如一声赞叹。

佛的身相高大殊胜，是从不轻慢一切有情，慈愍一切含识而来。再名贵的沉香，比不上心香恒久的芬芳；再清醇的水随物而染，比不上一念不动的清明；千丛万束的鲜花终有谢尽，哪里比得上微笑的温暖；万亿佛号的力量，更比不上一句赞叹，令众生增上善根的功德。

习题

1. 然灯佛授与佛陀什么妙法？
2. 为什么说“心净即国土净”？
3. 为什么“心无所住”是真正发大乘心？
4. 为什么真心的供养胜过物质布施的功德？

原典

庄严净土分第十[①]

佛告须菩提："于意云何？如来昔在然灯佛[②]所，于法有所得不？"

“不也，世尊！如来在然灯佛所，于法实无所得。”

“须菩提！于意云何？菩萨庄严佛土③不？”

“不也，世尊！何以故？庄严佛土者，即非庄严，是名庄严。”

“是故须菩提，诸菩萨摩诃萨应如是生清净心④，不应住色生心，不应住声香味触法生心，应无所住而生其心。须菩提！譬如有人，身如须弥山王⑤，于意云何？是身为大不？”

须菩提言：“甚大！世尊！何以故？佛说非身，是名大身。”

注释

①第九分言四果无可得，此分则云圣果亦无可得；若是有得，皆是住相。凡夫总以为，四果既无所得，为何有四果之名？圣果若无所得，又何以有圣果的名称？这都是犯了住相的毛病。要知道，圣贤的名称，都是假名、有为法。所以，般若即要处处破这些有执，唯恐凡夫贪爱有为法，被假名所蒙蔽。所谓“庄严净土”，并非就是凡夫眼中所见的色相庄严，而是指那无形无相的法性庄严。

②**然灯佛**：即是授记释迦牟尼佛成佛的本师。佛陀

在因地修行，以七朵青莲花供养然灯佛；然灯佛便以神通力变一方土为泥澜地，儒童解鹿皮衣覆泥，并以发布地，请佛蹈其身而过，并发愿当于未来世作佛，愿佛授记。然灯佛蹈其身而过，为之授记曰："过后九十一劫，等你修满三阿僧祇时，你应当作佛，号释迦牟尼。"

③**庄严佛土**：庄严者，庄盛严饰也。菩萨于因地修行六度万行功德，并以之回向，庄严成时之依报国土，谓之庄严佛土。

④**清净心**：即是人人本具的自性清净心；不生不灭，清净不染，远离客尘烦恼，不住法、非法，超越能所对待、有无分别的本心。

⑤**须弥山王**：即是须弥山。华语妙高山。此山四宝所成，高出众山之上，故称山王。

译文

佛陀再问须菩提："你认为如何？佛陀以前在燃灯佛时，有没有得到什么成佛的妙法？"

"没有的，佛陀！因为诸法实相，本来清净具足，没有什么可说，也没有什么可得的成佛妙法。如果有所得的心，就无法和真如实相相契合。"

佛陀颔首微笑，因为须菩提已领悟了真空无相法的真谛。于是，佛陀接着问道：

“须菩提！你认为如何？菩萨有没有庄严佛土呢？”

“没有的，佛陀！为什么呢？菩萨庄严佛土，只是权设方便，度化众生，若存有庄严清净佛土的心念，便是着相执法，就不是清净心。着相的庄严佛土，便落入世间的有漏福德，即非真正庄严佛土。庄严二字，只是为了度化众生，权立一个名相而已。”

“所以，须菩提！诸位大菩萨都应该像这样生起清净心，不应该对眼识所见的种种色相生起迷恋、执着，也不应该执迷于声香味触法等尘境，应该心无所住，令清净自心显露。须菩提！譬如有一个人，他的身体像须弥山王那样高大，你认为如何？他这个身体大不大？”

须菩提回答道：“很大的，佛陀！为什么呢？佛陀所说的不是无相的法身，是指有形色、大小的色身，因此称这身体为大。如果以法身而言，是不可丈量，当然不是世间大小分别所能涵盖的。”

恒河七宝不如无为分第十一

讲话

佛陀在第八分以三千大千世界七宝布施的福德，与般若的福德性做校量，表明珍宝布施的福德是世间有漏的果报，般若性德则是出生无漏的善法功德。第十一分佛陀再次申述，以恒河沙数珍宝的布施，比不上无为福德的胜因：

一、财施破悭获福无量。

二、受持读诵第一供养。

三、深解经义解脱生死。

四、无为福德究竟常乐。

经文中，佛陀告诉须菩提，如果用恒河中所有的沙数来做比喻，一粒沙喻为一恒河，那么所有恒河中的沙数是不可计算。如果有人以一粒沙作为一个三千大千世界，再用七宝充满恒河沙数的三千大千世界，以此恒河沙数的三千大千世界七宝布施，所获的福德是很多的。

一、财施破悭获福无量

佛陀以三千大千世界的恒河沙数七宝的布施，比较有为无为的福德差别。财布施可以使我们放下财物的贪恋，以此破除内在的悭吝，佛陀并非完全否定资生布施的利益，在佛陀本生谭中，佛陀舍王位、国土、财宝、童仆、车乘、妻妾等等，看似有相的布施，但是以恒顺众生，心不起嗔怨，也能感应到三轮体空，无为功德的法喜。

《诸德福田经》有七法布施，名为福田，可得生天：

一者兴立佛塔、僧房庙堂。

二者建立林园、果树甘泉。

三者常施医药，疗救众病。

四者做牢坚船，济度人民。

五者安设桥梁，过渡羸弱。

六者近道作井，渴乏得饮。

七者造作圊厕，施便利处。

这七法皆从方便利行众生，心存慈佑悲悯而来的，我们知道天人的特点之一是身形巍巍，五欲满足快乐。其实能施予的人，所行就如同富有的天人，内在充满济度众生庄严的心念，自然获得快乐满足的回报。

因此，我们读诵《金刚经》不要只读半部经，佛陀虽是强调无为福德的胜妙，并非完全否决有为布施的福德，而是咐嘱我们从财施的阶位，再上一层楼去开发无为解脱的性德。财富是毒蛇还是黄金？端看运用者的智慧，财富能自利利他，也能令父子、兄弟、宗亲等怨隙丛生。

有一天，波斯匿王来到佛陀的座前，向佛陀禀告：

“佛陀！舍卫国内，有一位长者，名叫摩诃男，他拥有金银珠宝数千万亿，无法称量，并且有许多房舍田产也难以计算。摩诃男坐拥财宝千斛，良田万顷，这千千万万的富有，他却无法享用。每天吃粗糠米渣，残余腐酸的食物；穿着粗劣的布衣；乘破旧的车。他从不供养沙门、婆罗门，更不施舍贫苦的乞丐。每到吃饭时，一定要把门窗锁紧，恐惧有人上门向他乞食。

“佛陀！巨富的摩诃男，却过着如此贫穷恐惧的生活，我们对于财富要如何运用，才合乎正道？”

“大王！如摩诃男等人，内心充塞无知的邪见，虽得到丰富的财利，却不能自己受用，又不知孝养父母，及供给妻子、宗亲、眷属；也不救济奴婢仆役；不施予知识朋友；更不知供养沙门、婆罗门，以此种植福田，长受福乐。摩诃男获得财富，不懂广为应用，借此得到世间的喜乐和出世间的功德。

“大王！悭贪者就如一块碱地，虽有少许池水，但由于本质碱苦故，没有人愿意饮用，最后干涸枯竭。布施者，譬如聚落里的一泓清泉，流出好水，滋养周围的林木繁茂，并生长柔软的香草及种种鲜花和果实。一切众生，都能在水池洗浴，渴乏时可以撷取清泉和美果。林间的鸟兽，也能无惧地快乐嬉戏。

“大王！拥有财富者，要如滢澈的泉水，使人得到欢喜饱足的受用，如此，生活自然富足自在，死后能生于天界，享受福乐。”

人的一生又有多长？不过如晨间的露水，空中的电光，水中的泡影，瞬息的火焰。财富的生命，又能绵延持续多久？如何从有限的财富经营，看到精神性灵的财富，做一个永续经营的智者？

经营人情不经营利益。

经营分享不经营个人。

经营善友不经营钱财。

经营知足不经营五欲。

有形的财富终有散尽毁坏时，人与人的情义相助，彼此分享成果的交流互动，善友的护念提携，闻法知足的安适等，是永续经营我们内在的财富。

二、受持读诵第一供养

经文中说：“于此经中乃至受持四句偈等，为他人说，而此福德，胜前福德。”

在第八分中我们已说明财施与法施功德之差别，及受持四句偈的殊胜法益，此分以“为他人说”的法布施，进一步做阐述。《华严经》说：

譬如暗中宝，无灯不可见；
佛法无人说，虽慧不能了。

说法者如火炬，为人照见种种宝珠，再微妙的佛法，没有人演说，智者也难以入解脱门。财施与法施的方法、对象、利益各有不同。

财施简易可行。法施唯有智者，能广说法义。

财施一般对象即可。法施则须具有善根者，才能信受奉行。

财施利害参半。物质的施与，易令众生起贪心和懈怠；法施普施利益，令众生开展觉性，生惭愧勇猛向道心，不只自利也能利他。

财施享用有限。一时的救济，并无法使众生身心永久安乐；法施则是救济众生的心，正观的播种，令众生今生后世利益无穷。

财施功效短暂。财施仅能利益色身，无法令人见性成佛；法施的一言一偈，如醍醐灌顶，令众生转凡成圣，顿开佛慧。

已判别财法二施功德的胜劣，对于“法”要如何受持？我列举出受持《金刚经》的十法行：

书写：恭敬抄写经文。

供养：供奉经典于塔庙、佛殿。

施他：印行经典流通。

谛听：专注聆听经教法义。

宣说：为他人讲解经文，解除文字义理的障碍。

受持：奉行教义，应用于生活中，自利利他。

开演：广开演说微妙经义，令他人开悟自性。

讽诵：专心称诵，持念经文。

思惟：深入法海，静默思惟，以悟解奥妙之处。

修习：由思惟深解义趣，因此发起大行，证入圣果。

受持十法行，可以作为我们日常修持的指导。为了增长受持《金刚经》功德的信心，我用一则故事说明。

以前，有一个苦行僧，每天耐烦做种种劳役苦行，一有空闲，不和人攀缘戏论，一天定课六十卷的《金刚经》，数十年如一日，从未荒废休息。

有一天，和以前的师兄重逢，师兄已是个鼎鼎大名的大和尚，四处有人邀请，前往讲经说法。十几年没有见面，师兄关切地问他：

“师弟，这十几年来，你是怎么用功呢？”

“师兄，除了寺里的劳役工作，我每天只有读诵《金刚经》。”

师兄闻语，气恼他没有多多学习经教，十几年来还是做杂役的事务，摇摇头就要和他告别。

“师兄，我们难得见一次面，我就诵一部《金刚经》来祝福您吧！”

苦行僧就席地而坐，开始诵念。从一开口“金刚般若波罗蜜经”，顿时空中响起梵乐弦歌；诵到“一时，佛在舍卫国”，四周异香扑鼻；再诵念到“尔时，须菩提即从座起”，只见天雨曼陀罗花，纷纭四落！

说得一丈，不如行得一尺，师兄能演说经教，如人有眼目，师弟奉持经教，如人有足，能感天华梵乐，称扬歌咏。成佛之道，教义如地图，其中的端严曼妙风光，唯有生起行力，迈开脚步，才能印证经典所言的涅槃圣境。

一个做小偷的父亲，有一天儿子问他：“爸爸！你老了，我将来要如何谋生呢？你总该传授我一点秘诀吧！”

父亲说："好啊！今天晚上传授给你！"到了夜静更深的时候，父亲叫儿子随他出去，找到一家就下手偷东西。他们偷偷地跳了墙，进了室内，打开了柜子。父亲叫儿子先藏在柜子里，忽然父亲大叫："啊！有贼！有贼！"主人听到后，马上醒来捉贼。老贼已经跑了，小贼被关在柜子里面，心想：父亲真是岂有此理，怎么把我关到柜子里，大声一叫跑掉了，叫我怎么办呢？这时候他只能靠自己才能脱离这个危难。情急智生，他想到一个办法。在柜子里学老鼠叫，叽叽……主人拿着灯在找贼，听到老鼠叫也就松懈了，"哎呀，这是老鼠叫，贼跑掉了。"当他们防守一松，小贼冲出去，把灯吹灭。主人立刻随后追赶，小贼很是着急，糟了，后面又追来了。他又想了一个办法，走到一个古井边，拿一块石头丢入井中，主人追到井边说："唉！今天出人命了！"说完就走。这小贼就这样安然地回家。

回到家，就责问爸爸说："你今天怎么这样捉弄我？"爸爸问："我怎么捉弄你？"儿子说："你把我关进柜子，大叫有贼！有贼！"爸爸就问："那你怎么出来的呢？"儿子就如此这般一说，爸爸听了很高兴，说道："儿子！我有传人了！你悟到随机应变要靠自己的啊！别人是不能传授我们什么啊！"

受持《金刚经》的十法行和功德，都已说明了，如何获致这无上法宝，就像故事中小偷的父亲所说：只能靠自己，别人是不能传授我们什么啊！

三、深解经义解脱生死

拥有恒河沙数的三千大千世界的珍宝璎珞，人的心也未必能知足常乐。《正法念处经·观天品》卷三十四：

宝物归无常，善法增智慧；世间物破坏，善法常坚固。

若有顺法行，随人百千世；虽种种宝物，不能至后世。

种种财宝物，则可强劫夺；王贼及水火，不能拔法财。

受持四句偈的法益，像于正法田中播种，因缘合会时，必成长菩提华果。法财不畏水、火、恶王、盗贼、不肖子孙的掠夺，由此法财登法王宝座。法财之性德能度众生至清净庄严，究竟常乐的佛国。因此，《金刚经》才会再三叮嘱，短短的四句偈胜恒河沙数三千大千世界的珍宝布施。财宝只能资长一时的色身端严，无法使我们获取内在的平静和面对无常的超然自如。

有四个婆罗门，他们精进修行，各具有五种神通，但是对死亡仍然感到怖畏恐惧。他们相互讨论着，如果有一天索命的小鬼来到时，就各显神通，让小鬼找不到。

第一位婆罗门用飞行术，也逃脱不了死神的追赶。

第二位婆罗门潜藏海中，也难逃拘魂的链锁。

第三位婆罗门隐入须弥山里，还是躲避不住索命的刀斧。

第四位婆罗门遁进土坑地层，仍旧抵挡不了业风的崩裂。

佛陀观见四位婆罗门，各自想尽办法要逃脱死亡，却无法如愿。佛陀以此事告诫诸位比丘：

虚空或海中，深山或地底，这些处所都无法避免无常的来到。想要真正不死，应该思惟四法。什么是四法？

一切诸行无常，不起贪恋，如是修行。

一切有为皆苦，厌苦欣乐，如是思惟。

一切诸法无我，不住我相，如是受持。

熄灭三毒火焰，涅槃为安，不依神通，如是证得。

信受奉持经教圣谛，乃至四句偈等，都是解脱烦恼的入手处。

有一天，波斯匿王来到祇树给孤独园向佛陀请法。因为身躯肥胖的缘故，全身汗水淋漓，气喘如牛地向佛陀顶礼问讯。

佛陀告诉波斯匿王："大王的身体太肥胖了。"

波斯匿王羞惭地回答："佛陀！我真的是太胖了，才走几步路就气喘如牛，我也常为肥胖感到羞愧和苦恼。"

佛陀说："人应该常常忆念，饮食应该知量，身体才能健壮，不但不受肥胖之苦，而且肠胃容易消化，得到养生延寿之利。"

波斯匿王听完后，欢喜地返回王宫，叫一位郁多罗的少年，在每次进餐时，就大声念诵佛陀的偈言。每当波斯匿王想要大快朵颐时，郁多罗就开口念诵：夫人常当自忆念，若得饮食应知量，身体轻便受苦少，正得消化护命长。波斯匿王因为佛陀这首偈言，从此节制饮食，恢复健硕的身材，行动轻便敏捷，不再受肥胖之苦。

一首偈言可以使人远离口腹之欲，护命延寿，也可以止息众生三毒的造作，解除身心背负的重担，得到寂灭的轻安与喜乐。

四、无为福德究竟常乐

《金刚经》一再强调无为福德的胜妙，为什么呢？前文我们也提到要行财施，只要你有能力都可以做到，一般的众生也欢喜接受施与。财物的布施，就像我们面对一群哭闹不停的孩童，用糖果或玩具的给予，暂时安抚他们的哭闹，这种"欲钩牵"只有短暂的功效，无法让孩子永远不哭不闹。反观法布施就不同，是用种种方法，调理孩子的情绪，教育他们不是用哭闹就能解决问题。就像一句俗谚："你应当教孩子点石成金的方法，而不是送他们黄金。”

每个人都期望过着平安吉祥的生活，周围的人事都能和极乐世界一样，诸上善人聚会一处，没有冤仇嗔怒的逼害，但是现实的生活中，往往适得其反。阿弥陀佛用四十八愿建设他的极乐净土；释迦牟尼佛更以五浊恶世，作为他万德庄严的净土世界。净土在哪里？如何得生彼国？《阿弥陀经》说，要得生彼国，不可少善根福德因缘。什么是善根福德？

五戒十善是善根福德。
四圣谛八正道是善根福德。
三十七菩提分是善根福德。
四摄六度是善根福德。

修诸善业都是培植善根福德因缘，由此入解脱门径。一个无忧无惧的生活，当然须具备善根福德因缘。外在的祈求，不如反观自求，用念佛停止人我的争执；用忍辱赢得自在；用持戒远离恐怖；用慈悲广结善缘。“从心开始”，改革我们的内在，如禅门的诗偈：“参禅何须山水地，灭却心头火自凉。”

唐朝的裴休宰相，是一位虔诚的佛教徒，他的儿子裴文德，年纪轻轻就中了状元，皇帝赐封为翰林。裴休不希望儿子因为少年得志，造成心高气傲，因此把他送到寺院里修行参学，并且要他从行单（苦工）上的火头和水头做起。

这位翰林学士，每天挑水砍柴，工作十分劳累辛苦。看到寺里的老和尚每天就是闭目静坐，心中愤愤不平。但碍于父命难违，只得强制忍耐。一段时间之后，终于按捺不住地开口道：

“翰林担水汗淋腰，和尚吃得怎能消？”

老和尚听了，微微一笑，也念了两句诗回答他：

“老僧一炷香，能消万劫粮。”

这一炷心香，横遍十方，竖穷三际，与无为福德相应，不仅能消万劫粮，更胜恒河沙数三千大千世界珍宝的布施。因为无为福德之性，具有无量无边的功德。

转烦恼为菩提。

止啼哭得安乐。

导迷津至彼岸。

度有情登佛境。

从舍财宝破悭贪，继而开拓无为的财宝，一分善根福德因缘都不可或缺；四句偈等，都应全力依法而行。含藏自性的宝矿珠玉，远胜恒河沙数……

习题

1. 如何正确使用财富？
2. 财施和法施的差别是什么？
3. 什么是受持《金刚经》的十法门？
4. 无为福德具有什么功德？

原典

无为福胜分第十一①

“须菩提！如恒河②中所有沙数，如是沙等恒河，于意云何？是诸恒河沙，宁为多不？”

须菩提言：“甚多，世尊！但诸恒河尚多无数，何况其沙！”

“须菩提！我今实言告汝，若有善男子、善女人以七宝满尔所恒河沙数三千大千世界，以用布施，得福多不？”

须菩提言：“甚多，世尊！”

佛告须菩提：“若善男子、善女人于此经中，乃至受持四句偈等，为他人说，而此福德胜前福德。③”

注释

①所谓的“福德”，有两种：一是有为的福德，一是无为的福德。有为的福德，是有限量的，多做善事即多增福德，少做善事即少增福德，所谓种如是因，即得如是果。无为福德，并不一定要有何造作，乃是本性自具，不假修证，是称量法界，周遍虚空。用财宝布施，所获得的，就是有为的福德；受持本经，体悟般若无住真理，就是无为的福德。本分要说明的，就是无为福德胜过有为福德的道理，故曰“无为福胜”。

②**恒河**：为印度五大河之一。发源于西藏的雪山（喜马拉雅山），向东南流，注入孟加拉湾。其源高且远，其河宽且长，河中的沙，因细故多，为阎浮提诸河所不及，又为大家所悉知悉见，所以佛说法时，常以譬喻极多之数。

③在前面经文中，佛陀用“满三千大千世界七宝，以用布施”（第八分），此处用“以七宝满尔所恒河沙数三千大千世界，以用布施”来与四句偈的法布施相较，都比不上持经信受的功德来得无边无量。因为一个是财布施，一个是法布施。

财布施是有为法，因此，它的布施是有限的，所以所得的功德也就有限。法布施是无为法，可以有无限的布施，所以功德也就无量无边。

译文

“须菩提！像恒河中所有沙数，每一粒沙又成一恒河，这么多的恒河沙数，你认为算不算多呢？”

须菩提回答：“太多了，佛陀！恒河尚且无法计数，何况是恒河里的沙数呢？”

“须菩提！我现在实实在在地告诉你，如果有善男子、善女人，拿了七宝积满恒河沙数那样多的三千大千世界来布施，他们所获得的福德多不多呢？”

须菩提回答：“非常多，佛陀！”

佛陀进一步告诉须菩提：“如果有善男子、善女人，对这部《金刚经》能够信受奉持，甚至只是受持四句偈等，能够将经义向他人解说，使别人也对这部经生起无限信仰之心。那么，这个法施的福德胜过七宝布施的福德。”

尊重正法平等流布分第十二

讲话

前分叙述受持四句偈等为人解说，令众生开启真如自性，为他人说之功德，胜过以满七宝的恒河沙数布施之福德。此分更深入阐明正法流布的广大功德。

一、平等说法天人供养。

二、法音流布如佛塔庙。

三、奉行经教成就无漏。

四、金刚妙谛具足三宝。

此分延伸前文的有为七宝的布施和无为功德之校量，七宝是有限量，法音的流布，则能使有情含识返照圆净光明的本性，不再随业风飘荡，不再贪逐六尘影头，打破漆桶，做生命的主人。

一、平等说法天人供养

经文中的“随说是经”，即随顺众生而说，有四种含义：

随说之人：只要能发心开演《金刚经》的法义，不分僧俗凡圣。

随说之义：只要依着《金刚经》正确的意旨，不论事理深浅。

随说之经：解说经文时，只要是能令人蒙受法益，不定章句前后。

随说之处：讲经之处所，不拘城市山林。

随处随缘随顺众生根性，能为其解说《金刚经》，就算是短短的四句偈等，在讲说《金刚经》之处，都会感应一切天人和阿修罗的恭敬礼拜。《优婆塞戒经》卷二，提到说法听法应具十六事：

凡有说法，具十六事。一者时说，二者至心说，三者次第说，四者和合说，五者随义说，六者喜乐说，七者随意说，八者不轻众说，九者不呵众说，十者如法说，十一者自他利说，十二者不散乱说，十三者合义说，十四者真正说，十五者说已不生骄慢，十六者说已不求世报。

从他听时，具十六事。一者时听，二者乐听，三者至心听，四者恭敬听，五者不求过听，六者不为论议听，七者不为胜听，八者听时不轻说者，九者听时不轻于法，十者听时终不自轻，十一者听时远离五盖，十二者听时为受持读，十三者听时为除五欲，十四者听时为具信心，十五者听时为调众生，十六者听时为断闻根。

如是之人，能自他利；不具足者，则不得名为自他利。

说法者为自利利他，不生骄慢，怀着平等喜乐之心而说法；听法者也应至心恭敬谛听，不轻视说法者。般若是一切功德善法的根源，也是出生三世诸佛之母，只要能平等解说《金刚经》，讲经之处，一切世间（总赅三界六趣），天人阿修罗等，都会遵循佛敕，供养讲经的地方，以此培植福德胜因。依溥畹大师的《心印疏》，有十种供养的方法：香、花、璎珞、末香、涂香、烧香、幡盖、衣服、伎乐、合掌礼拜。此段经文以演说《金刚经》的处所，就能得到天人的供养，表示法音宣流的殊妙功德。

佛陀于娑婆四十九年说法，不择净秽凡圣，贤愚高低，以平等尊重，人人本具如来佛性的真心，一生度化群机无数。

有一位叫作跋迦梨的比丘，在参学的途中病倒，所幸被王舍城一位好心的陶器匠人所救，安养在其家中。跋迦梨自知病重，来日已不多，便拜托看护他的朋友，请佛陀悲愍他，到此为他说法。

他的朋友来到竹林精舍，传达跋迦梨的请愿，佛陀立即允诺，动身前往陶器匠的家中，跋迦梨见到佛陀不远千里而来，硬撑起重病的身躯要向佛陀顶礼。佛陀慈悲地说道："跋迦梨，你安心卧下来，我会坐在你的身边。"跋迦梨感动得热泪盈眶，向佛陀合掌说道：

"佛陀！我的病情已经没有康复的希望，心中渴望能亲觐尊容，顶礼佛足，怎奈这病躯已无法走到竹林精舍！"

此时，佛陀开导跋迦梨说道：

"跋迦梨！我这老迈的身躯，也是成住坏空的，你应当知晓：见法者即见我，见我者即见佛。能思惟法性者，才是真正和佛陀同在的人。"

佛陀以见法性即见佛，以礼敬法性才是契合诸佛甚深的密意。

二、法音流布如佛塔庙

随顺众生而演说《金刚经》，即使短如四句，也能得到三界六道众生的恭敬供养。前文已列举供养有十法，今言供养者的态度，要如临佛之塔庙，亦即演说《金刚经》之处，天人阿修罗要尊如塔庙，恭谨地供养。什么是佛的塔庙，依溥畹大师的《心印疏》所言，有四种塔：一、生处塔；二、得道塔；三、转法轮塔；四、般涅槃塔。这四种塔是诸佛从降诞到涅槃，一生游化的足迹，有更深一层的涵义：

（一）生处塔：由四句偈等，令说者闻者都能开明见性，法身妙体，圆净性德，皆从闻经处生出。

（二）得道塔：佛果菩提，皆因闻经处而得成熟，此处即是得道塔。

（三）转法轮塔：能随说经义，为他人说，即是转法轮塔。

（四）般涅槃塔：彻解理事究竟，自度他度，即得般涅槃。

因此，法音流布，不仅获一切世间天人等供养，演说经义之处，即能出生诸佛，得菩提道果，立法轮道场，入般涅槃乐。《海龙王经·法供养品》第十八：

时海龙王问世尊曰："其有人，以华香、杂香、捣香，缯盖幢幡，伎乐衣被，饮食床卧，病瘦医药，供养如来。宁应供养否?"佛言："龙王！随其所种，各得其类；此之供养，不为究竟。离于垢尘，植于德本；逮至贤圣，心之解脱。菩萨有四等，应供养如来。何等为四？不舍道心，植诸德本；心立大慈，合集慧品；建大精进，严净佛土；入深妙法，心得法忍。是为尊敬如来为供养也。”

我们烧香、涂香，珍宝璎珞等形色供养，不如以四事侍佛，不退道心，立大慈愿，建大精进，入深妙法，谓究竟供养诸佛，庄严清净刹土。

佛陀于因地修行中，曾为雪山童子，求一偈，不惜以身命换取，足见法的珍贵。佛陀的大弟子富楼那尊者，为使正法传布，也不惜为法忘躯。

有一天，佛陀在舍卫国的祇树给孤独园说法。佛陀明了富楼那已深解法义，于是询问道：“富楼那，你想到哪里去弘法？”

“佛陀！我想到西方的输卢那游化。”

“富楼那，西方的输卢那，人民性情残暴凶恶，如果他们诃骂毁辱你，你应当如何？”

“佛陀！我会如是思惟：虽然他们诃骂我，但没有出手打我，还是具有善根智慧，可以度化的。”

“如果他们动手棒打你，你应当如何？”

“我会如是思惟：虽然他们动手打我，但并没有用刀杖伤害我，他们善根还是具足，可以得到教化。”

“富楼那！如果他们用刀剑伤害你，你又该如何？”

“佛陀！如果他们用刀剑伤害我的身体，我会有如此念头：他们仍是具有善良的本性，还没有杀害我的身命。”

“如果他们杀害你，你又该如何？”

“佛陀！即使他们杀害我，我也会如此想：他们仍然没有泯绝善良的心性，假借此善巧方便，使我老朽的身体，得到解脱！”

佛陀微笑地说：“善哉善哉！富楼那，你已明白法音的流布比生灭的色身更具有不朽的价值，你可以胜任到输卢那人间游化，令未度者得度，未获涅槃者得以证入般涅槃。”

法，可以赡养一切众生，可以守护一切善根功德，能恒顺众生，随说是经，此名为供养诸佛法身。法即佛身即塔庙处，法音流布处，即有佛，当然受一切世间天人华香、伎乐、珍宝所恭敬供养。

三、奉行经教成就无漏

经文中言：“有人尽能受持读诵……当知是人成就最上第一希有之法。”即是受持读诵者，能圆满成就如来法身，具足无漏无为之法。此段明示三身具备之义：

（一）最上乃法身：此法无漏无为，离名绝相，无有一法可以凌驾其上，是故名为最上。

（二）第一乃报身：以万德为庄严，积百劫而成相好，众圣贤者，无人超过，故名第一。

（三）希有乃化身：在天而天，在人而人，驴马羊鹿，分形散影，随类现身，希奇少有，故云希有。

所以受持读诵《金刚经》的功德，不只为天人阿修罗礼拜供养，更是圆净成就三身。我们在受持读诵经典时，想要获得如是最上、第一、希有的福德，应先具备修学菩萨四法的方便，如《转女身经》：

若菩萨成就四法，能摄菩提，亦令增长。何等为四？一者净心。二者深心。三者方便。四者不舍菩提之心。

另外在《大宝积经》卷九十一发胜志乐会：

佛告弥勒菩萨言："弥勒！若有菩萨，于后末世，五百岁中，法欲灭时，当成就四法，安稳无恼，而得解脱。何等为四？所谓于诸众生，不求其过。见诸菩萨，有所违犯，终不举露。于诸亲友，及施主家，不生执着。弥勒！是为菩萨于后末世，五百岁中，法欲灭时，成就四法，安稳无恼，而得解脱。"

以上所举的经证，指出安稳无恼的解脱，要如实奉行诸佛所教。我们一心希求幸福美满的生活，劳碌于五欲六尘的追逐，对于心灵的修持无暇顾及，常常有许多的遁词，工作太忙了，事业还在进展中，等儿女长大，等有了汽车洋房……等一切应有尽有，但是人命在呼吸间，谁能把握看到明天的太阳。修行者，如果没有生起对法的珍重，再奥妙的法义，不过是"画饼充饥"，无法产生深刻影响力。

有一天波斯匿王来拜访佛陀。

佛陀问他："大王！好久不见了，这些日子，你在忙些什么？"

波斯匿王皱眉叹气地答道："佛陀！我身为王者，每天有庞杂的国事要料理，这些日子，无法前来恭聆佛法，实在是忙得抽不出时间。"

佛陀听后，面容沉静地问波斯匿王：

"王啊！假如现在你最信任的侍臣来向你禀告：大王，有一座像天空那样巨大的山峰，压碎一切生物，已分别从东西南北四面席卷而来，请大王赶快处理善后吧！王啊！此刻四面都有巨石袭击而来，一切万物此刻正面临毁灭的时候，你还有什么待办的事？"

"佛陀！如果四面八方都有如山峰般的巨石袭击而来，此时此刻，已经没有什么待办的事，那时候，唯有一心信奉三宝，积集善业功德。"

"大王！这不只是一则譬喻而已，这四面滚来的巨石，就像是老、病、死悄然走近王的身边，王！你还有什么要紧的事要办？"

波斯匿王如梦初醒，不禁唏嘘感叹。

"佛陀！我从未警觉到老病死亡犹如一座大山岩，已瞬间来到我的身边。我已看到无常的水火将要烧尽淹没一切，我当发起真心，念三宝尊，喜舍济度有情，为自己的今生和来世种植福因善缘。”

佛门的课诵里有一首普贤菩萨的警众偈：“是日已过，命亦随减，如少水鱼，斯有何乐？大众！当勤精进，如救头燃，当念无常，慎勿放逸。”净土行人把“死”字贴紧额头，不然行力不深，如何乘莲邦舟航？禅门中，要禅和子，时时警戒腊月三十，阎罗老子上门索债。种种修行，不彻头彻尾把执着习气大死一番，怎能领会袈裟底下事，及西来祖师未开口的来意？

四、金刚妙谛具足三宝

经文中：“若是经典所在之处，即为有佛，若尊重弟子。”此文表示三宝具足。

一、经典所在即法宝。二、即为有佛为佛宝。三、尊重弟子为僧宝。为什么受持读诵《金刚经》者，能成就圆净三身，具足尊贵的三宝？因为四句偈的开演皆是无漏之法，此一妙谛，可令人发掘有个金刚坚利不坏的自性。佛陀也说过：见法即见佛。要明白三世诸佛的来处，必须见自金刚妙谛的法性，才能显发三身，具足三宝。《增一阿含经·听法品》第三十六：

若欲礼佛者，及诸最胜者，阴持入诸种，皆悉观无常。

曩昔过去佛，及以当来者，如今现在佛，此皆悉无常。

若欲礼佛者，过去及当来，说于现在中，当观于空法。

若欲礼佛者，过去及当来，现在及诸佛，当计于无我。

真正礼佛者，知道佛是无造作、无形色、无教授、无名相等等差别。无即是无可限齐，空则成万象生机。我们受持《金刚经》，对空和无的妙用，要用心体会。

有一道树禅师，建了一座寺院，不巧与道士的道观在一起，道士因为放不下他旁边这所佛教寺院，就想变一些妖魔鬼怪来扰乱寺里的出家人，把他们吓走。确实有不少年轻的沙弥都畏惧离去了，可是道树禅师这里一住就是二十年。到了最后，道士的法术都用完了，可是道树禅师还是不走，道士虽然心头很气，但也没有办法！算了，道观也不要了，因此他们全都走了。

后来有人问道树禅师说："道士们的法术这么凶猛，你怎么能胜过他们呢？"

禅师说："我没有什么能胜他们的，只有一个"无"字。他们有法术，'有'是有穷尽，'无'是无穷尽的；他有法术，变完了就没有了，'无'则永远无穷尽无限量，我当然能胜他们了。"

道树禅师以空对应有限的幻术，才能降伏诸魔，安住真心。

金刚妙谛无得无说，是佛陀一番恳切婆心，要吾人以法为洲，归依自性三宝，亲证圆妙清净上稀有第一的三身。吾人于一切时中，行住坐卧，常修佛行，心意调柔清净，所在之处，以法为导为护，自然获人天恭敬供养，所在之处，能出生诸佛，能成立道场，如佛塔庙。

舍利弗涅槃不久，目犍连也相继涅槃。

有一天，佛陀在跋耆国的郁伽支罗林，临近恒河岸小住。正值僧团的布萨日，佛陀被众比丘围绕着。佛陀环视与会的大众，不见跟随多年的舍利弗和目犍连的面孔，不禁感伤地说道：

“比丘们！虽然舍利弗和目犍连已入涅槃，使我深深地怀念和悲伤，但是在世上，没有一人或事物，可以恒久不变，无常之理，才是生命的真谛！比丘们！要以自己为洲，依靠自己，切勿依靠他人；要以法为洲，依靠法，切勿依靠其他。”

《金刚经》种种住心降心的方法，无一不是要我们停止生佛分别的妄想执着，要以般若法性为灯明，以金刚坚利扫荡邪魔外道。一部《金刚经》道尽我们的心中事，仿佛身在烟雨江潮的云雾中，及至归来，岭头日光斜照，也无风雨也无晴。

习题

1. 什么是随说是经？
2. 说法和听法应有什么态度？
3. 最上第一希有，有什么特别含义？
4. 为什么佛陀说“见法如见佛”？

原典

尊重正教分第十二[①]

“复次，须菩提！随说是经，乃至四句偈等，当知此处，一切世间[②]天[③]人阿修罗[④]，皆应供养[⑤]，如佛塔庙[⑥]，何况有人尽能受持读诵。须菩提！当知是人成就最上第一希有之法。若是经典所在之处，即为有佛，若尊重弟子[⑦]。”

注释

①正教者，如来说般若时的教法也。第十一分说明无为福德更胜于有为福德，现在更进一步，说明宝物布施的福德，不如持经的福德，并推崇对持经的尊重。因为般若甚深微妙法，是三世诸佛之母，所以，经典所在

之处，即应恭敬尊重，有如佛在。

②**世间**：总括三界六道之众生，名为世间。

③**天**：天有二十八重，分欲界、色界、无色界。欲界六天，皆有饮食男女之欲；色界十八天，多习禅定，无男女之欲，尚有色身；无色界四天（或名四空天），禅功更深，色身已无。

④**阿修罗**：义为“不端正”，言其容貌丑陋也。又译为“非天”，言其福报似天，而无天之德也。约略言之，其前生不破戒，能修布施，但不能断除嗔心、我慢、恶念，故福似天，而德不如。生性好斗，常与帝释战；国中男丑女美，宫殿在须弥山北之大海下。

⑤**供养**：供给资养之义，即以饮食、衣服等物供给佛法僧三宝，及父母、师长、亡者之资养也。

⑥**塔庙**：奉安佛物或经文，又为标帜死者、生存者之德，埋舍利、牙、发等，以金石土木筑造，供人瞻仰之处。

⑦**弟子**：译曰“所教”，即弟子也，就师而受教者也。自佛教言，则声闻、菩萨统统是弟子，但以声闻人之行仪，最亲顺于佛，故特称弟子。

译文

“其次，须菩提！不论什么人，什么处所，只要是解说这部《金刚经》，甚至只是经中的四句偈而已，这个讲经的地方，一切世间，所有的天、人、阿修罗等，都应该前来护持、恭敬供养，就如同供养佛的塔庙一样，更何况有人能尽他自己的所能，对这部经义信受奉行、读诵受持。须菩提！你们应当知道，这样的人已成就了最上第一希有的妙法。这部经典所在的地方，就是佛的住处，应当恭敬供养。并且应尊重佛陀的一切弟子，因为有佛陀的地方，必定有圣贤弟子大众随侍左右。”

如法受持第一义谛分第十三

讲话

第十二分已校量财施与法施的功德，此分以校量内身施和法施的功德。前分佛陀已表明，受持般若者成就最上第一稀有之法，最尊最贵，凡有经典所在之处，如佛塔庙的崇高，应受一切世间天人等众恭敬供养，足见受持般若者为第一尊贵，传布般若经典处处，即有佛分身千万亿。

第十三分显明如法受持般若第一义谛，佛陀以假、空、真三句，涵盖大藏之精要，虽立三名，究竟一心。

此三句如：

如来说微尘，非微尘，是名微尘。

如来说三十二相，即是非相，是名三十二相。

如来说般若波罗蜜，即非般若波罗蜜，是名般若波罗蜜。

在如法受持第一义谛分，我以四点来说明：

一、三世诸佛同证般若。

二、世界微尘因缘和合。

三、三十二相不住诸相。

四、广出妙法胜身命施。

须菩提尊者已理解般若的无上尊贵，为令后世众生也能蒙受般若的法益，广为流通，因此请问佛陀，此经应立何名？如何奉持？此分缘由须菩提自受用般若的功德，而发起利他的悲心，冀使法宝流通于后末世。

一、三世诸佛同证般若

经文中，佛陀告诉须菩提：是经名为《金刚般若波罗蜜》，以是名字，汝等奉持。佛陀立名之义，谓此经是离相无住之用，取此金刚喻之，以金刚之坚利，触有，则有坏；触空，则空销；触着中道，则百杂碎。言此经之真义，为扫诸法，纤埃不留。

真正奉持者，能奉事离相无住此义，即胸中不沾染半尘。《大乘入楞伽经·集一切法品》第二之三：

大慧！菩萨摩诃萨，依诸圣教，无有分别，独处闲静，观察自觉。不由他悟，离分别见，上上升进，入如来地。如是修行，是自证圣智行相。

佛陀取金刚最坚最利之喻，申明吾人本有金刚般若宝，能坏八万四千烦恼，而不被诸魔军所摧伏。此金刚般若之性德，现前人人具足，三世诸佛，历劫修行，全用此心，成道降魔，同证般若无量无边功德。

佛说般若波罗蜜，即非般若波罗蜜，是名般若波罗蜜。此三句表法界三观：

理事无碍观——即佛说般若波罗蜜。谓吾人迷失净心，背涅槃趣生死路，于贪嗔痴境上，枉受业风飘零，佛为破愚痴，特明示般若教。此依理成事，事能显理，即文字般若，显解脱德也。能除世间我执，为我空智也。

真空法界观——为即非般若波罗蜜。知法本无说，以会色归空，泯绝无寄，谓观照般若，以显般若德也。能除世间法执，为法空智也。

周遍含摄观——即是名般若波罗蜜。谓理如事，事如理，事理兼容无碍。知法无名无说，虽然如是，不妨向无说中示教，于无名处而安假名，即实相般若，以显法身德也。能除一切权乘法及非法执，为俱空智也。

此三句，虽然立有三名，唯是一心融摄，举一即三，言三即一。吾人若能领会三句，即解本经之眼目，与三世诸佛朝夕眠起。

虽言金刚般若之宝，人人有份，亦仗境缘福慧双修。佛陀证悟般若性德，皆从累劫难舍能舍，难忍能忍，难修能修，难行能行，百种积福求慧而来。佛陀示教在人间，佛的法身寂然无为，有为的色身，也向我们演说诸行无常的真理。

憍萨弥罗国的波斯匿王，曾经向佛陀请教：

“佛陀！您的功德巍巍，成就三十二相好庄严，这是天上人间所没有的，但是为什么您在传播真理的生涯中，却免不了有灾难和迫害？”

佛陀答道：“大王！诸佛如来的永恒之身是法身，为度众生，才应现这些灾害，那些伤足、背痛、患病、毁谤、嗔骂等等，乃至涅槃后，舍利分塔供养，都是方便善巧的设教。令一切众生知业报不失，能生起怖畏的心，断一切念，修一切善，不去贪恋如焰如影如幻如梦的有为色身，发起大心探求无量寿命的法身。”

佛陀用一生有为的色身，向吾人呈现世间无常苦空的法则，要人人向般若性中求，同证三世诸佛，那个不被水火劫风毁坏，亘古永存的慧命法身。

三世诸佛同证般若，已成就，当成就，未成就者，皆能解“无”的妙用，以系心为念，六根为用，眼不见恩怨荣辱，耳不闻称誉赞毁，鼻不嗅爱憎亲仇，舌不尝忧悲苦乐，身不住生老病死，意不在寒暑拣择。六根门头不生幻影重重，即入般若圆通妙用。

有一天，梁武帝礼请傅大士讲解《金刚经》。大士升座后，戒尺拍案一声，就下座了。梁武帝愣在一旁，不知所以。

宝志和尚问他：“陛下，听得懂吗？”

武帝回答：“我如堕五里雾中，不知方向。”

宝志和尚说：“《金刚经》本无言说，大士刚刚已为陛下道尽金刚的玄奥了。”

二、世界微尘因缘和合

佛陀举三千大千世界乃为微尘所和合而成，微尘系为假法，那么用微尘集成的世界，亦无自性，悉假因缘。佛陀用微尘及世界，破凡夫二乘妄想分别的我法执。三千大千世界乃众生之依执，荡除于依报之妄执，佛果圆净之依报，方能皎然映现。《华严经》说：

三千大千世界，以无量因缘，乃成一切众生，外此而别有世界耶？悟者处此，迷者亦处之。悟者，清净心也，即清净世界；迷者，尘垢心，即微尘世界也。

诸微尘如众生妄念，烦恼客尘，障蔽净性。傅大士颂：

积尘成世界，析界作微尘；
界喻人天果，尘为有漏因。
尘因因不实，界果果非真；
果因知是幻，逍遥自在人。

诸微尘为众生妄想分别；非微尘即是一念悟来，转为妙用，前念后念湛然清明；不住清净，是名微尘。若无妄念即佛世界，一生妄执即落众生界。前念清净，即非世界，后念不住清净，是名世界。

佛陀以众生依报止处，言微尘世界原无自性，乃因缘生法，以不废假名，故设立微尘世界之名。此三句含有假谛、空谛、真谛之义：

假谛——诸微尘世界也。尘界无实性，四大假合所成。

空谛——非微尘世界也。扫去尘界假有之我法二执，即净除心垢。

真谛——是名微尘世界也。知尘界之虚妄，但不滞于清净之有，如诸佛不住空有，起无量神通大用。

以前，有一个国王，偶然听到弹琴的音乐，十分陶醉，就询问侍臣："这是什么声音，实在是可爱曼妙呀！你去把这琴声取来给我。"大臣立即把琴带来，告诉国王道："刚刚的可爱美妙的音乐，是这把琴所发出来的。"

国王告诉大臣："我不是要这把琴，我要的是能令人心驰神怡的美声。"大臣回答："这把琴，是种种所成，谓有柄、有槽、有弦、有皮等，还须有善巧的乐人弹奏，如此众多因缘乃成音声。大王！美妙的乐音是因缘的假合，先前的声音，瞬间尽灭，已成过去，未成就的声音，尚待因缘的会合，我无法为大王取得幻聚的声音。"

微尘世界者就像琴声虚幻的五蕴，令世人耽湎沉溺，不知诸法无常，一切诸法假合不实的真理。众生依着五欲尘劳而住，诸佛的住处在哪里呢？

以虚空为座，以法界为床；

以菩提为门，以空慧为室。

佛陀当年于金刚座上悟道，只是一句：奇哉！奇哉！山河大地，一切众生皆有如来本性，只因妄想执着而不能证得。我们的妄念分别积为微尘，烦恼结习合成世界，无常不知，出离不知，无我不知，因缘果报不知。种种的微尘世界所成的五蕴幻象，让我们如盲若聋，觑见不到亲娘面孔。

三、三十二相不住诸相

在第五分中提到，不可以身相见如来……凡所有相，皆是虚妄，若见诸相非相，即见如来。经文旨在揭示"诸相非如来身相"，今此分更肯定如来的三十二应化身，众生不应住着，以为即如来寂灭之相。前文以微尘世界除净众生依报之妄想，今以如来三十二相扫荡众生正报之执。

真佛非形非色，故说是非相，为度有情，变化应现，所以名之三十二相。应身之相，乃福德成就；法身之相，属智慧庄严。《坐禅三昧经》说：

汝于摩诃衍中，不能了，但着言声。摩诃衍中诸法实相，实相不可破，无存作者。若可破可作，此非摩诃衍。如月初生，一日二日，其生时甚微细，有明眼人能见，指示不见者。此不见人，但视其指，而迷于月。明者语言：痴人！何以但视我指，指为月影，指非彼月。汝亦如是：言音非实相，但假言表实相。汝更着言声，暗于实相。

佛陀以大而世界，细至微尘，法说非说，诸相非相，乃至般若非般若，都借假言声以表实相，向吾人彰显般若不住诸相，离相之妙用。《金刚经》每一分都在打开我们局限的心眼，不再寄居蜗牛角上，走出一花一佛土，一叶一如来，大小含融的无垠法界。

有一天，波斯匿王来到佛陀座前，疑惑地问道：

“我听说佛陀自称已成就无上正等正觉，这是真的吗?”

佛陀含笑道：“大王！我确实已证得无上正等正觉。”

波斯匿王还是不相信地再问道："为什么现世有很多年高的沙门、婆罗门等，他们都出家修行很久了，可是他们并未成道。佛陀出家修行不久，年纪尚轻，却能够证得无上正等正觉呢？"

佛陀回答："大王！成就无上正等正觉，是见缘起法，同证三世诸佛法印，而不在年高，不在修行时间的长短，在于勤息三毒，自净其意。世间有四事，虽小不可轻。一者刹帝利王子，年纪小不可轻，日后将绍继王位，号令天下。二者龙子，身形小不可轻，能呼风唤雨，吐放毒焰。三者星星之火，焰虽弱小不可轻，遇缘则成大火，燎烬山野林园。四者年少比丘，清净护念，能成法王子，作众生的福田。"

佛陀时代，波斯匿王执着年高德劭之相，而疑惑佛陀是否成道证果。如同现今学佛者，求灌顶放光，求灵感神通，佛法岂是一般野狐伎俩？佛法是彻头彻尾的洗心革命，是圆证三身四智的大道。我们分隔了微尘世界，众生佛圣，觉悟痴迷，净刹秽土等妄相，不知六根是晋升净土门，不知一念清净即如如佛！一念三千不远，永恒刹那近在眼前。

刹那的善心是永恒的福报，

刹那的净心是永恒的功德；

刹那的觉心是永恒的觉悟，

刹那的无心是永恒的寂灭。

我们的心，为一巧画师，造种种心行，得种种果报。吾人行持应识尽境缘妄相，以自心为本师。

有一位年轻的太太生了重病，自知不久要离开人世，她对丈夫的爱十分执着，临死前仍不断嘱咐道："我对你那么好，又那么爱你，我死了以后，你可不能再去找别的女人，不然我做鬼都不会放过你。"

经过了一年，她的丈夫认识另一个女人，虽然对她的遗愿有所顾忌，但还是情不自禁，论及婚嫁。自从他订婚那天起，死去的太太每晚都来找他，骂他薄情寡义，不守信诺，并且把他和未婚妻之间的事描述得一清二楚。因此他十分苦恼，仿佛太太的鬼魂如影相随，以致每晚都难以安眠。

他只好向村旁的禅师求助。禅师了解情况后，说道：

"你的前妻是个精灵鬼，无所不知，下次她再来找你的时候，你先称赞她的聪明，然后要她回答你一个问题，就是要她猜出你手里黄豆的数目，如果她回答得出来，你就答应她解除婚约。"

当天夜里，女鬼再次出现，他依照禅师所教，手里抓一把黄豆，要鬼魂回答。很奇怪的，这个精灵鬼瞬间消失无踪，从今以后，再也没有出现过。

心生种种法生，心灭种种法灭，女鬼不过是我们妄念所成，就像禅门中所言：佛来佛斩，魔来魔斩。由心迷惑故，慧日不明，不知心造三界，生佛一如。

四、广出妙法胜身命施

佛陀再三地以福校慧，明离相之用，以显受持经教之功。举凡第八分的满三千大千世界七宝布施，第十一分用七宝满恒河沙数的三千大千世界等，无以计量的财施功德，皆不如受持四句经教者。

第十三分，校量更进一层，以恒河沙等身命布施相校四句偈的功德。七宝散尽，身命放舍，内外财施，不如法施可令人返本归源的功德。如何具足法施功德呢？《宝雨经》卷一说：

善男子！云何菩萨成就法施？所谓摄受正法，受持读诵，无所希求，不为利养恭敬故，不为名闻胜他故，唯为一切苦恼有情，令罪消灭。演说妙法，无所希望：如为王、王子、及旃陀罗子，演说妙法，心尚无二，况为一切大众说法心不平等？虽复行施，而不恃此，心生我慢。善男子！是名菩萨成就法施。

法施的功德是无漏无量的，七宝有相，身命有限，而法施如日月照破黑暗，如璎珞庄严自心，如甘霖解除久旱，如巨筏引渡彼岸。

有一个婆罗门女叫婆呬吒，她的六个儿子相继死亡，她因此思子成狂，每天披头散发，衣裳污秽，神志恍惚，四处游走。有一天婆呬吒漫游到弥絺罗国的庵罗园，此时佛陀正在说法。婆呬吒见到面如秋月、端严澄静的佛陀，被其威德感召，投地向佛陀泣诉道：

“佛陀！我的孩子都离我而去，骨肉拆离的锥心之痛，我只能日夜哭泣，不知要如何是好？”

佛陀慈悲地说道：

“婆呬吒！这世间会合当离，恩爱无常，累劫以来，我们不断地轮回生死，不断地恩爱纠缠，为着生离死别流下的泪，已超过五湖四海的深广；所丧失的儿女亲眷，堆积的白骨胜过须弥山高，长久以来，我们走在生死黑暗的道路，不知出离解脱。婆呬吒！知是苦应离，知是集应断，知是灭应证，知是道应修。当思惟四圣谛，止息情念妄想的分别。”

婆呬吒女闻此圣谛，心开意解，不再痴迷情识，流浪生死。

法偈圣谛的功德，如手杖，给人扶助，如甘露，令人不死，实是胜过七宝、身命的布施。《大宝集经》说：

若在村落、城邑、郡县、人众中住，随所住处，为众说法。不信众生，劝导令信；不孝众生，不识长幼、不顺教诲、无所畏避，劝令孝顺；少闻者，劝令多闻；悭贪，劝施；毁诫，劝诫；嗔者，劝忍；懈怠，劝进；乱念，劝定；无慧，劝慧；贫者，给财；病者，施药；无护，作护；无归，作归；无依，作依。

为人演说金刚妙法，应契众生根器，谈有论空，诸多演绎，如五乘共法，十八不共法等等，如第七分经文所言：无有定法，名为阿耨多罗三藐三菩提。

禅门巨匠有见桃花缤纷，而明扑落非他物；有闻茶盖磕地，忘只手之声息。求悟者，踏破岭头千堆雪，归来！窗前梅枝已开三分。

幽州盘山宝积禅师，有一天路过市场，偶然听到一段对话，心有感悟。

顾客向屠夫道："帮我挑选一块上好精肉。"

屠夫放下刀，反问道："喂！我这里卖的，有哪一块不是上好的精肉呢？"

佛陀从第一分的穿衣吃饭开始，分分无不是般若的精髓所在，只是吾人忘失本心，迷于根尘识境，不识自家宝玉，朗净明耀。

如山泉清，如银雪净；

如圆月光，如空山静。

习题

1. 佛陀借用金刚比喻，有何含意？

2. 诸微尘世界，非微尘世界，是名微尘世界，此三句的意旨为何？

3. 为什么三十二相不是佛的真身？

4. 一句法语的功德，为什么胜过七宝、身命无量布施的功德呢？

原典

如法受持分第十三[①]

尔时，须菩提白佛言："世尊！当何名此经？我等云何奉持？"

佛告须菩提："是经名为《金刚般若波罗蜜》，以是名字，汝当奉持。所以者何？须菩提！佛说般若波罗蜜，即非般若波罗蜜，是名般若波罗蜜。须菩提！于意云何？如来有所说法不？"

须菩提白佛言："世尊！如来无所说[②]。"

"须菩提！于意云何？三千大千世界所有微尘[③]是为多不？"

须菩提言："甚多，世尊！"

“须菩提！诸微尘，如来说非微尘，是名微尘；如来说世界，非世界，是名世界。须菩提！于意云何？可以三十二相见如来不？”

“不也，世尊！不可以三十二相得见如来。何以故？如来说三十二相，即是非相，是名三十二相。”④

“须菩提！若有善男子、善女人以恒河沙等身命布施；若复有人，于此经中，乃至受持四句偈等，为他人说，其福甚多！”

注释

①法者，般若之妙法也。就是依般若之法而信受奉持，先由多闻而求解，由解而行，由行而证。受持般若，则诸法皆具足。须菩提已深深领悟般若妙理，认为此经不仅现为弟子们受持而已，且具有流通将来世界的价值，所以，至此请示佛陀总结经名，以便于后人受持奉行。

②有所说而却言无所说，这里面有三个深意：

1）实相理体不可说：实相理体本然如此，说了等于白说，所以无所说；

2）般若智理不可说：如来以般若智证实相之理，无论是智或理，都是如人饮水，冷暖自知，只可意会，不可言传，说也说不清楚，所以无所说；

3）佛佛道同不可说：佛是用无言之智来说无言之理，现在、过去、未来佛都是如此说，法法如是，所以说了也是无所说。

③**微尘**：是色法（物质）少分的粒子。依《俱舍论》来说，微尘是由七粒“极微”聚积而成的，是眼识所取色中最微细者。

④佛陀从无所说法处，破众生的法执；从三千大千世界碎为微尘处，破众生的依报执；又从三十二相即非三十二相处，剥除众生的正报执。无非苦口婆心要众生离却一切有为法，而如法奉持无为的金刚般若。

译文

这时候，须菩提请示佛陀说道：“佛陀！这部经应当如何称呼呢？我们应当如何信受奉持？”

佛陀告诉须菩提：“这部经的名字就叫作《金刚般若波罗蜜》，真如法性如金刚之坚固猛利，不为物所摧毁，以此名称，你应当奉持。为什么呢？须菩提！佛陀所说的般若波罗蜜，为令众生迷途知返，离苦得乐，因此立此假名，随应众生机缘说法，其实并非有般若可以取着。只因为法本无说，心亦无名。须菩提！你以为如来有所说法吗？”

须菩提回答道："佛陀！如来无所说法。"

"须菩提！你以为三千大千世界的所有微尘，算不算多呢？"

须菩提回答说："非常多，佛陀！"

"须菩提！这些微尘，毕竟也只是因缘聚合的假相，所以如来说这些微尘，不是具有真实体的微尘，只是假名叫作微尘而已。如来所说的三千大千世界也是缘成则聚，缘尽则灭，空无自性，不是真实不变的，只是假名为世界而已。须菩提！你以为可不可以从三十二相上见到如来呢？"

"不可以的，佛陀！不可以从三十二相上见如来的真实面目。为什么呢？如来所说的三十二相，是为度化众生而出现的因缘假相。所以，不是如来真实的法身理体，只是假名为三十二相而已。"

"须菩提！如果有善男子、善女人，用恒河沙数的身命来布施，不如有人只从这部经典信受奉持，甚至只是经中的四句偈而已，并且为他人解说，使其明了自性，他所得的福德远胜过用身命布施的人。"

四相寂灭起大乘行分第十四

讲话

前分佛陀以身命施与受持四句偈等相校量，令大众开启般若功德的无限。此分则为须菩提尊者深解义趣，得四相寂灭，起忍辱大乘行。

一、深解义趣三界第一。

二、不惊不怖入般若海。

三、行大忍辱离我法执。

四、除灭四相发菩提心。

此分从须菩提尊者闻说是经，深解义趣，涕泪悲泣而掀开序幕。尊者涕泪悲泣为何？深解之义趣又指何事？禅门中有所谓：大事未明，如丧考妣，大事已明，如丧考妣。吾人未彻本来面目，惛蒙不明，诚足可悲！为何已破无明壳子，返路归家时，仍旧涕泪悲泣呢？

一、深解义趣三界第一

闻说是经，经者即前所说之经文。义趣，义即义理，指所诠之离相无住，妙有不有之理。为前文佛陀演绎之空谛性理："即非身相""即非庄严""即非般若波罗蜜""即非微尘""即非世界"等句。

趣即旨趣，指般若妙用，真空不空之趣，为前文会归中道之趣："是名身相""是名庄严""是名般若波罗蜜"等等。

经者即文字般若；义趣即观照般若；深解指实相般若。良以文字起观照，由观照而契实相也。尊者之涕泪悲泣，是为悲欣交集的心情，喜己身桶底脱落，大事已明；悲众生沉沦生死，枉受飘零之苦痛。

《华严经·普贤行愿品》第三十六：

尔时弥勒菩萨，复告善财童子言："善男子！譬如有人，得无畏药，离五恐怖。

"何等为五？所谓火不能烧，毒不能中，刀不能伤，水不能漂，烟不能熏。菩萨摩诃萨，亦复如是：得一切智菩提心药，离五怖畏。何等为五？不为一切三毒火烧，五欲毒不中，惑刀不伤，有流不漂，诸觉观烟不能熏。"

尊者已得菩提心药，离五怖畏，不再三界漂流。此时，正如清水鱼自现，碧潭空映月。

有一个老人，须发斑白，齿牙脱落，有人问他：

“老先生，您今年高寿？”

“四岁。”老先生正经地回答。

“老先生，您实在爱说笑了！您看起来至少也有七十高寿，怎么说自己只有四岁呢？”

“年轻人，这你就不懂了，我的年龄虽然已经八十岁，但是过去的生命是自私无知，只知道追逐声色的享受，真正有意义的岁数只有四岁。那是我皈依佛教以后的生命，明白要广结善缘，求福修慧，为永久生命播种美好的因缘。在我真正了解生命的真谛之后，才算真正出生。因此，我只有四岁。”

须菩提深解义趣，赞叹一句：希有世尊。这句“希有”和第二分的“希有”有何不同？第二分的希有是赞叹佛陀以日用寻常生活，展现本地风光，指示当下即般若全体大用。此分之希有，谓以文字般若引发观照，令契真如实相。前之希有，如乍见华屋外观之规模庄严；今之希有，乃入室见种种珍宝。

得闻是经者，成就闻慧也；信心清净者，成就思慧也；即生实相，成就修慧也。由成就闻、思、修三慧入般若义趣，此功德第一希有，能信解受持者，远离四相，为人流中第一希有。

经文中，实相者，即是非相，是名实相，此三句蕴含深意：

实相者即文字般若。为对治凡夫外道，妄执虚妄诸相，以实相除我执，以显我空真实之相。

即是非相为观照般若。对治出世间之声闻缘觉者，执空相，以非相遣法执，以显法空真实之相。

是名实相即实相般若。对治权乘菩萨，执非法相者，以是名除非法执，显俱空真实之相。

信解受持《金刚经》即如佛在、法在、僧在，三宝具足，只是吾人心志怯弱，恋系诸相，钩牵爱欲等境，如车轮随世回转，无有休息。四岁的老人有着迷悟不同的生命情境，吾人若能一念净信，转迷成悟，即坐拥般若珍宝，为无事贵人。

二、不惊不怖入般若海

何谓不惊、不怖、不畏？僧肇大师言：

得闻大乘闻慧解，一往闻经，身无惧相，故名不惊。

得大乘思慧解，深信不疑，故名不怖。

得大乘修慧解，顺教修行，终不有谤，故名不畏。

傅大士颂曰：

如能发心者，应当了二边；
涅槃无有相，菩提离所缘。
无乘及乘者，人法两俱捐；
欲达真如理，应当识本法。

声闻乘着有法有空，闻此法无有故惊，闻空无有故怖，于二无有理中，思量不能相应故畏。离二边，人法俱捐，才能不惊、不怖、不畏信解受持此经。

吾人学佛，以信为首，如《华严经》所说："信为道元功德母，增长一切诸善法；除灭一切诸疑惑，示现开发无上道。"又说："信心能离诸染着，信解微妙甚深法；信能转胜成众善，究竟必至如来处。"

有一位云水僧，行脚至某一个村落，看见远远的山上有着金色的光芒，以为有什么得道的高僧，便循着光走到一间茅屋。只见到一位老太太喃喃念诵"唵嘛呢叭咪吽"，每念一句咒语，就有一颗豆子跳过去，云水僧见此惊叹不已。因为老太太三十年如一日，每天念一斗的"唵嘛呢叭咪吽"，连无情的豆子都感应到老太太的真心，即使咒语的念法错误，但深心才是道场，不在言语思议。

真正的咒语，谓总持一心，意念清净。发出毫光的茅屋，就像我们圆净成实的本性，能灭烦恼盖，无明障。

《无上依经》卷上"如来界品"：

一切如来，昔在因地，知众生界自性清净，客尘烦恼之所污浊。诸佛如来，作是思惟：客尘烦恼，不入众生清净界中。此烦恼垢，为外障覆虚妄思惟之所构起，我等能为一切众生，说深妙法，除烦恼障。于诸众生，生尊重心，起大师敬，起般若，起阇那，起大悲。依此五法，菩萨得入阿鞞跋致位。

如来为吾等说深妙法，即客尘烦恼不入清净法性，只是吾人信不得，因此归家无门。在因地修行中，信佛有无量功德，信经法能开发善根，信比丘僧能广植福田，信有今世，信有来生，更要信得，自性清净，常生智慧功德。

三、行大忍辱离我法执

成就第一波罗蜜，从忍辱中来。修持般若者，若无忍辱作为资具，起无我观照，如何契合实相？诸菩萨度生离相，布施无住，如果没有现前历缘外境，怎能成熟功德法身。

圆悟克勤禅师说：

大凡为善知识，应当慈悲柔和，善顺接物，以平等无争自处。彼以恶声色来加我，非理相干，讪谤毁辱，但退步照，于己无嫌，一切勿与校量，亦不嗔恨，只与直下坐断。如初不闻见，久之魔孽自消耳！

佛陀以己身为例，被节节割截身体时，因心无我等四相，无住行施，是故成就第一波罗蜜。

僧肇大师言歌利王有其另一层含义：

歌者，即是恶之别名。利者，刀也，非谓世间之刀。王者，心也。是用慧刀割截无明烦恼之身。

不论是割截色身或烦恼之身，都必须凭借般若慧力，心不动摇，不起嗔恨，才能情智不迷，荡除四相，入般若功德林园，庇荫天下苍生，令热恼顿息，得清凉味。

吾人珍爱身体，百般呵护料理，装饰打扮，如果能破除我、我所有的妄想，当逢人毁辱时，甚至行骨肉之身施，也能如饮甘露，不起愁恼。

有一天，一个婆罗门来势汹汹，冲进王舍城的竹林精舍，因为他的亲友跟随佛陀出家，使他怒不可抑，恶口嗔骂佛陀以妖术诳惑世人。

佛陀默默听完婆罗门的恶言羞辱后，面容沉静地开口道：

"你如果带着礼物去拜访朋友，但是朋友坚持不收下你带来的礼物，那时候你要如何呢？"

"要是朋友坚持不收下礼物的话，我只好再带回家。"

佛陀说道："今天你在我面前说的那些话，我不接受，那些嗔怨恶口的语言，就再归你所有。"

佛陀明白，以争止争，只有增加仇冤，无法止息众生争论的妄心，唯忍为大力，能调御刚强众生。《罗云忍辱经》：

忍之为明，逾于日月。龙象之力，可谓威猛；此之于忍，万不如一。七宝之耀，凡夫所贵，然其招忧，以致灾患；忍之为宝，始终获安。布施十方，虽有大福，福不能忍。怀忍行慈，世世无怨，中心恬然，终无毒害。忍为安宅，灾怪不生。忍为神铠，众兵不加。忍为大舟，可以渡难。忍为良药，能济众命。忍者之志，何愿不获？吾今得佛，诸天所宗，独步三界，忍力所致。

佛陀要吾人深深护念，布施离相，心不住着，可谓知嗔根难伏，一念嗔意，烧尽功德好林；心涉人我诸相，万千资粮付水漂流。

很久以前，森林里住着两只雁，雁和池塘里的乌龟是好朋友。有一年夏季，久旱未雨，池水干涸，乌龟心里着急，实在无法支撑下去。

两只雁很同情乌龟的处境，想帮忙它迁移到有水的住处，雁想到一个办法，用一根树枝，叫乌龟衔在口中，两只雁各执一端，并嘱咐乌龟，在未到达目的地时，千万不能开口讲话，以免从空中摔落。

于是雁带着乌龟向高空飞行着。正当经过一个村庄的上空时，恰好被一群孩童瞧见了，他们惊讶地指着天空，大声喊叫："乌龟被大雁衔去了，大家快来看呀！"

乌龟听到下面孩童的喊叫，心里十分生气，认为自己受到羞辱，不禁怒火中烧，就开口怒骂道："你们懂什么？我才不是被雁衔去的！"刹那间，开口争辩的乌龟，从高空跌落，粉身碎骨而亡。

四、除灭四相发菩提心

依般若，菩萨修一切行，心离佛相众生相，不住色而行布施。菩萨能行无相事业，方契诸法性空之理，般若如明目人，洞察世间万物万象。《转女身经》说：

尔时尊者舍利弗，复向无垢光女言："汝从净住世界无垢称王所，受此女身，来此间也？"无垢光女答言："尊者舍利弗！彼佛世界，无有女人。"舍利弗言："汝今何故以此女形，来生此间？"女即答言："我今不以男形、女形，亦不以色、受、想、行、识来生此间。所以者何？尊者舍利弗！于意云何？如来所作化人，从一佛国，至一佛国，为有男女阴界诸入诸别相不？"舍利弗言："不也！所以者何？如来所化，无有差别。"女言："尊者舍利弗！如如来所化，无有差别，一切诸法，皆悉如化。若知诸法，悉同化相，从一佛国，至一佛国，不见差别。"

我们以有相心，生六根病，背离正道，于尘识境不知如幻无实，慧眼未开，着男女形相等，即使与佛迎面相见，仍是浑然不识。

有位信徒非常虔诚，有次遇到水灾，他只好爬到屋顶上避水，水势渐渐涨高，终于淹到脚下，他急忙地祈求道：

“大慈大悲观世音菩萨赶快来救我啊！”

不久，他发现一个山胞驾了一艘独木舟要救他，他却说：“我不要你这高山族来救我，我要观世音菩萨来救我。”

雨水继续上涨，已高及腰部，他很着急地再祈求道：“慈悲的观世音菩萨赶快来救我啊！”

然后又来了一艘快艇，要载他到安全的地方，他又埋怨说：

“我一生最讨厌科技文明，无论什么机械东西我都不喜欢，我只要观世音菩萨来救我。”

水已涨到胸部，他害怕地大喊着：“观世音菩萨快快来救我啊！”

不久来了一个美国人驾着直升机来救他，他还是摇摇手道：

“你是外国人，我不要你救，我要观世音菩萨救我。”

结果他几乎被水淹死，好在遇到一位佛光禅师，把他救起，他向禅师抗议道：

“像我如此虔诚的信仰，为什么观世音菩萨却不来救我？”

佛光禅师解释道：“你真是冤枉了观世音菩萨，当你大声呼救时，菩萨变化了独木舟、快艇、直升机前来救你，菩萨一次又一次地搭救你，你不但不感谢，还挑三拣四，看起来你与佛菩萨无缘，我不该救你，还是让你到阎罗王那边报到好了。”

心识一旦落入执求的妄相，就如盲人摸象，无法察觉实相的全体。禅门有所谓：路逢剑客须呈剑，不是诗人莫献诗。要举起金刚宝剑者，须仗一颗侠义心肠，不是饱餐翰墨的诗人，怎识得点点行行的情致？

佛陀是真语者、实语者、如语者、不诳语者、不异语者，依《金刚经注解》说：真语者，一切含识皆有佛性。实语者，一切法空，本无所有。如语者，一切万法，本来不动。不诳语者，闻如是法，皆得解脱。不异语者，一切万法，本自空寂，无更改变异。

佛的五种语，蕴含甚深妙义：

真语、如语者：真谛即空之理。

实语者：中道实相之理。

不诳、不异语者：顺依俗谛之理。

佛陀所说法，无虚无实，皆是契合性理，真实不诳不异。虽开六度万行法门，门门为应化众生的迷执，使之登一乘之道，回头转脑，入无门之门，无法之教。

傅大士颂曰：

证空便为实，执我方成虚；
非空亦非有，谁有复谁无？
对病应施药，无病药还祛；
须依二空理，颖脱入无理。

有一天，一个信徒来向一休禅师诉苦：

“师父，我活不下去了，我要自杀！”

“活得好好的，为什么要寻短见呢？”

“师父啊！我自经商失败后，如今债台高筑，被债主们逼得无路可走，只有一死百了。”

一休禅师道：“难道除死以外没有别的方法可想？”

信徒痛苦地说：“没有！我除了有个年幼的女儿以外，已经身无分文，山穷水尽了！”

一休禅师灵光一闪，说道：“哦！我有办法了，你可以把女儿嫁人，找个乘龙快婿，帮你还债呀！”

信徒摇摇头道：“唉！师父，我的女儿只有八岁，怎能嫁人呢？”

一休禅师道：“那你就把女儿嫁给我吧！我做你的女婿，帮你还债。”

信徒大惊失色道：“这……这简直是开玩笑！你是我最尊敬的师父，怎能去做我的女婿？”

一休禅师胸有成竹地挥挥手说："好啦！好啦！不要再说了，你赶快回去宣布这件事，到迎亲那天，我就到你家里做女婿，快去！快去！"

这位商人弟子十分虔信一休禅师的智慧，回家后立刻宣布：某月某日一休禅师要到家里来做他的女婿。这个消息一传出去，立刻轰动全城。到了迎亲那一天，好奇看热闹的人挤得水泄不通，一休禅师抵达后，吩咐在门前摆一张桌子，上置文房四宝，禅师当众挥毫，大家看禅师的字写得好，争相欣赏，争相购买，反而忘了今天来做什么的。结果，买书法的钱积了几箩筐。

禅师转身问信徒说："这些钱够还债了吗？"

信徒欢喜得连连叩首："够了！够了！师父你真是神通广大，一下子就变出这么多钱！"

一休禅师长袖一摆说："好啦！问题解决了，我女婿也不用做了，还是做你的师父吧！各位再见！"

一休禅师因为不执取身相，依巧妙智慧，救人一命。学佛者，摒除诸象，心如清珠澄亮，才能以此光明，度尽冥暗无依的众生，同入百千万亿净刹佛国。

此分佛以五百世做忍辱仙人为例，警醒诸位行者，深解第一般若义旨，心离相无住，不是槁木死灰，弄玄作怪，而是于现前违逆之境，众生无理割截身心时，情智分明，随顺众生，不起嗔恨。得般若妙体，现诸佛千百亿化身之相，引度群机，于日用三时，心寂灭故，起神通妙用。

《金刚经》是一部治心的宝典，也是成佛修行的地图。日本有位禅僧，开悟诗道：“心冷如水，眼中似火。”我们学佛人，要有智水止静世间妄相，但不能抱玄守无，成焦芽败种，还要以悲火之热力，照亮人间。

《金刚经》处处要吾人拨去眼翳，离相无住，但不是拨无因果圣凡，而是要我们“应无所住，而生其心”。无所住是般若智，生其心是大悲行，欲开张无限性德妙用，空有兼资，悲智双运，如车之双轮，鸟之双翼，不可偏废。

要深解金刚义趣者，要先发第一稀有之心，所谓：

学道容易入道难，入道容易守道难；
守道容易悟道难，悟道容易发心难。

吾人读诵经典，往往只受持半部经，如《金刚经》谈空，言离我等四相，言不住诸相，就陷溺空的泥坑，不能自拔。不知诸佛之法，都是圆融会通，平等无二，不偏执空有二边，不分隔大小局限。

欲成人流中第一稀有者，繁茂菩提妙果，要怀抱“心冷如水，眼中似火”，以智水澄静妄想分别，以悲火成熟有情种智。

习题

1. 须菩提尊者为什么要涕泪悲泣？

2. 何谓不惊、不怖、不畏？

3. 修忍辱波罗蜜和般若有什么关系？

4. 何谓佛的“五种语”，真语、实语、如语、不诳语、不异语？

原典

离相寂灭分第十四[①]

尔时须菩提，闻说是经，深解义趣[②]，涕泪悲泣，而白佛言：“希有世尊！佛说如是甚深经典，我从昔来，所得慧眼[③]，未曾得闻如是之经。世尊！若复有人，得闻是经，信心清净，即生实相[④]，当知是人，成就第一希有功德[⑤]。世尊！是实相者，即是非相，是故如来说名实相。

“世尊！我今得闻如是经典，信解[⑥]受持，不足为难。若当来世，后五百岁，其有众生，得闻是经，信解受持，是人则为第一希有。何以故？此人无我相、无人相、无众生相、无寿者相。所以者何？我相即是非相，人相、众生相、寿者相，即是非相。何以故？离一切诸相，即名诸佛。”

佛告须菩提："如是如是！若复有人，得闻是经，不惊、不怖、不畏，当知是人，甚为希有。何以故？须菩提！如来说第一波罗蜜[7]，即非第一波罗蜜，是名第一波罗蜜。须菩提！忍辱波罗蜜[8]，如来说非忍辱波罗蜜，是名忍辱波罗蜜。何以故？须菩提！如我昔为歌利王[9]割截身体，我于尔时，无我相、无人相、无众生相、无寿者相。何以故？我于往昔节节支解时，若有我相、人相、众生相、寿者相，应生嗔恨[10]。须菩提！又念过去于五百世作忍辱仙人，于尔所世，无我相、无人相、无众生相、无寿者相。

"是故须菩提！菩萨应离一切相，发阿耨多罗三藐三菩提心，不应住色生心，不应住声香味触法生心，应生无所住心，若心有住，即为非住。是故佛说菩萨心，不应住色布施。须菩提！菩萨为利益一切众生故，应如是布施。如来说一切诸相即是非相，又说一切众生即非众生。

"须菩提！如来是真语者、实语者、如语者、不诳语者、不异语者。须菩提！如来所得法，此法无实无虚[11]。

"须菩提！若菩萨心住于法而行布施，如人入暗，即无所见；若菩萨心不住法而行布施，如人有目，日光明照，见种种色。

"须菩提！当来之世，若有善男子、善女人，能于此经受持读诵，即为如来以佛智慧，悉知是人，悉见是人，皆得成就无量无边功德。"

注释

①离相者，离一切幻相也。世间一切相，皆是幻化之相。凡夫不知这个幻相是虚而不实，所以执着取舍，处处为幻相所惑。若能识破幻相非相，则外尘不入，真性便能呈现，所谓生灭灭已，寂灭现前者也。

②**义趣**：义，即是“离相无住，妙有不有”的义理，如经文中“即非……”等；趣，即是“般若妙用，真空不空”的旨趣，如“是名……”等。

③**慧眼**：为五眼之一。即是声闻、缘觉二乘人，照见真空无相之理的智慧。小乘人的慧眼，只得我空，犹有法执存在，对真理仍是“雾里看花”隔了一层，终未究竟。

④**实相**：实者，非虚妄之义。“实相”指无有本体，又名法性、真如、清净心等。实相是无相的，假名之曰实相，其实是要“以言遣言”，千万不可执着有个实体存在的东西，叫作“实相”。

⑤**成就第一希有功德**：福德之异名。功者，功能之谓也。布施等善德，有福利众生之功能，故谓之功德。

又德者，得也。修功有所得，故曰功德。“得闻是经”是闻所成慧；“信心清净”是思所成慧；“即生实相”是修所成慧。依闻思修三慧，即可入三摩地——也就是佛陀的境界，所以是成就世间第一希有功德。

⑥**信解**：意指信后得解，亦指修行之阶位，为七圣之一。钝根者见此经能信之，利根者读此经能解之，合谓之信解。又信者能破邪见，解者能破无明。

⑦**第一波罗蜜**：波罗蜜，意为“到达了彼岸”。到彼岸的方法，总括而言，其有六种，即为“六度”。其中“般若波罗蜜”一度最为重要，故称“第一波罗蜜”；其他布施、持戒、忍辱、精进、禅定五度，都要以般若为前导，不然即如盲行。

⑧**忍辱波罗蜜**：六度之一。忍，是能忍之心；辱，是所忍的境。行人在修道的过程中，不免遇顺逆二境，必须坚忍，才不致碍道。忍，约可分为三种：生忍，对于人事方面的毁誉，皆能安然顺受，不生嗔恚之心；法忍，对于自然环境方面的逆境，如饥饱、冷热等非人力所造者，能处之泰然；无生法忍，菩萨行诸度时，了知一切诸法无我，本然不生的空理，将真智安住于理而不动。

⑨**歌利王**：意译作斗诤王、恶生王、恶世王、恶世无道王。佛陀于过去世为忍辱仙人时，此王恶逆无道，

一日，率宫人出游，遇忍辱仙人于树下坐禅，随侍女见之，歌利王而至忍辱仙人处听法，王见之生恶心，遂割截仙人之肢体。

⑩**嗔恨**：又云嗔恚，为三毒之一。对于苦与产生苦的事物，厌恶憎恚，谓之嗔。能使身心热恼，起诸恶业。

⑪**无实无虚**：无实，就是“妙有不有”，不住有法，不见诸相可得，一切皆是因缘所生法，皆是无实的，故说“身相非身相”“世界非世界”“微尘非微尘”“庄严非庄严”等；无虚，是“真空不空”，不住权乘非法，故说“是名身相”“是名世界”“是名微尘”“是名庄严”等。无实是不住有，无虚是不住空，离空有二边，便是真空妙有的中道义谛。

译文

这时候，须菩提听闻了这部经的妙义，深深地了悟了《金刚经》的义理旨趣，感激涕零地向佛陀顶礼赞叹，并请示佛陀说道：“世上希有的佛陀！佛陀所说的甚深微妙的经典，是我证得阿罗汉果，获得慧眼以来，还未曾听闻到的。佛陀！如果有人听闻了这经法，而能信心清净，那么，他便有了悟实相的智慧，应当知道这人已经成就了第一希有的功德。佛陀！实相即是非一切相，所以如来说以非一切相之本相，不执求、不住着，即名为实相。

“佛陀！我今日能够亲闻佛陀讲这部经典，能够信解受持，这并不是难事，若是到了末法时代，最后五百年，如果有众生，在那时听闻这微妙经义，而能够信心清净信受奉持，这个人便是世上第一希有的人。为什么呢？因为这人已顿悟真空之理，没有我、人、众生、寿者等四相的分别了。为什么呢？因为这四相本非真实，如果能离这些虚妄分别的幻相，那么，就没有我、人、众生、寿者等四相的执着了。为什么呢？远离一切虚妄之相，便与佛无异，而可以称之为佛了。”

佛陀见须菩提已深解义趣，便为他印可道：“很好！很好！如果有人听闻这部经，而对于般若空理能够不惊疑、不恐怖、不生畏惧，应当知道，这人是非常甚为希有难得的。为什么呢？须菩提！因为他了悟了如来所说的第一波罗蜜，即不是第一波罗蜜，因六波罗蜜，性皆平等，无高低次第，并没有所谓的第一波罗蜜。五波罗蜜，皆以般若为导，若无般若，就如人无眼，所以，第一波罗蜜只是方便的假名而已。须菩提！忍辱波罗蜜，如来说非实有忍辱波罗蜜，因为般若本性，是寂然不动的，哪有忍辱不忍辱的分别？所以，忍辱波罗蜜也只是度化众生的假名而已。为什么呢？须菩提！我过去受歌利王节节支解身体，我当时，因得二空般若智，没有我法二执，所以，没有我、人、众生、寿者等四相的执着。为什么呢？当时我的身体被节节支解时，如果有我、人、众生、寿者等四相的执着，便会生起嗔恨心。须菩提！我回想起我在修行忍辱波罗蜜的五百世中，在那时，内心也无我、人、众生、寿者四相等的执着，所以能慈悲忍辱，不生嗔恨。

所以，须菩提！菩萨应该舍离一切妄相，发无上正等正觉的菩提心，不应该住于色尘上生心，也不应该住于声香味触法等诸尘上生心，应当无所执着而生清净心。如果心有所住，便会随境而迷，就无法无住而生其心了。所以佛陀说：菩萨不应该有任何事相上的执着，而行布施。须菩提！菩萨发心为了利益一切众生，便应该如此不住相布施。如来说，一切相无非是邪计谬见、业果虚妄之假相，所以一切相即非真相，不过是因缘聚合的幻现而成，非有非空。又说，一切众生是地水火风四大因缘聚合而成，生灭变化，不应着有，不应着空，应无所执着。所以一切众生即不是众生。

“须菩提！如来所说的法是不妄的、不虚的、如所证而语的、不说欺诳的话。须菩提！如来所证悟的法，既非实又非虚无。

“须菩提！如果菩萨心里执着有一个可布施的法而行

布施，那就像一个人掉入黑暗中一样，一无所见。如果菩萨心能不住法而行布施，就像人有眼睛，在日光下洞见一切万物。

“须菩提！未来之时，如果有善男子、善女人，能对这部经信受奉行、讽诵受持，即为如来以佛的智慧，悉知悉闻悉见这人，成就无量无边无尽的功德。”

信受奉行荷担家业分第十五

讲话

在第十三分，佛陀以恒河沙等身命布施和受持四句偈等校量功德，进入第十五分，为了更显明受持经偈的功德，佛陀今以有人每日三分，以恒河沙数的身命布施，且历经百千万亿劫不断，如此无量无边的身命布施，仍不及信解受教般若经教的功德。佛陀反复以七宝、身命等布施和受持四句偈者相互校量，主要建立大众对般若功德的信心，如是住信心清净，如是降伏我等四相，才能荷担如来咐嘱的弘法家业。

一、亿劫舍命不如净信。

二、微妙般若贯通权实。

三、乐二乘法不入究竟。

四、般若佛母天人礼敬。

日日三分，过无量劫，以恒河沙等身命布施，此布施之功德，福力虽多，仍堕三界有为的业报，不如有人闻此经典，一念信顺，解般若无住之妙！此分再次肯定般若无相无住，不可思议之功德。

一、亿劫舍命不如净信

信心不逆者，不逆即能随顺此文字般若，无住之义，不生毁谤。受持读诵者，自利也，为人解说，利他也。因此，有人能信顺不谤般若之福，超于恒沙身施，更何况能自利利他者，其人之福德，愈难计量。《金刚经注解》：

信顺于理，故云不逆。行解相应谓之受，勇猛精进谓之持；心不散乱谓之读，见性不逆谓之诵。

亿劫恒沙舍命布施，不如恳切深信自性具百种功德，如摩尼宝珠，久没泥河，拂净六尘，炯炯独耀。《广博严净不退转轮经》卷二：

阿难！菩萨摩诃萨，信心清净，无有怯弱；于佛法僧，心得淳净；守护六情，无所愿求；无信众生，于佛法僧，令生信乐；已生信乐，心不放逸；发菩提心，不着心相；信知六界，与法界等。

菩萨行人，能信心不逆，自然调和柔顺，心无怯弱无愿求，入三宝海，得如意智宝。

有个婆罗门常用食品献祭家神。一天，他有事出门时，吩咐儿子说："今天要办供养，让神飨用。"这孩子遵从父命将食物供奉在神龛前，可是祭坛上的神像却默不作声。他既不吃东西，也不说话。孩子等了很久，神像依然不动。

这孩子坚信神会从他的宝座下来，坐在地上吃他的东西。他一再地向神祈求说：

"神啊，您快来吃东西。已经很晚了，您再不吃的话，爸爸回来以后会责怪我呀！"可是神像依然毫无动静，孩子便号啕大哭起来，说："神啊！我爸爸要我请您吃东西，您为什么不下来？您为什么不吃我给您准备的东西？"这孩子盼望地哭了好一阵子，神终于从祭坛下来，坐在食物前吃了起来。

孩子的坚信不疑，感动神祇下座，享用供养。这一则故事，实是信心清净所显发的力量。经典中，菩萨能行大施，舍身喂鹰，投身饲虎，种种难行能行，是源于诚信般若无上法，真实不虚，比幻质匪坚的色身，更具永恒的价值。吾人修行，若以净信为田地，以布施为播种，戒法为耕耘，忍辱为养分，精进为日照，再以禅定甘露滋润，自然能结般若道果。

二、微妙般若贯通权实

“是经有不可思议，不可称量，无边功德。”依僧肇大师言：

此法门，所有功德，过心境界，故不可心思也；过言境界，故不可以口议也。秤，不可以秤称也，量不可以器物量之也。若人于此经，了悟人法二空，深明实相，功德广大，即同佛心，无有边际，不可称量也。

此段言般若无量之功德，贯通权实，有无俱除，等同佛心，称量思议皆不能及。《首楞严三昧经》卷下：

一切凡夫，忆想分别，颠倒取相，是故有缚。动念戏论，是故有缚。见闻觉知，是故有缚。此中实无缚者、解者。所以者何？诸法无缚，得解脱故，诸法无解，本无得故。常解脱相，无有愚痴。凡夫心不清净，忆想分别，颠倒取相，而有种种大小、贵贱、好恶、亲疏等尘埃。

唐朝江州刺史李渤，有一天向智常禅师请教：

“禅师！佛经上说：‘须弥藏芥子，芥子纳须弥’，小小的芥子如何容纳一座须弥山呢？如此不合情理，这不是在诳骗世人吗？”

智常禅师闻言大笑，问道：“刺史！有人称誉你‘读破万卷书’，果真有此事吗？”

“没错！我还不只读破万卷书。”李渤对自己饱读诗书得意不已。

“那么请问刺史，你读过的万卷书，如今何在？”

李渤骄傲地指着自己的头脑说：“喏！都在这里了！”

智常禅师道：“我看你的脑袋也只有一个椰子大，怎能装下万卷的诗书呢？莫非刺史也在欺瞒世人的耳目？”

真如法性，事理无碍，权实贯通，本是巧妙互融，平等无二，只是世人被见闻觉知遮蔽实相。般若的巧慧，能高树法幢，现神通大用，令我们日常的饮啄眠觉，受用无穷。如巧匠成规矩，巧妇家业稳，巧心福慧全，巧慧诸事圆。

从信心清净不逆到般若巧慧妙用，吾人在学佛道上，有时进，有时退，种种境缘的考验，能否如佛所教：应无所住，而生其心，首要在于信心的建立。不希求，无所愿，不昧于根尘识的幻术，心净，则万法如实呈现，即能折断妄根，当体光净裸露。有一天，一位名叫伤歌逻的婆罗门，到舍卫国的祇园精舍拜访佛陀。

“佛陀！我心中有一个疑惑，有时候，我感到心神安定，对于经论能信解受持；有时候，却觉得昏昧躁动，连坐下来念一卷经，都做不到，这是为什么呢？”

“伤歌逻！假使有一盆水被染上红色或青色，就不能照见原本脸孔的颜色。同理的情形，一个人如果给贪欲熏染，心地不净，就看不到任何事情的真相。”

“假如那盆水被大火烧沸，能映现脸孔的原貌吗？同样的道理，我们的心被嗔怒烧沸，又怎能洞察如实的情境？

“那盆水如果浮着青苔杂草，可以映照脸形吗？同理，人心被愚昧或疑惑所蒙蔽，怎能看出实况呢？

“伤歌逻！假如那盆水澄清而不浑浊，静止而不沸腾，明亮而不夹杂莠草，那么能如镜湖，反照天光云影的万象。同样的，人的心不随贪欲烦恼，不随嗔怒动摇，不为愚痴障碍，起心动念，都能清楚觉观，即能明白诸法的本质，不被五蕴钩牵、焚烧、覆盖，不再忆想分别，截断过去、现在、未来等瀑流，如佛寂静安然。”

吾人若能心眼明洁，即入甚深般若法海，得金刚宝剑，斩去大小远隔、生佛分际、空有二边、权实设限等，不再逐妄想瀑流，枉受轮回忧悲啼哭之苦。

三、乐二乘法不入究竟

佛陀演说般若大法，甚深微妙，为度一切众生的大乘菩萨说，为化度菩萨的佛乘者说。即发大乘者（菩萨下化众生），最上乘者，发上求佛道，才能受持读诵（自利）广为人说（利他），此发大乘者及发最上乘者，心田纯净，方能流注盛满般若的法水。佛心平等，说法亦然，为什么佛陀只为发大乘者与最上乘者说呢？《金刚经注解》说：

小法，小乘法。言其意志下劣，不发大乘心者也，是人堕于邪见，不知所谓大乘最上乘法，尽在此经。

因为乐着小法之辈，四相未空，法执未除，深乐小果，着果骄慢，耽着虚妄，深恋不舍，自是无法听受此离相无住之义，哪里能受持读诵，为人解说？

《宝积经》说：

菩萨摩诃萨行大悲时，观众生安住不实、虚妄、颠倒梦想。于无常中，妄起常想；于诸苦中，妄起乐想；于无我中，妄起我想；于不净中，妄起净想；耽嗜爱欲，于母姊妹，尚生凌逼，况复于彼余众生？

菩萨观是事已，于彼众生发起大悲，作如是念：咄哉苦哉！如是众生深为大失，极为怜愍，种种过患，极可诃责，我当为彼宣说妙法，令其永断诸烦恼。

菩萨念念有情之苦，因众生病而病，如乳母照料小儿，随时乳哺，寒暑眷顾。也许我们还不具足菩萨深广的大悲种，但是生活中，随缘触目所及，能先思惟众生之苦痛，来日当成熟菩萨摩诃萨的大悲种如来心。

念飞禽有网捕之苦，念家禽有汤锅之苦；

念贫困有饿冻之苦，念有情有生死之苦。

四、般若佛母天人礼敬

般若为三世诸佛母，为长养功德善根之根本。在第十二分已表明般若法宝流通之处，应受一切世间，天人等众，恭敬供养，如佛塔庙。今再显明申述法音流布的殊胜功德，令受持般若无住之行者，发起大乘心，为他人说。《金刚经注解》言：

在在处处，若有此经：一切众生六根运用，种种施为，常在法性三昧中，若悟此理，即在在处处有此经也。

一切世间：谓有为心也。

天人阿修罗：天者逸乐之心，人者善恶之心，阿修罗者嗔恨之心，但存此心，不得解脱。

所应供养：若无天人阿修罗心，是名供养。

即为是塔：解脱之性，巍巍高显，故云是塔也。

以诸华香而散其处：当以解脱性中，开敷知见，广植万行，即法界性自然显现。

此番注解，返本归源，由外在有为有相的恭敬供养，回向崇高巍巍的解脱法性，令我们开敷心华，熏植般若苑中，缤纷四落的芬陀利香。

古灵禅师，是在百丈禅师那里开悟的。悟道后感于剃度恩师的引导，决定回到还未见道的师父身旁。

有一次年老的师父洗澡，古灵禅师替他擦背，忽然拍拍师父的背说：“好一座佛堂，可惜有佛不圣！”师父听了便回头一看，禅师赶紧把握机缘又说：“佛虽不圣，还会放光哩！”但是师父仍然心眼未启，只觉得徒弟的言行异于常人。

又有一次，师父在窗下读经，有一只苍蝇因为被纸窗挡住了去路，怎么飞也飞不出去，把窗户撞得特响，于是又触动古灵禅师的禅机说：“世间如许广阔，钻他驴年故纸。”

师父看到这个参学回来的弟子，言语怪异，行径奇特，于是问他是什么道理？古灵禅师便把他悟道的事告诉了师父，师父感动之余，于是请他上台说法，禅师升座，便说道：“心性无染，本自圆成，但离妄缘，即如如佛。”

欲信解受持《金刚经》者，要从心地下工夫，不然“千年钻故纸，痴迷空投窗”，何年何月见性出头？般若花儿处处开，惜哉！吾人迷失本心，不闻花香鸟啼！只因乐着小法，受我身见，不知世间如许广阔！若能祛除天界的福乐安逸之贪着，人界善恶好坏的拣择，修罗道上的争强好斗，灭绝三界的住着，即现巍巍的自性塔庙，自此，终年香火不断，真佛放光。

有一位名叫优婆先那的比丘尼，有一次在山洞中禅坐时，忽然大声呼喊着在对面岩窟中的舍利弗尊者，当舍利弗来到她的面前时，她说道：

“舍利弗尊者！我刚才坐禅的时候，身上好像有什么东西在爬，起初并没有注意，后来才看清是一条毒蛇，我给它咬了一口，我马上就会死去，乘毒气在我身上还没有发作时，请您慈悲为我召集邻近的大众，我要向他们告别！”

舍利弗听后，看看优婆先那，很疑惑地道：“真的吗？我看你的脸色一点也没有改变。如果毒蛇咬了的话，脸色一定会变的。”

优婆先那态度仍很安详地说道：“舍利弗尊者！人的身体是四大五蕴所集成的我，没有主宰，本就无常，因缘所聚曰空，空无自性，我是体悟到这个道理的，毒蛇可以咬伤我的色身，它怎能咬到真理的空性呢？”舍利弗尊者听后，赞叹优婆先那：

“你说得很对！你已是解脱的圣者，肉体的痛苦，你用你的慧解坚守不变的真心。人们如果要修道调心，进入不生不灭的涅槃，对于面对肉体的死亡，要有拔去毒针，重病得愈，无恐惧无愁恼的欢喜。死，死的只是色身，不死的是真我的生命。临死诸根和悦，颜色不变，这是以智慧观看世相，出离火宅的一刻，实在是无限的美！”

毒蛇可以伤害吞啖我们的色身，但金刚不坏的法身，不为世间种种毒焰刀杖所坏。我们只害怕有形的毒蛇，杀伤毁坏我们的肉体，却不知六根如毒蛇，昼夜吞噬我们的善根功德，致使我们葬送慧命法身。

人人心头，常与般若佛母同眠共起，尊贵如佛塔庙，应受人天散花礼敬，只因情智昏迷，目光短视，往往昧于一半的人生，不明究竟。不知人生忧喜参半：名利得失一半；财富聚散一半；修行佛魔一半。

在播种插秧福慧的田地时，吾人如果不肯退步低头，保持一颗柔软香洁的真心，如何照见满目的碧水连天呢？

习题

1. 为什么亿劫以恒河沙等身布施，不如一念信心的功德？

2. 受持读诵，为他人说，为什么会有不可思议的功德？

3. 佛心平等，为什么此经只为发大乘者，发最上乘者说？

4. 生活中如何培养大乘菩萨的悲心？

原典

持经功德分第十五[①]

"须菩提！若有善男子、善女人，初日分以恒河沙等身布施，中日分复以恒河沙等身布施，后日分[①]亦以恒河沙等身布施，如是无量百千万亿劫[③]，以身布施。若复有人，闻此经典，信心不逆，其福胜彼；何况书写、受持、读诵，为人解说。[④]须菩提！以要言之，是经有不可思议，不可称量，无边功德。如来为发大乘[⑤]者说，为发最上乘者说。若有人能受持读诵，广为人说，如来悉知是人，悉见是人，皆得成就不可量，不可称，无有边，不可思议功德。如是人等，即为荷担如来阿耨多罗三藐三菩提。

“何以故？须菩提！若乐小法[⑥]者，着我见、人见、众生见、寿者见，即于此经，不能听受读诵、为人解说。须菩提！在在处处，若有此经，一切世间天、人、阿修罗，所应供养，当知此处，即为是塔，皆应恭敬，作礼围绕，以诸华香而散其处。

注释

①持经功德者，意即是“受持此经，功德无量”之谓也。第十四分说的是忍辱身，皆是在破我执；我执破后，更须悟般若真理，进而持经受典，彻悟我法二空。若能如此，则得法性功德，即是不可思议。

②初日分、中日分、后日分：犹言上午、中午、晚上。

③**劫**：意译为最长久的时间。人寿自十岁起，每百年增加一岁，增至八万四千岁为一增劫；复自八万四千岁起，每百年减一岁，减至十岁，为一减劫。合此一增一减，为一小劫；集二十小劫为一中劫；世界成住坏空等四期，各经一中劫，共四中劫，为一大劫。

④修持《金刚经》一共有十种方法，也就是“十法行”。(一) 书写，恭敬书写本经，这就是修行；(二) 供养，将经典供奉在塔里、佛殿里，以此诚心供养，也是修行；施他，就是印经布施他人，使经典能够广为流传；谛听，用心地听闻经义，这也是修行之一；(三) 宣说，听闻了经义之后，能够为别人讲解经文，解除文字障碍；受持，自己能持这个道理，在生活之中，广大地发挥，也是修行；(四) 开演，把义理详细地宣说，令他人也能彻知彻悟；讽诵，读诵《金刚经》也是修行；思惟，就是深入义理，静默思想，以发衍经义的甚深奥妙之理；(五) 修习，也就是因思而行，证入圣果。

⑤**大乘**：亦名上乘。乘，为乘载之义。佛法能乘载因地行人，由迷此岸，到达果地——觉的彼岸，所以名“乘”。声闻、缘觉二乘，只求自了生死解脱，有智无悲，不度众生，名自了汉，亦即小乘；菩萨则空有不着，悲智双运，自利利他，上求佛道，下化众生，故名大乘。

⑥**小法**：即是小乘法。《法华经·方便品》云：“唯有

一乘法，无二亦无三，除佛方便说。”佛之说法，实际并无二致，只因弟子发心不同，致使浅者见浅，深者为深，而有大小乘之别。

译文

须菩提！如果有善男子、善女人，在早晨时，以恒河沙等身布施；中午时，又以恒河沙等身布施；夜晚时，也以恒河沙等身布施。如此一天三次布施，经过了百千万亿劫都没有间断过，这个人所得的福德，是难以计量的。但是，如果一个人，他只是听闻此经之经义，诚信不疑，悟得般若真理，发心依教修持，那么他所得的福德，胜过以身命布施的人。又何况将此经书写、受持、读诵，为他人解说的人，他不但明了自己的本性，更使他人见性，所得福德，就更加不可胜数了！须菩提！总而言之，这部经所具的功德之大，不是心所能思、口所能议、秤所能称、尺所能量的，它重过须弥，深逾沧海，不但功德大，而且义理深，是如来独为发大乘菩萨道心以及发最上佛乘的众生而说的！如果有人能受持读诵《金刚般若经》，并且广为他人说法，如来会完全知道此人，并眼见此人，皆能够成就不可称量、无有边际、不可思议的功德。唯有这等具备般若智慧，而又能读诵解说经义的行者，才能承担如来“无上正等正觉”的家业。

为什么呢？须菩提！一般乐于小法的二乘人，执着我见、人见、众生见、寿者见，对于此部大乘无相无住的妙义，是无法相信接受的，更不愿读诵，更不用说为他人解说了。须菩提！般若智慧在人人贵，在处处尊，所以不论何处，只要有这部经的地方，一切世间天、人、阿修罗等都应当恭敬供养。应当知道，此经所在之处，即是塔庙，一切众生都要恭敬地顶礼围绕，以芳香的花朵散其四周，虔诚地供养。

金刚功德业障冰消分第十六

讲话

前分已表明听受读诵，为他人说之殊胜妙高功德，今佛陀为破凡夫不明受持者被人轻贱之真义，唯恐对境成迷而讥毁如来教法。

十四分中，佛陀教示我们应用第一波罗蜜（即般若），心不住色，不住我等四相，修忍辱行，圆满菩萨自利利他的功行事业。第十六分，以持经为人轻贱为例，再次演说《金刚经》不可称量，无边的不可思议果报。

一、凌辱轻贱除先世罪。

二、供养诸佛不如无心。

三、末法众生狐疑不信。

四、果报巍巍不可思议。

前分言持经演说者，具有不可思议之功德，凡是经典所在之处，即是佛塔，应受一切人天，恭敬供养。佛陀所说都是真实不诳之语，为什么又会有持经演说者，不但没有受到人天的尊重礼拜，反而被世人轻贱呢？

一、凌辱轻贱除先世罪

何谓轻贱？轻则不重，贱则不尊矣。轻贱事有多种，如行嫉妒或生忌嫌，或怀嗔而加谤，或依势而欺凌，甚至用刀杖瓦石，拳脚相加，皆为轻贱之事。

为什么持诵此经者，仍会遭逢此轻贱事呢？因为这是不乐小法者能听受读诵，为他人说，显发的功德相，并具有二种不可思议的果报。报不可思议——以轻易重，冰消先世罪业，应堕恶道之业果：

果不可思议——消尽先世罪业，当证菩提之佛果。

凡夫心志柔弱，贪着有相功德，不知轻贱忍辱之境，乃是福慧增长的果报。六根被违顺爱憎诸相所动乱，怎能听受如来宣说此经，能消万劫罪业，得入诸佛位，甚深不可思议之果报？张无尽居士诗言：

四序炎凉去复返，圣凡只在刹那间；

前生罪业今生贱，了却前生罪业山。

觉悟的佛陀，仍免不了有九种罪报：

（一）孙陀利女恶言嗔骂。

（二）旃遮女讥嫌清净。

（三）提婆推石害佛。

（四）木桩伤足。

（五）释迦族被灭，头痛三日。

（六）食用马麦。

（七）背脊疼痛。

（八）苦行六年。

（九）空钵而返。

如是因，如是果，谁都不能逃脱因缘果报的法则，吾人在接受先世罪业的报应现行，种种难忍之事，应听受信解金刚妙法，任他节节割截啖食，安忍不住四相，更不可动念嗔恨。

未出家前的鸯掘摩罗，因误信杀人取指能生天解脱，所以伤人无数。他杀人后，将死者的指头串联成项链，佩戴在身上。人们对于他的凶残，既畏惧又痛恨，给他取一个外号，名为“指鬘外道”。

指鬘因受到佛陀的教化，成为一位修善的比丘。但是鸯掘摩罗每日同其他比丘入城乞食，民众仍忘不了他做过的恶行，因此向他掷土投石，嗔骂羞辱……日复一日，乞食毕的鸯掘摩罗总是衣形污秽破碎，脸上残留着斑斑血迹。有一天，佛陀把他唤来，慈悲地安慰他：

“鸯掘摩罗！你必须安忍不动，要欢喜信受。先前造下的恶业，仗着今日勤修的善法，就像原本咸苦的水注入清水，日后必成甘美解渴之水；就像突破云层覆盖的月光，将照亮你的心，使你走向正道。以前种下的罪业，要以洁净的善业偿还，就像乌云散尽，将看到光芒四射的月光，照亮自己，也照亮别人。”

杀人的鸯掘摩罗，因信解经教，心如大地，不动不摇，于是从杀人的指鬘外道，修成纯白无染的大阿罗汉。因果历然不爽，佛陀三祇修福慧，百劫修相好，种种精勤修为，直至彻悟缘起法，成就正等正觉。我们受持般若性空之理，是空掉贪染根尘的妄执，是空掉我等四相的分别，而非拨无圣凡因果，善恶报应。

《阿难问事佛吉凶经》：

当持经戒，相率以道。道不可不学，经不可不读，善不可不行。行善布德，济神离苦，超出生死。

见贤勿慢，见善勿谤；不以小过，证人大罪。违法失理，其罪莫大。罪福有证，可不慎耶！

净土行人，求证念佛三昧，愿生西方佛境；禅和子，梦寐以求，一日吸尽西江水，道一句祖师西来意。好雪片片不落别处，吾人欲提掇起这片片好雪，当做个有力的道人。

法远圆鉴禅师在未证悟前，与天衣义怀禅师听说叶县地方归省禅师高风，同往叩参。适逢冬寒，大雪纷飞。同参共有八人来到归省禅师处，归省禅师一见即呵骂驱逐，众人不愿离开，归省禅师以水泼之，衣褥皆湿。其他六人不能忍受，皆愤怒离去，唯有法远与义怀整衣敷具，长跪祈请不退。不久，归省禅师又呵斥道："你们还不他去，难道待我棒打你们？"法远禅师诚恳地回答道："我二人千里来此参学，岂以一勺水泼之便去？就是用棒责打，我们也不愿离开。"

归省禅师不得已地道："既是真来参禅，那就去挂单吧！"

法远禅师挂单后，曾任典座（煮饭）之职，有一次未曾禀告，即取油面做五味粥供养大众。当这件事被归省禅师知道后，就非常生气地训斥道：

"盗用常住之物，私供大众，除依清规责打外，并应依值偿还！"说后，打了法远禅师三十香板，将其衣物钵具估价后，悉数偿还已毕，就将法远赶出寺院。

法远禅师虽被驱逐山门，但仍不肯离去，每日于寺院房廊下立卧。归省禅师知道后，又呵斥道："这是院门房廊，是常住公有之所，你为何在此行卧？请将房租钱算给常住！”说后，就叫人追算房钱，法远禅师毫无难色，遂持钵到市街为人诵经，以化缘所得偿还。

事后不久，归省禅师对众教示道：“法远是真正参禅的法器！”并叫侍者请法远禅师进堂，当众付给法衣，号圆鉴禅师。

六度万行，广开修行门户，忍耐是修行最得力处，佛陀名为“大雄大力”，如果心无求法的大力，怎能被割截其身而不生嗔恨？欲成佛做祖，先做众生马牛，要为人天眼目，须成忍辱大行。

二、供养诸佛不如无心

佛陀以自己因中修行，供养承事八百四千万亿那由他诸佛之功德，与受持读诵此经者校量，不及千万亿分之一。

前文已显持诵者，有能消先世罪业，能证无上菩提两大不可思议之果报，今与福校慧，再明持诵者有不可称量，无有边之功德。

佛陀言于三大阿僧祇劫中，供养承事八百四千万亿那由他诸佛。供养于四相上有四事，约饮食、衣服、卧具、汤药等。在《海龙王经·法供养品》第十八，言究竟之供养：

时海龙王问世尊曰：“其有人，以华香杂香捣香，缯盖幢幡，伎乐衣被，饮食床卧，病瘦医药，供养如来。宁应供养不？”佛言：“龙王！随其所种，各得其类；此之供养，不为究竟。离于垢尘，植于德本，逮至贤圣心之解脱。不为无德，不至无上。菩萨有四事，应供养如来。何等四？不舍道心，植诸德本。心立大哀，合集慧品。建大精进，严净佛土。入深妙法，心得法忍。是为四，尊敬如来为供养也。”

菩萨第一供养如来，为入深妙法，严净佛土。如五祖弘忍大师言：“终日供养，只求福田，不求出离，生死苦海，福何可救？”

供养诸佛，事属有为，果报仍可思议计量；受持般若，功属无为，故不可称量思议之。菩萨行福慧二施，欲具足第一波罗蜜，以无心离相为第一希有功德。

有一天，须菩提于山岩中静坐，不久，身边飘坠七色的天花，异香四散，空中并响起梵音歌咏。尊者见之异象，问道：“空中雨花梵乐，咏叹者是谁？为何事现胜妙之象？”

空中答语道：“吾是帝释，敬重供养尊者善说般若。”

尊者问：“我未说一言一字，为什么你要歌咏赞叹？”

帝释答道：“如是如是！尊者无说，我乃无闻，无说无闻是真说般若。”

顷刻间，又雨天花梵唱。

须菩提心无所住，而生清净之心，本非言说见闻可思可议，与深妙法相契，故感雨花天乐咏叹。耳目心意不被妄相所转，无心道人，眼所见皆新雨山色，耳所闻无非是宣流法音，身所触，在在处处，是罗网交织，琉璃宝地。无心，现前柳绿花红，华枝春满；无心，当下茶饭饱足，永除饥渴。

三、末法众生狐疑不信

佛陀说：“后世有人，受持读诵此经，所得功德，如果一语道尽，恐人难信，反生疑惑。经文行此，佛陀已作五重校量，两次外施（见第八分、十一分），两度内施（见第十三分、十五分），一番佛因（见前文，当得阿耨多罗三藐三菩提）。佛陀以七宝、身命校量，不过是略显持诵者的功德千万亿分之一而已，心着小法的凡夫二乘，闻此已难听受读诵，更何况如果佛陀具说般若之功德，凡夫二乘者，不但不信，反而更加疑惑不解。

据传狐这种动物，其性多疑，冬天渡过冰河时，且走且听，冰下水无声即进，有声即退，进退不一。佛陀以狐性多疑，喻末法众生信根怯弱，闻般若胜福，恐狂乱不信，以致谤法之愆。因此，佛陀不过随事便举，或以三千大千七宝，或如须弥宝聚等校量，略说般若一二功德。诚如经文说：千万亿分乃至算数譬喻所不能及。

学佛者，信根坚固，不被天、魔、梵，及世间根尘所坏。《华严经》卷六“贤首菩萨品”：

信心能离诸染着，信解微妙甚深法；信能转胜成众善，究竟必至如来处。

信于法门无障碍，舍离八难得无难；信能超出众魔境，示现无上解脱道。

一切功德不坏种，出生无上菩提树；长养最胜智慧门，信能示现一切佛。

是故演说次第行，信乐最胜甚难得；譬如灵瑞优昙华，亦如随意妙宝珠。

佛陀深知众生信心难立，不知般若宝珠，有随意变化，神通妙用的无边功德。

一日，百丈禅师说法圆满，大众皆已退去，独有一老者逗留未去，禅师问道：

“前面站立的是什么人？”

老者答道：“我不是人，是一只野狐，过去古佛时，曾在此百丈山修行，后因一位学僧问道：‘大修行人还落因果也无？’我回答说：‘不落因果！’因此答语，我五百世堕在狐身，今请禅师代一转语，以希能脱野狐之身！”

老者合掌问道：“大修行人还落因果也无？”

百丈禅师答道：“不昧因果！”

老者于言下大悟，作礼告辞后，第二天百丈禅师领导寺中大众，到后山石岩下的洞内，以杖挑出一野狐死尸，禅师嘱依亡僧之礼火葬。

五百世堕野狐身，只为一念昧于因果，就如同吾人背离正道，终日茫茫走他乡，百种贪婪入心。不信善法能冰消先世罪业，不信奉持经教能解粘除缚。只要信得般若性德，何须向金佛、木佛、泥佛乞求福佑。净心不逆，即如璎珞庄严身心，如日月照破黑暗，如甘霖普润丛林，如巨筏引渡彼岸。

四、果报巍巍不可思议

佛陀在此分的结语，告诉须菩提，当知是经义不可思议，果报亦不可思议。前文已略说受持此经的功德，能重业转轻，消恶道之业报；并且依此信德，获证无上正等正觉。佛陀以珍宝施、身命施之譬喻，仍然未具说尽般若千万亿分之一的功德。般若非所知，更非所议，世间的称量譬喻、计算都不能及。

智闲参访沩山禅师，沩山问道：

“听说你在百丈禅师处问一答十，问十答百，是真的吗？”

智闲答言：“惭愧！”

沩山：“这不过是世间上聪明的辩解，对了生脱死，毫无帮助，现在我问你一句：什么是父母未生前本来面目？”

智闲茫然不知如何回答，沉思许久，请示道：

“请禅师慈悲为我解说。”

沩山：“我知道的，那是我的，不干你的事，我若为你说破，你将来眼睛开时，会骂我的。”

智闲不得已，回寮翻遍所有的经典，想从中找寻答案，但始终都了不可得，才了悟文字非诸佛真心，因此发誓道：

“今生再也不研究佛学了，做个参究本心的云游僧吧！”

智闲于是辞别沩山，到南阳慧忠国师处参学。有一天正在铲草时，偶然抛落的瓦砾，恰好击中竹子，发出清脆的一声。智闲因而大悟，于是便回房沐浴，焚香遥拜沩山禅师道：

“老师！您对我恩惠胜于父母。如果你那时为我说破这个秘密，哪有今天的见性顿悟呢？”因此写一诗偈寄给沩山禅师。偈云：

一击忘所知，更不假修持；
动容扬古道，不堕悄然机。
处处无踪迹，声色外威仪；
诸方达道者，咸言上上机。

智闲禅师翻遍千经万论，寻不着父母未生前的本来面目，自此不逐言问句，返归自心，如一片瓦砾落地，不堕踪迹。

我们学佛，如果只是一味希求胜境感应，贪得在在处处，皆能免难消灾，就错用心机。

有相的福报，终不免五衰相现，生死流浪，入宝山，不应只取着泥块瓦石，当取随意宝珠。就像六祖惠能初见五祖弘忍，弘忍开口问道：

“你来求什么？”

惠能恭谨作答：“唯求做佛，不求余物！”

《金刚经》不只是教我们降伏妄心，而生清净心，更是一张成佛的蓝图，直教吾等悬崖撒手，佛与魔一时放却，当体漆桶脱落。

潭州慧朗禅师初参马祖时，马祖禅师问道：

“你来求什么？”

慧朗：“求佛知见。”

马祖：“佛已超越知见，有知见就是魔。”

慧朗听了，恭敬礼拜。

马祖禅师问道：“你从什么地方来？”

慧朗回答道：“南岳！”

马祖不客气地指示道：“你从南岳来，辜负石头的慈悲，你应该赶快回去，其他地方并不适合你去！”

慧朗于是再回到石头禅师那儿，请示道：“如何是佛？”

石头答道：“你没有佛性。”

慧朗满怀疑惑：“蠢动含灵都有佛性，为什么我没有佛性？”

“因为你不是蠢动含灵。”

“难道慧朗不如蠢动含灵？”

“因为你不肯承担！”

慧朗终于言下大悟。

我们的狐疑不信，不肯承担，煞费佛祖婆心良口，千生万劫不肯卷帘透窗，白白辜负一段山翠涧蓝，烟花漫漫，无限春光。

习题

1. 持诵《金刚经》应受人天恭敬礼拜，为什么还会受人转贱凌辱？

2. 须菩提尊者未说一字般若，为什么帝释要雨天花歌梵乐地赞叹？

3. 为什么供养承事无量诸佛的功德，不及持诵《金刚经》的功德？

4. 信心对我们的修行有何重要性？

原典

能净业障分第十六①

“复次，须菩提！若善男子、善女人，受持读诵此经，若为人轻贱，是人先世罪业②，应堕恶道，以今世人轻贱故，先世罪业，即为消灭，当得阿耨多罗三藐三菩提。

“须菩提！我念过去无量阿僧祇劫③，于然灯佛前，得值八百四千万亿那由他④诸佛，悉皆供养承事，无空过者；若复有人，于后末世，能受持读诵此经，所得功德，于我所供养诸佛功德，百分不及一，千万亿分，乃至算数譬喻所不能及。

“须菩提！若善男子、善女人，于后末世，有受持读诵此经，所得功德，我若具说者，或有人闻，心即狂乱，狐疑不信。须菩提！当知是经义不可思议，果报⑤亦不可思议。”

注释

①所谓业障，或是宿业，或是现业，皆可障蔽真如自性，在六道轮回之中，生灭无已，没有休止。若能受持读诵般若甚深妙理，洞知一切皆是幻相，皆是虚妄，

则不再随境转业，而能境随人转了。深入般若，虚妄净尽，故曰能净业障。

②**业**：造作之义。是指行为、所作、意志等身心的活动。一般分为三种，即是身口意三业。业的性质，有善、恶、无记（非善非恶）三种。所造者为五逆十恶之罪业，将来必受地狱、饿鬼、畜生三恶道之业报；若造五戒十善之善业，将来可得人天等善道之福报。

③**阿僧祇劫**：意谓无穷极之数。

④**那由他**：指极大之数，有说是百亿，也有说是千亿，或更大之数。

⑤**果报**：吾人今日所受之境，乃过去世所作业因的结果，故曰果；又为应于其业因而报者，故曰报。

译文

再说，须菩提！如果有善男子、善女人一心修持读诵此经，若不得人天的恭敬，反而受人讥骂或是轻贱，那是因为此人先世所造的罪业很重，本应堕入三恶道中去受苦，但是他能在受人轻贱之中，依然不断地忍辱修持，了知由过去惑因而造下恶业，今信受此经，由于信心清净，便知惑业亦空，就可使宿业渐渐消灭，将来证得无上正等正觉。

“须菩提！我回想起过去无数劫前，在然灯佛处，值遇八百四千万亿那由他诸佛，都一一亲承供养，一个也没有空过。假使有人，在末法之中，能诚心地受持读诵此经，所得的功德，和我所供养诸佛的功德相较，我是百分不及一，千万亿分不及一，甚至是算数、譬喻所无法相比的。

“须菩提！若有善男子、善女人，于末法之中，受持读诵此经，所得的功德之多，我如果一一具实说出，或者有人听我说这些功德，其心会纷乱如狂，狐疑而不相信。须菩提！为什么有人听了会这样心智狂乱呢？那是因为这部经的义理甚深，不可思议，所以持受它所得的果报也就不可思议。”

直下究竟本无我体分第十七

讲话

从一到八分，佛陀要吾人从理解经文，生起般若无相无住的信心，建立对大乘最上乘佛法的信心以后，第九分直到十六分，更进一层说明“深解义趣”的旨要，对于住心降心的重要性。由第十七分开始，佛陀以吾人深解义趣之理，依此理来修行，即为“悟后起修”。佛陀由十七分到二十三分，把悟解以后的修行脉络及次第，讲述得明明白白，对有心修持《金刚经》的人，可以“依教奉行”，从中领悟一些金刚法味。

一、无有众生实灭度。

二、实无有法得菩提。

三、一切法皆是佛法。

四、菩萨通达无我法。

第二分须菩提已问过两个问题，一是云何降伏其心？二是云何安住其心？在第十七分尊者为什么又再重问一次呢？须菩提尊者前后提出的问题，蕴含的义理又有什么不同呢？

一、无有众生实灭度

尊者重问云何降伏其心？云何安住其心？与第二分比较，这其中有五种不同：

对象根器不同——前者是个薄地凡夫，初发心的善男子善女人。后者已是深解义趣的善男子善女人。

发心深浅不同——前者为初学发心，发上求佛道、下化众生的愿心。后者是发“修行证果”的大心。虽然，“理”已悟解，但仍未证得佛果。因此发无上正等正觉的深心，求证悟学修行。

妄心粗细不同——尊者所问的“云何应住？云何降伏其心？”文字与第二分相同，但是义理深浅有别。前者的妄想是粗糙的，指薄地凡夫的妄想忆念。后者是已悟解般若义趣，于事相上修行时微细的妄心。

降伏内外不同——第十七分所问的问题和佛陀所答

复的文字与第二分相同，表层的文字虽是一样，但是义理是不同的。前者是先除去“心外的境界相”，后者则是要去除“心内的执着相”。从心外到心内的境界和所执取的诸相，应一并降伏剔净。

我们从文字当中，应悟解其深浅不同，从惊叹金刚般若外观的万德庄严，一步步进阶入内，方知如来室中，珍宝一一具足！

《金刚经》在第三分时，说明应发“灭度一切众生”的广大心，但并没有一个众生为你所灭度。第三分的“实无众生得灭度者”，是空掉所度的“众生相”。十七分的“无有一众生实灭度者”，即空掉“内心之相”，不可执着众生为我所灭度。第二分要吾人放下“众生相”，十七分则跃进一步，荡除内心更细微的执着。

内外没有“众生相”，了解一切为缘起性空，即可尊重一切众生如佛。《大庄严经》卷五：

依止因缘，无有坚实；
如风中灯，如水聚沫。

众生诸佛之名，不过权设方便，示教利喜而已。如《金刚经注解》说：

一切不善心，即是一切众生。以无我心，将忍辱以降伏，令邪恶不生，即是灭度一切众生。一切不善心，本自不有，因贪财色恩爱情重，方有此心，今既知觉，以正智而灭之，亦不见实有灭者。本自不生，今亦不灭故，故云无有一众生实灭度者。

什么是众生，一切不善心也，什么是诸佛，令邪恶不生也。不善心，仗缘方生，无有坚实，一念觉知，能见不生不灭处。

丹霞天然禅师有一天横卧在天津桥上，正好当地的太守经过，侍卫们大声呵斥他，他如聋如哑，不做声回答。太守亲自问他为什么不起来，他才慢慢仰起头来说：“无事僧。”太守被禅师眉宇间的无畏摄伏，于是派人送给他不少衣服和吃的东西。

一天，他忽然向大众宣布说：“我想念山林终老之地。”于是便结束了漫游生活，去南阳丹霞山结庵而居。三年之内，参学的人纷纷前往，他的门下有三百多人，于是茅庵便扩建成院。

他常对门人说：“你们那个东西要好好保护，那不是能谈论之物。难道禅可以解释吗？又哪有什么佛可成？‘佛’这个字，我一辈子都不爱听。现在学佛的人纷纷扰扰都忙着参禅问道，却不知自家宝藏。我这里无道可修，无法可证。了却自心，别无疑虑。不了自心，迷却本来面目，就像一个瞎子引着一群瞎子一起跳火坑！”

丹霞禅师心中无畏，即能无事无求。发广大心的菩萨行者，要眼里没有众生相，心里也没有众生相，那么即可成为无畏上人，对诸佛不佞，对众生不欺。日用生活，以金刚禅定为弓，以般若空无为箭，决除诸相网结，能射破吾人内心的烦恼怨贼。

佛陀要我们不要执着众生相，不是不发心教化有情，而是在教化的事业时，要以同体的慈悲观，平等的智慧观，心地纯净无染，才能生植般若香花，成就菩提道种。如《大乘悲分陀利经》卷六：

妙声柔软如梵王，治世脱苦如良医；
心住平等如慈母，常摄众生逾如父。

以前有两头牛，拉着两辆车子走，一头牛走得快，一头牛走得慢。而走得快的那头牛，愈走愈快，反之走得慢的那头牛，却愈走愈慢。这是为什么呢？原因是驾车的人所用的方法不一样。

走得快的那头牛，是因为驾车的人对牛说：

“我的乖牛啊！你是最好，最聪明的牛。我靠你得到很多的财物，你替我赶快拉车，拉回到家，我给你上好的草，上好的粮。”

等到这头牛拉不动了，驾车的人又鼓励说：

“我相信你还可以再走，你的力气是牛中第一，你是世界最有力气的牛。”

于是那头牛又拼命继续拉。然而后面那头走得慢的牛就不一样了！驾车的人老是叱骂牛：

“你这笨牛、懒牛！怎么老是要休息，真是没出息！你看前面那头牛，人家跑得多快，你再不走，回去以后，我把你卖掉，你再不走，我就把你杀掉算了！”

走在后面这头牛想：反正是死路一条，主人认为我是懒牛，再费力气，也徒劳无功，干脆就好好喘气休息吧！于是它就索性蹲下来，不走了。

菩萨心质直柔软，能像慈母使众生脱苦，得以赡养无忧。在摄伏众生时，种种的爱语鼓励，令众生远离怯弱，以般若智得大势力，不再身受三毒猛火，五蕴毒刺，驰向常乐我净的彼岸。

二、实无有法得菩提

佛陀为什么再一次把第十分“授记”的公案引出？因为佛陀要显明“实无有法，发阿耨多罗三藐三菩提心者”。前文已明示，因为佛陀“无法可得”，才得予授记成佛，是针对空去所得的菩提法，这只是“心外之相”。在第十七分中，再把“能得的心相”也要空掉，亦即发菩提心的人都空了，哪里还有个“菩提法”可得？没有能得的人，也没有所得的法，因为内心能得之相已经净除扫尽。

佛陀为念众生能悟此一层微妙之理，因此对须菩提所答，二番印证和肯定，要吾人彻头彻尾死心，死掉“有所得”的妄想。一切法，都依止因缘而生，小乘四果，大乘三贤十圣阶位，亦是权巧设立，当体是空，哪里有个菩提法可得？

众生因着妄想执着，百千岁如在暗室，能深解般若义趣，如举灯炬，即照万象；能信如来真实语，如获金刚宝，即摧伏魔怨。《大方广如来秘密藏经》卷下：

“迦叶！如百千岁，极大暗室，不然灯明；是极暗室，无门窗牖，乃至无有如针鼻孔，日月珠火，所有光明，无能得入。迦叶！若暗室中，然火灯明，是暗颇能作如是说：我百千岁住，今不应去。”迦叶白言：“不也。世尊！当然灯时，是暗已去。”佛言：“如是迦叶！百千万劫所造业障，信如来语，解知缘法，修观察行，修于定慧，观无我无命无人无丈夫等，我说是人，名为无犯无处无集。迦叶！以是事故，当知羸劣诸烦恼等，智慧灯照，势不能住。”

信如来实语，信然起金刚灯明，即破吾人百千岁昏暗，照见日月珠光，——宝藏悉备足矣！

宝志禅师，托人捎话给住在南岳山上的慧思禅师，说：“为什么不下山去教化众生呢？日日坐拥星光云彩，又有什么作为呢？”

慧思禅师回答说："三世诸佛被我一口吞尽，我的眼中，哪里还有什么众生可教化？"

慧思禅师告诫徒众："道源不远，性海非遥。但向己求，莫从他觅。觅即不得，得亦不真。"并诵一偈：

天不能盖地不载，无去无来无障碍。

无长无短无青黄，不在中间及内外。

超群出众太玄虚，指物传心人不会。

南岳慧思禅师，吞尽三世诸佛，心眼洁净，无佛可遥求，更无众生须灭度。从实无众生得灭度，打破吾人着意执取众生可度的障碍，知人人有个道源性海，非假他求，非由他觅。种种菩提法，如止小儿啼之黄叶，如应病予药的针砭，不过是止啼的幻术，引渡的舟筏罢了！

佛陀为什么被然灯佛授记呢？因为佛陀我法二执已空，没有能所分别（即能得之心，所得之法），所以授予成佛记别。佛陀被授予成佛之名号——释迦牟尼。释迦之义为能仁，牟尼谓寂默。能仁者，即心性无边，含容一切。寂默者，即心体本寂，动静不干。

佛陀是深解凡夫欲望执着的习气，为使发心欲学菩萨道者，不误蹈迷网，不陷溺歧途，因此要吾人对现起的诸相，要不住心布施，逐步观照内心微细动念之相。我们烦恼的根源，在于不明真相，生起种种贪爱欲求。

有一天，渔人在捕鱼。一只鸢鸟猝然飞下，攫捕了一条鱼。同时约有千只乌鸦看见了鱼，便聒噪着追逐鸢鸟。不管鸢鸟飞到哪里，乌鸦就跟到哪里。

鸢鸟不论飞东飞西，满天成千的乌鸦都是紧追不舍，鸢鸟无处可逃，不知如何是好，飞行得疲累、心神涣散时，鱼就从嘴里掉下来了。那群乌鸦朝着鱼落下的地方继续追逐。鸢鸟如释重负，便栖息在树枝上，心想：我背负这条鱼，让我恐惧烦恼，现在没有了这条鱼，反而内心平静，没有忧愁。

这条鱼，象征内在的欲望，有了欲望，就有所造作，烦恼也像满天追逐的乌鸦，紧紧地跟随我们，日夜不得安宁。

三、一切法皆是佛法

经文中所言“如来者，即诸法如义”，此句是解释如来法身的，即是不随诸法生灭去来，如如不动之义。佛陀已证得此“不变异”之理，以离相无住之智，彻证真如，名为“如来”。因众生妄想执着，盖覆真如，不知法身不生不灭，遍一切诸法。

真谓不妄，如为不变异，佛陀所得之真如菩提之法，即心佛众生，三无差别之理。不可以色相见，不可以言说求，故为“无实”。但是不异色相外有平等真如，不离言语外，别有实相妙理，故为“无虚”。所谓无明实性即佛性，幻化空身即法身。《法集经》卷第三：

言菩提者，名为寂静；寂静者，名为一切法真如。问曰：“善男子！所言真如，真如者，于何法说？”答曰：“善男子！言真如，真如者，名为空；彼空不生不灭。”问曰：“若如是一切法空，是故一切法不生不灭。”无所发菩萨言：“如是如是。善男子！如汝所说，一切法不生不灭。”问曰：“若如是，何故如来说有为法皆悉生灭？”无所发菩萨言：“善男子！为思痴凡夫着生灭法故；诸佛如来，以大慈悲，为护惊怖，随顺世谛，作如是说诸法生灭，而一切诸法不生不灭。是故善男子！菩萨摩诃萨，应知诸佛，应知诸佛法，应知诸众生，应知诸法，应知自身，应知身法。”

诸佛护念众生，免除惊怖，因此随顺世谛，而言生灭。如经文中的“一切法者”，佛依俗谛而立，世谛语言皆合道，弦歌瓦竹，无不传心。“即非一切法者”，佛依真谛而说，以一切法，体性空寂，本无有世界众生，因此不可执着一切法，是真如佛法也。“一切法，皆是佛法者”，此依即俗即真，为中道第一义谛而说。了知诸法性空的真谛，眼前的染净圣凡，情与无情，世出世间等等，无一不是佛法。能闻翠竹的呼吸，黄花的脉动，独坐高高大雄峰顶，与溶溶之水，奔湍于迤逦的人间行路。

北宋诗人、书法家黄庭坚（公元一〇四五——一一〇五年），号山谷道人，是一位好佛的居士，常出入禅门，而且还是临济宗黄龙派黄龙祖心禅师的法嗣。

黄庭坚喜作艳词，常参谒圆通秀禅师。有一天，圆通秀禅师对黄庭坚叱喝道："你的诗词书法之妙，甘心就与艳词为伍吗？"然后举当代李公麟画马精勤之事，黄庭坚幽默地说："这岂不是把我复置于马腹中吗？"

圆通秀禅师呵斥道："你以华丽的辞藻迷惑天下人的心，岂止是要把你复置于马腹中，恐怕是要把你变成牛去犁地。"

黄庭坚悚然悔谢，因此绝笔，津津乐道于禅，并着"发愿文"，痛戒酒色，每天不食鱼肉，只是早上喝粥中午吃饭而已。

黄庭坚有一天去参谒晦堂禅师，乞求指引参禅悟道的快捷方式。晦堂禅师问："如孔子所说：两三个学子以我这里为隐适处么？我无隐适处与你。太史（指黄庭坚）居俗家，如何谈论禅门中事呢？"黄庭坚正准备回答，晦堂禅师说："不是，不是！"黄庭坚听后迷闷不已。

有一天，黄庭坚陪同晦堂禅师游山，山岩桂花盛开，幽香远播。

晦堂禅师问："太史闻到花香没有？"

黄庭坚说："闻到了。"

晦堂禅师说："我无隐适处与你。"

黄庭坚明白其意，随即礼拜之，并说："大师真是如此老婆心切。"

晦堂禅师笑着说："只要你到家就行了。"

山岩的桂花盛开，香气四溢，无半分隐藏，只是吾人六根充塞华丽的声色，哪里闻得到花开的馨香呢？参禅悟道，不被根尘、语言、文字所转，勘破见闻觉知的虚妄，洗净内心的铅华粉墨，六根门头不生幻象时，方知此时凉风习习，池中一片蛙鸣，袅袅的村花，早占尽满畦的嫣红姹紫。

四、菩萨通达无我法

什么才是"真菩萨"呢？即能通达无我的人。以真谛的立场，一切法都是不可得的，要破除我执（菩萨之相）、法执（菩萨之法），因此佛说：一切法，无我、无人、无众生、无寿者。不执着"我等四相"，泯绝能度所度的法相，菩萨于修因上要无住离相，如此才是"真实菩萨"。

佛陀以无我不着相的修行，告诫菩萨行者，不要被"能度所度"的法相障道，更不可落入二乘偏空的执着。经文中有三番"即非菩萨"：

约能发心——当生如是心，我应灭度一切众生……

若菩萨有我相、人相、众生相、寿者相，即非菩萨。

约能度生——菩萨亦如是，我当灭度无量众生，即不名菩萨。

约所严土——若菩萨作是言：我当庄严佛土，是不名菩萨。

佛陀以此发心、度生、严土再三嘱咐，菩萨要融通无我，如月行空不留不碍，不入世间妄情，不落出世圣解，方为真实发菩提心的真菩萨也。《大乘十法经》言：

云何菩萨摩诃萨正观诸法？善男子！若菩萨作如是观：

一切诸法如响声，生灭坏故。

一切诸法性灭，离烦恼故。

一切诸法离心境界，无体性故。

一切诸法不可求，灭爱憎等心故。

一切诸法无着，离烦恼境界故。

一切诸法如芭蕉，无坚实故。

善男子！菩萨如是观，名为正观诸法。

菩萨正观诸法，通达无我法，才能远离颠倒梦想，发起无畏的真心，往还娑婆，如莲花出水，只取香味，不着烦恼泥尘。

石头自回禅师世代都是石匠，人们都叫他“回石头”。

石头目不识丁，却渴仰佛法，时常请和尚帮他读诵经书，经书听得多了，自然也能背诵不少。

后来，回石头离家到大随禅师门下当杂工。寺中要他凿石做工，他手不离铁锤，口不停背经。大随禅师见他每日如此，就对他说："你今日哐当，明日哐当，死生到来时怎么办？"回石头把手里的铁锤一扔，就跟着大随禅师进到方丈中。大随禅师要他停止背经，放下对文字的执着。

有一天，回石头又在凿石，手中的石头十分坚硬，回石头使尽力气狠狠地锤下去，刹时火花四溅，他于火花中忽然省悟。

回石头走到大随禅师的方丈中，顶礼说道：

用尽功夫，浑无口鼻。
火花迸散，原在这里。

大随禅师一听，明白他已彻悟，于是就授给回石头一套僧衣。

有一次，回石头上堂说法："参禅学道，若不明自心，就像人在井里，还在叫渴一样。一天当中，行住坐卧，转动施为，有个什么是不动的？眼见耳闻，何处不是路头？若识得路头，便是大解脱路。你们看我老汉有什么比你们强的？你们又有什么比我差的？懂了吗？太湖三万六千顷，月在波心说给谁听?”说罢下座而去。

回石头禅师，放下经书的糟糠，回头凿取自性的火光，再没有口鼻的论议计量，火花迸散时，才知平日用尽功夫，不在别处，就在这里。《金刚经》不断地粉碎我们内外的妄想，像把铁铲要凿开我们自性的火苗，直至哐当一声，根尘迸落，口鼻俱丧，那时，吸尽三万六千顷湖水，眼见耳闻，皆是解脱路头。

习题

1. 此分重述“住心降心”的提问，又有什么不同的含意?

2. 既然说无法可得，为什么佛陀又会被授记成佛?

3. 什么是如来?

4. 为什么通达无我法者，才名为真菩萨?

原典

究竟无我分第十七①

尔时，须菩提白佛言:“世尊!善男子、善女人发阿耨多罗三藐三菩提心，云何应住?云何降伏其心?”

佛告须菩提:“善男子、善女人发阿耨多罗三藐三菩提心者，当生如是心，我应灭度一切众生，灭度一切众生已，而无有一众生实灭度者。[②]何以故？须菩提！若菩萨有我相、人相、众生相、寿者相，即非菩萨。所以者何？须菩提！实无有法发阿耨多罗三藐三菩提心者。

“须菩提！于意云何？如来于然灯佛所，有法得阿耨多罗三藐三菩提不？”

“不也，世尊！如我解佛所说义，佛于然灯佛所，无有法得阿耨多罗三藐三菩提。”

佛言：“如是！如是！须菩提！实无有法，如来得阿耨多罗三藐三菩提。须菩提！若有法如来得阿耨多罗三藐三菩提者，然灯佛即不与我授记[③]，汝于来世，当得作佛，号释迦牟尼[④]。以实无有法得阿耨多罗三藐三菩提，是故然灯佛与我授记，作是言：汝于来世，当得作佛，号释迦牟尼。何以故？如来[⑤]者，即诸法如义。若有人言，如来得阿耨多罗三藐三菩提。须菩提！实无有法，佛得阿耨多罗三藐三菩提。须菩提！如来所得阿耨多罗三藐三菩提，于是中，无实无虚。是故如来说，一切法皆是佛法。须菩提！所言一切法者，即非一切法，是故名一切法。

“须菩提！譬如人身长大。”

须菩提言：“世尊！如来说人身长大，即为非大身，是名大身。”

“须菩提！菩萨亦如是，若作是言，我当灭度无量众生，即不名菩萨。何以故？须菩提！实无有法名为菩萨；是故佛说一切法，无我、无人、无众生、无寿者。须菩提！若菩萨作是言，我当庄严佛土，是不名菩萨。何以故？如来说庄严佛土者，即非庄严，是名庄严。须菩提！若菩萨通达无我法⑥者，如来说名真是菩萨。”

注释

①至第十六分为止，须菩提对于“云何应住”“云何降伏其心”的道理，已然了悟于心，但唯恐诸弟子们粗尘已遣，细惑难去。因此，此分以下，再次启请佛陀终究“住”“降”之意，以去微细无明。所以，佛陀亦以己身上事示之，使知人空法空，究竟无我之妙理。

佛陀说法，有所谓的“三周说法”：第一法说周，就是把经文的真理说出来，是为上根利智的人说；第二譬喻周，是顺应根性比较钝的众生，用种种譬喻再次推衍真理；第三因缘周，用因缘故事将义理做更进一步的叙述，使听经的众生了彻明白。这三周的说法方式，有时连用，如《法华经》即是；有时是两番嘱累，像《金刚经》。嘉祥大师曾指出，本经的初番问答是般若道，次番问答为方便道。般若道是体，方便道是因，两者相辅相成，体用不二。

②此处可从两个层次来说：自菩萨而言，如果菩萨存着我灭度一切众生的心念，那么就是落于人、我分别的陷阱里，有了我、人、众生、寿者四相的差别心，这一念生起，便“差之毫厘，失之千里”，时时都起分别念、处处都见分别相，有念有相，灭度时，哪里还能不分别卵生、胎生、有色、无色的一切众生呢？既然不能平等灭度一切众生，当初所发的菩提心也等于是空谈了，怎么还能称得上是大慈大悲的菩萨呢？所以，佛陀说：“即非菩萨。”自众生而言，度众生乃是在度自性众生。在后面第二十一分里，佛陀开示众生者，“彼非众生”的观念。为什么彼非众生呢？溥畹大师说：“真如界内，绝生佛之假名，平等性中，无自他之形相。”在真如之内，众生与佛是平等不二的，所差别的地方，是在“佛乃已度之众生，众生即在迷之诸佛”。所以，虽然灭度一切众生，事实上无众生可度，因为众生本自具足真如法性的缘故。菩萨只不过是示现众生自己本有的，令他悟解本知本觉而已。

③**授记**：诸佛预知弟子某世证果，及其国土、名号，而予以记别。

④**释迦牟尼**：为娑婆世界教主之佛名号。释迦，为其种族姓；牟尼，是能寂、能仁之义。

⑤**如来**：如，是不变的、静默的法身；来，是随缘

的、变化的应身。应身纵有千百个，法身仍然是原来的那一个。

⑥**无我法**：即是“人无我”“法无我”的二无我，亦名二空。“我”是妄情所执的实体，而此实体，人法都无，毕竟空寂。人无我：人为五蕴假合，因业流转，没有一生不变的实体。法无我：不论佛法、世法，皆为依缘假立，对待而有，没有独立存在的实体。

译文

这时候，须菩提向佛陀请示道：“佛陀！善男子、善女人，已经发心求无上正等正觉，应该如何保持那颗菩提心？如何降伏那妄想动念的心？”

“佛陀了解须菩提再次启请的深意，微笑颔首之后，以无上慈和的声音说道：“善男子、善女人如果已经发心求无上正等正觉，应当如是发心：我应该发起无上清净心，使众生灭除一切烦恼，到达涅槃的境界，如此灭度一切众生，但不认为有一个众生是因我而灭度的。为什么呢？须菩提！如果菩萨有我相、人相、众生相、寿者相等分别，那么，他就不是菩萨。为什么呢？须菩提！实际上，并没有一种法名为发心求无上正等正觉的。

须菩提！你认为如何？当年佛陀在然灯佛那里，有没有得到一种法叫作无上正等正觉的？”

须菩提回答道：“没有的，佛陀！依我听闻佛陀所讲的意义，我知道佛陀在然灯佛那里，只是了悟诸法空相，所以没有得到一种法叫作无上正等正觉的。”

佛陀听完须菩提肯定的答复后，喜悦地说道：“很好！须菩提！实际上，我并没有得到一种法叫作无上正等正觉的。须菩提！如果我有得到一种法叫作无上正等正觉，然灯佛就不会为我授记说：你在来世，一定作佛，名释迦牟尼。正因为没有所谓的无上正等正觉之法可得，所以然灯佛才为我授记：你在来世，当得作佛，名叫释迦牟尼。为什么呢？所谓如来，就是一切诸法，体性空寂，绝对的平等，超越所有差别的执着。佛陀已证入此理，因此才名为如来。如果有人说，我得了无上正等正觉。须菩提！实际上并没有一种法，叫作佛得到无上正等正觉，只是为了令众生明了修行的趣向，方便设有无上正等正觉的假名。须菩提！我所得无上正等正觉，是虚实不一，不能执为实有所得，也不能执为空无，因为一切诸法万象，无一不是从此空寂性体所显现的，所以，如来说一切诸法都是佛法。须菩提！所说一切法，只是就随顺世谛事相而言，就空寂性体的立场，一切万事万物，都不是真实的，以此显发的事相，而立种种假名。

“须菩提！譬如人身长大。”

须菩提回答道："佛陀！您说过，这高大健壮的人身，毕竟是个无常虚假的形相，缘聚则成，缘尽则灭，所以不是大身，只是假名大身而已。法身无相，又哪里有大小形状呢？"

"须菩提！菩萨也应当明白这些道理，如果作是说：'我当灭度无量的众生。'他就不是菩萨。为什么呢？须菩提！实际上没有一个法名为菩萨，如果有当度众生的想法时，就有人我的妄执，能度所度的对待，所以我说一切诸法，都没有我、没有人、没有众生、没有寿者等四相的分别。须菩提！如果菩萨作是说：'我当庄严佛土。'就不能名为菩萨，因为落入凡夫的我见法执。为什么呢？佛陀说的，庄严佛土，并不是有一真实的佛土可庄严，只是为了引度众生，修福积慧，涤除内心的情念妄执，而假名庄严佛土。须菩提！如果菩萨通达无我的真理，那么，如来说他是真正的菩萨。"

如来遍观众生心性分第十八

讲话

前分说通达无我无法真是菩萨，又恐行者未识真如不变，而妙能随缘之义，执无我无法为究竟，又坐在俱空境上，不得出头。所以佛陀一番深意，以自己具备的五眼，肉眼、天眼、慧眼、法眼、佛眼为例，将吾人之般若本体，平等真如，满盘托出，无半分隐藏。

一、五眼遍观众生界。

二、佛世界如恒河沙。

三、如来悉知众生心。

四、三际妄心不可得。

佛陀以五眼譬喻，一切众生，皆具五眼，但被迷心盖覆，不能自见。五眼说明五种平等：

肉眼——生佛平等。

天眼——诸天与佛平等。

慧眼——小圣与佛并无分隔，显小大平等。

法眼——菩萨亦具法眼，此明因果平等。

佛眼——此显佛佛道同。

一、五眼遍观众生界

五眼在凡同凡，在天同天，在圣同圣，在菩萨同菩萨，在诸佛同诸佛，乃平等真如之本体，在圣不增，处凡不减。在《五眼度世品经》说：

佛随世间化，入于五道而净五眼：

一、肉眼处，处于世间，现四大身，因此开化，度脱众生。

二、天眼处，诸天在上，及在世间，未识至道，示以三乘。

三、慧眼处，其不能解智度无极，皆开化之，并入大慧。

四、法眼处，其在偏局，不能恢泰，悉开化之，解法身无来去，令平等三世。

五、佛眼处，其迷惑者，不识正真，阴盖所覆，譬如睡眠，示以四摄六度之行，善权巧方便，进退随宜，不失一切，令发真正道意。

佛陀能清净五眼，入人、天、二乘、菩萨等处，令他们从睡眠中起，不再被梦想之阴盖障覆，能解自身本与佛身无异，遍充三界，放光普照。佛陀因彻知无我无法的至理，因此才能发起大行力，于六道随缘度化。佛陀恐行者闻无我，偏入俱空之网，才以自身的五眼，说明一切诸佛相如秋月，绀目如海，种种圆满和神通变化，使遍入众生界，周济一切含识。《佛本行集经》卷二十一：

一切法胜唯有行，清净寂定不过心；
染着恩爱最怨家，诸有恐怖是老死。

再美丽的风景，只有亲自观赏以后，才有真正的感受，再高妙的法，听闻信受和思惟正观后，不去修证，不过如痴人画饼充饥，入海算沙。

佛陀的五眼遍观众生界，此五眼神通，吾人原本无欠无余，只因念念被五阴所迷，不知同体共生，因缘相互依存的道理。

过去有一个无恶不作的坏人叫作乾达多，有一天他路过一个地方，定睛一看，脚下一团黑黑的东西，一脚踏下去，差点踏死一只蜘蛛，他忽然生起了一念慈悲：“蜘蛛虽然是小小的生命，但是我又何必把它踩死呢？”

于是提起了脚步，向前跨出了一步，终于救了蜘蛛一命。

由于他穷凶极恶，做尽坏事，因此死后就堕入无间地狱。正在受苦的时候，突然从空中飘下一条银光闪闪细如钢针的蜘蛛丝，他仿佛身陷大海见到船只一般，赶忙攀着蜘蛛丝，奋力地往上爬，想要脱离无间炼狱的痛苦。当他低头一看，许多的地狱众生也跟在他后面攀爬上来。他转念一想：这么细小的蜘蛛丝怎么负荷得了众人的重量？万一蜘蛛丝被拉断了，我不就万劫不复，永无解脱之期了吗？于是伸脚把尾随而来的同伴，一个一个踢了下去。当乾达多用力踩踢同伴的时候，突然蜘蛛丝从空断裂，乾达多和所有的地狱众生，一起掉入黑暗无底的地狱之中，再度接受地狱无尽的刀剐火炼之苦。

众生的肉眼，只看到自己的痛苦，把人我隔绝二边，那条银光闪闪的蜘蛛丝，是吾人一念慈悲救度自己，超脱无间地狱的丝绳，当念头昏昧时，刹那又堕入地狱的猛火中。《金刚经》要我们不要被肉眼蒙蔽，要借助无我的般若智力，展开行树重重，宝阁莲池的天眼；展开五蕴云消，如碧潭映月，淡然自足的慧眼；展开不住涅槃寂乐，不着世间诸有，自在游化的法眼；展开见无烦恼可断，无圣果可成，念念清净的佛眼。

二、佛世界如恒河沙

佛陀在印度说法，大多的地点都于恒河两岸，因此常举恒河或恒河沙做譬喻，让大众容易了解。前文已明佛能见之眼，接下来说明佛的世界到底有多少呢？如经文所说的："如一恒河中所有沙，有如是沙等恒河，是诸恒河所有沙数佛世界。"

恒河中所有的沙数，已不可计量，以其中的一粒沙比作一恒河，再以其中一粒沙都是一尊佛教化的世界，如此佛世界早就胜过恒河沙数。佛陀从五眼遍观众生界，再用恒河沙数的佛世界，告诉我们遍一切处都是佛世界，只是昧于质碍形色的肉眼，与诸佛菩萨迎面相逢不相识。如《观无量寿经》：

诸佛如来，是法界身，遍入一切众生心想中。是故汝等心想佛时，是心即是三十二相，八十随形好。是心作佛，是心是佛，诸佛正遍知海从心想生。

我们的妄心，如猿马奔跃不已！这颗心朝夕与我们眠起，生死和我们依存，心想佛时，即现圆光普照，心住魔境，枉受啼哭忧悲，沉沦之苦。

有一个比丘很欢喜打坐，这几天在打坐时，遇到一件怪事，心里很苦恼，于是向庙里的老和尚请教：

"我一入定，眼前就看见一只大蜘蛛爬在我腿上，怎么赶也赶不走它。”

老和尚：“下次入定时，你就拿支笔在手里，如果大蜘蛛再出来捣乱，你就在它的肚皮上画个圈，看看是何方的妖怪。”

得到老和尚的传授，那比丘准备了一支笔。一次入定，果然大蜘蛛又出现了。他马上拿起笔来，在蜘蛛的肚子上画了个圈圈作为标记。谁知刚一画好，大蜘蛛就销声匿迹了。因为没了大蜘蛛，所以比丘便安然入定。

过了一段时间，比丘出定。傍晚时，准备沐浴净身，才猛然发现，画在大蜘蛛肚皮上的圈圈，赫然就在自己的肚子上。

这时，比丘才省悟到，扰乱自己入定的大蜘蛛，不是来自外界，而是发自自身——心思的妄想幻境所现。

当我们在怪罪外境带给我们苦恼和不安，要返归自心，检点善念恶念有几分。不先洗净心地，以空慧为清池，慈悲为芽种，忍辱为枝干，信进为花叶，如何生诸大法果？学佛者，要明了自心与佛感应道交，修行才有根本，而不是无根的浮萍。布施供养，拜佛礼忏等等，能逐渐止息吾人的妄想分别，从中观照念头，再更进一步“行佛”，于日常生活中，与诸佛打成一片。

观众生苦与佛眼感应，

闻善妙语与佛口感应；
做不请友与佛身感应，
行利生事与佛心感应。

心意明洁，六根齐修，即是入三世诸佛家室，自然独具五眼神通，遍观生佛平等，溪山风月，刹尘恒沙，无一不是香云宝盖，罗网珠光，炽然相摄的千亿佛土。

明朝的憨山大师常常坐在木桥的桥墩上，听着溪水的声音。有一天，他坐下以后，顿忘身心。念头一动就听见流水声，不动即不闻，最后众响皆寂，根尘俱泯。又有一次，在打坐时，又进入坐忘的境界。直到听到耳边数十声磬，才微微觉醒，睁开眼睛一看，竟不知身在何处。信徒对他说："我离开的时候，师父就闭门打坐，今天已经第五天了。"

憨山大师回答："我感觉只有呼吸一下的时间而已！"

憨山大师心静寂故，顿失根尘，万籁隐没！人的一念岂止坐忘五个昼夜，一念更可以坐断三际妄想，但闻自性净土的水鸟说法，花雨纭落！任他刀兵水火，我且日日醉卧野水春风。

三、如来悉知众生心

佛陀以恒河沙数喻佛世界的无可计数，接下来强调那么多的佛世界中的众生，所有众生，他们的起心动念，佛陀悉能知晓。前文中佛所具肉眼能知恒河沙数，虽然示同凡夫，而凡夫不可及也。佛陀以事证前文所言之五眼。

佛陀以五事证信五眼：

肉眼——知一河之沙，数有多少。

天眼——知诸恒河沙所有沙数佛世界。

慧眼——知无量无边恒沙世界，每一世界，所有众生的心念。

法眼——尽知尽见生心皆妄，诸法本空。

佛眼——知三世妄心，原无实体，皆不可得，心不有处妄缘无，妄缘无处即菩提，生死涅槃本平等。

佛陀示现的肉眼，凡夫所不能及，诸天之眼界无与伦比，二乘慧眼，纵有他心神通，亦不及此，菩萨所具法眼，未能彻见知晓。佛眼如大圆镜智，沙等恒河的所有众生，种种心念，如来悉知，如镜映现诸象。

“如来说诸心，皆为非心，是名为心”，《金刚经》常常有如此的句子——如来说……即非……是名……

诸心，指众生心行动念虽多，不过以颠倒妄识为心。

皆为非心，此妄心皆非真实常住之心。

是名为心，妄识本无实体，徒有心名而已。

禅门中有名的公案，德山买油糊点心，遇一灵俐婆子诘难道："三心不可得，汝点哪一心？"德山无语以对，直至龙潭处，吹灭纸灯，始悟得自家大光明藏。

《如来藏经》说：

善男子！我以佛眼观一切众生，贪欲恚痴诸烦恼中，有如来智，如来眼，如来身，结跏趺坐，俨然不动。善男子！一切众生，虽在诸趣烦恼身中，有如来藏，常无染污，德相备足，如我无异。

又善男子！譬如天眼之人，观未敷花，见诸花内，有如来身，结跏趺坐，除去萎花，便得显现。如是善男子！佛见众生如来藏已，欲令开敷，为说经法，除灭烦恼，显现佛性。

善男子！诸佛法尔。若佛出世，若不出世，一切众生如来之藏，常住不变。

一切众生在贪恚愚痴中，内有如来智身，常无染污，恒常不变，只是众生不能听受信解，于根尘境上心迷狂乱，盲聋无知。

汝南邵南顿县有一个人叫张助，在田里种庄稼的时候，发现了一枚李子核，想拣回去。后来看到一棵枯烂的桑树洞里有土，于是一时兴起，便把李子核种植在里面，并把自己喝剩的汤水浇在上面。经过一段时间，人们看见桑树上长出一棵李子树，叹为稀有，于是便辗转传告。有一个人眼睛痛，在树荫下休息，祈祷说："假如李子君让我的眼好了，我一定用一头猪作为祭品供在您的面前。"眼痛本来是一种小病，也可以自行痊愈。过了几天，这个人的眼痛消失了，消息便传播出来，像火蔓延一样快速，说有一个瞎眼的人因为向李君神祈祷，眼睛就能重见光明。远远近近的人齐来树下祭奠祈祷，坐车的、骑马的，经常一聚就是几千人，几百人，酒肉像雨点儿似的落到树下，十分热闹。

隔了一年了，张助出远门回来，见到这种情景，大惊说："哪里有什么神，是我当初随手种的李子核呀！"

崇拜信奉一枚李子核，具有神奇的力量，却不相信，诸佛经教，人人顶上有把狮子宝剑，能截断迷悟的分际，劈尽千岁缠绵的冰川，还至香草遍布，满排繁花，饥来吃饭倦来眠，做个两耳闲闲的无事人。

大梅法常禅师知道自己即将离开人间，有一天，他对弟子说："即将来到的，我们无法拒绝它；已成过去的，我们也无法留住片刻啊！"

大梅从容无惧，正当要闭眼离去时，听到窗外鼯鼠的叫声，他含笑说道："修行人追求一生的，就是眼前这个了，不是别的，你们要善自护念，我要离开了！"

鼯鼠的叫声，森罗万象尽在其中，我们的内心充塞对未来的恐惧，过去的懊恨，不知未来不可排拒，过去无法停留，如此驰想纷沓的妄心，当下哪里听得到鼯鼠的叫声呢？

四、三际妄心不可得

前文说过，诸心皆为非心，是名为心。众生以颠倒妄识为心，此心当然不是常住真实之心，妄识原无实体，只是徒有个心名而已。而此三际心——过去心、现在心、未来心都不可得，了彻颠倒妄想的心相了不可得，刹那即显露不落三际的真心，此真心本源，众生平等无异，只是众生随逐三际妄心，轮转不已。《圆觉经》说：

善男子！此菩萨及末世众生，证得诸幻灭影像故；尔时便得无方清净，无边虚空觉所显发。觉圆明故，显心清净；心清净故，见尘清净；见清净故，眼根清净；根清净故，眼识清净；识清净故，闻尘清净；闻清净故，耳根清净；根清净故，耳识清净；识清净故，觉尘清净；如是乃至鼻、舌、身、意，亦复如是。

善男子！根清净故，色尘清净；色清净故，声尘清净；香、味、触、法，亦复如是。善男子！六尘清净故，地大清净；地清净故，水大清净；火大，风大，亦复如是。

我们明白过去、现在、未来一切诸法，如梦幻影像，没有永远不变性，如此佛之真心当下显发，由心清净故，六根、六识、六尘、四大皆悉清净。我们的心执不实为实，视危脆为坚固，在虚妄的根尘，滋生见闻觉知的重重幻象。

有个师父向弟子说："世间是个幻影，唯有以自己为依靠，你还是随我一起出家修行。"

弟子说："师父！可是我的家人，我的父亲、我的母亲、我的妻子，他们非常爱我。我怎能抛下他们呢？"

师父回答："现在你有我和我的妄想，所以会贪恋不舍，我要教你一个方法，你就会知道世间的真相。"他交给弟子一颗药丸，吩咐他说："回到家里服下这颗药，你不久以后，会像一具尸体，但是脑筋清醒，你将听到家人一切言行。然后我会到你家里，再让你恢复清醒。"

弟子依照师父的指示，吃了药，躺在床上就像个死人，顿时家中一片哀号。母亲、妻子，和其他亲人都伏在地上恸哭。

就在这时候他的师父走进屋里，向他们说："发生什么事情？"

"这孩子死了。"家人哀伤地回答。

他把一把脉，故作讶异地说："不！他还没有死。我有药能够救活他。"家人一听，个个喜出望外，欢喜不已。

他的师父继续说："我先说明，要救活他，必须有一个人先服这药的一部分，这孩子再将其余服下。不过这个人会死，这里有这么多爱他的亲眷，像他的妻子、他的母亲这么伤心，当中一定有人愿意为他的复活，服下这药。”

哭声马上停下来，众人都不说话了。母亲说：“我们是个大家庭，要是我死了，谁来照顾这个家呢？”说完便低头沉思不语。

哀叹命苦的妻子说：“我两三个孩子年纪又小，如果我死了谁会照顾他们呢？”

弟子听见亲人的回答，一跃而起，向师父说：“我们走吧！”

生死无常谁也不肯替代，亲眷爱侣，权势财利，都带不走，终日营营扰扰，费尽心机，不过是沙上建楼，一场黄粱梦。就像《红楼梦》所说：

陋室空堂，当年笏满床；衰草枯杨，曾为歌舞场；蛛丝儿结满雕梁，绿纱今又在蓬窗上。说什么脂正浓，粉正香，如何两鬓又成霜？昨日黄土垄头埋白骨，今宵红绡帐底卧鸳鸯。金满箱，银满箱，转眼乞丐人皆谤；正叹他人命不长，哪知自己归来丧？训有方，保不定日后作强梁；择膏粱，谁承望流落在烟花巷！因嫌纱帽小，致使锁枷扛；昨怜破袄寒，今嫌紫蟒长；乱哄哄，你方唱罢我登场，反认他乡是故乡；甚荒唐，到头来，都为他人作嫁衣裳。

吾人被过去、现在、未来的妄心所枷锁，三世流落街头乞讨，不知己身宝冠璎珞披戴，原是光明熠熠，蒙尘的本尊，三身具足，福慧圆满。

有个庵主念佛已经二十年，一直盼望能亲见阿弥陀佛，印证自己的修行。终于有一天晚上，梦见一位极乐世界的菩萨告诉他："你对阿弥陀佛的虔诚已胜过一般人，因此，阿弥陀佛托我转告你，明天他会亲自拜访你。"

醒来后，庵主更欢喜虔诚地念佛。他端坐在佛殿前，口中佛号不断，恭候阿弥陀佛圣驾的来临。

等了一天，太阳都下山了，阿弥陀佛始终没有出现。他开始怀疑，难道阿弥陀佛也会不守信用吗？

这天晚上，他又见到昨夜梦中的菩萨。他正准备抱怨阿弥陀佛不讲信用时，菩萨先开口说道：

"你是怎么了？阿弥陀佛今天见了你三次，你都不肯见他！"

庵主又惊又疑地回答："我没听到阿弥陀佛驾到的通报啊！"

菩萨说："你真是有眼如盲！阿弥陀佛第一次在早上出现，扮成乞丐，才走到门口，你就叫侍者赶走他。"

"到了中午，阿弥陀佛又来了，他扮成一名女人，来到大殿，你连正眼都不瞧她一眼，她跟侍者通报说要见你，侍者说你从不接见女人！”

“到了傍晚，阿弥陀佛还是不死心，这次他扮成一条流浪狗，结果，一走近门口，就被知客僧用棒子吓走了！”

庵主说：“我真的不知道，那就是阿弥陀佛……”

我们有眼如盲，不识诸佛八十随形好，皆从救济厄难的众生，平等护念一切有情。佛心，大悲心也，乞丐、女人、狗子，形色虽殊，佛性同体不二，诸佛学处，切忌从他觅，行者密行，当下即是，口和无诤，毁誉不动，护众如己，忍辱承担。

佛的五眼神通，我们原是无欠无余，只是不肯听受信解如来所教，于五欲生渴爱，就像盛风猛火，沸腾的热水，扰乱了本质的实相，怎能照见五蕴皆空，度尽一切苦厄？

习题

1. 佛陀以五眼为例，有什么特别的含意？
2. 日常生活如何与佛感应道交？
3. 佛陀为什么能够悉知无量无边众生的心念？
4. 为什么说过去心、现在心、未来心，了不可得？

原典

一体同观分第十八[①]

“须菩提！于意云何？如来有肉眼[②]不？”

“如是，世尊！如来有肉眼。”[③]

“须菩提！于意云何？如来有天眼不？”

“如是，世尊！如来有天眼。”

“须菩提！于意云何？如来有慧眼不？”

“如是，世尊！如来有慧眼。”

“须菩提！于意云何？如来有法眼不？”

“如是，世尊！如来有法眼。”

“须菩提！于意云何？如来有佛眼不？”

“如是，世尊！如来有佛眼。”[④]

“须菩提！于意云何？如恒河中所有沙，佛说是沙不？”

“如是，世尊！如来说是沙。”

“须菩提！于意云何？如一恒河中所有沙，有如是沙等恒河，是诸恒河所有沙数，佛世界如是，宁为多不？”

“甚多，世尊！”

佛告须菩提：“尔所国土中，所有众生若干种心，如来悉知。[⑤]何以故？如来说诸心，皆为非心，是名为心。

所以者何？须菩提！过去心不可得，现在心不可得，未来心不可得。”

注释

①所谓“一体同观”者，即是“万法归一，更无异观”之意也。故能以一眼摄五眼，一沙摄恒河沙，一世界摄多世界，一心摄众生心。众生与佛，本来无异。众生本有佛性，与佛原来无二无别，只是众生随业迁流，忘失了本体。而佛不为业转，了悟真心。佛知众生为同体，因同体而起灭度无量众生之大悲也。

②**肉眼**：五眼之一。所谓五眼，即肉眼：世人所具的眼根，受种种障碍而不通达；天眼：天人所具的眼根，人中修禅定可得之，虽内外、昼夜皆能得见，但仍有理障；慧眼：为二乘圣贤照见平等法界空无相的智慧，但因所知障故，有智无悲，虽胜天眼，犹不及法眼能悲智并用；法眼：是菩萨为适应机缘，度化众生故，照见一切世出世法，差别诸相，以及众生心数，前因后果，如幻缘起的智慧；佛眼：佛陀照了诸法实相，圆具前四眼，而超胜四眼者。

③此答正显示如来不异凡夫，生佛平等，如来虽具五眼，亦不离众生肉眼。

④以上这五眼的五问五答，皆是要表明平等真实相本体，在圣不增，处凡不减，所谓“溪山虽别，风月是同”，不仅佛佛道同，亦且在凡同凡，在天同天，在圣同圣，在菩萨同菩萨。所以虽在凡夫，亦可五眼具备，只是凡夫有所知障，各以己见为是，便不能彻见一切，局促于一偏之见。

五眼并不是说一个人长五个眼睛来看东西，而是同一个眼睛，就他所能看见的意义来说，有这五种不同的境界。傅大士偈云：“天眼通非碍，肉眼碍非通，法眼唯观俗，慧眼直缘空，佛眼如千日，照异体还同，圆明法界内，无处不含容。”

佛陀所证悟的法界真如，等同虚空，既无分别心识，则彼此一如，人我同等，众生皆是其心内之众生，当然皆能悉知。无分别心，就好像一面大圆镜，物来即映，了无遮碍，洞然明白。

译文

阐发了究竟无我的义理之后，才能见万法如一，见众生心如我心。

“须菩提！你认为如来有肉眼吗？”

须菩提答：“有的，佛陀，如来有肉眼。”

佛陀对须菩提说："如来有天眼吗？"

"是的，佛陀！如来也有天眼。"

"须菩提！如来有慧眼吗？"

"是的，如来具有慧眼。"

"如来有没有法眼？"

"是的，如来具有法眼。"

"须菩提！如来具有遍照一切十界的佛眼吗？"

"是的，佛陀！如来有佛眼。"

"须菩提！你认为，恒河中的所有沙粒，如来说是不是沙？"

"是的，如来说是沙。"

"须菩提！如果一沙一世界，那么像一条恒河沙那么多的恒河，这河中每一粒沙都代表一个佛世界的话，如此，佛世界算不算多？"

"很多的，佛陀！"

佛陀又问："须菩提！如你刚才所说，佛眼可摄一切眼，一沙可摄一切沙，在诸佛世界中的一切众生，所有种种不同的心，佛也是完全知晓的。为什么呢？因为众生的心源与佛如一，譬如水流歧脉，源头是一，心性同源，众生心即是佛心，所以，如来能悉知众生心性。但是，众生往还六道，随业逐流，遗失了本心，反被六尘的妄想心所蒙蔽，生出种种虚妄心念，这种种心皆不是真实不变的心性，只是一时假名为心而已。这过去之心、现在之心、未来之心，无非皆由六尘缘影而生，念念相续，事过则灭，这种种无常虚妄之心，是不可得的。”

不住三心实相布施分第十九

讲话

前分以佛具五眼，遍观一切众生心行，彻见三心了不可得，今以此不可得心去布施，则感应之福德为无漏矣。此分延续前分三心的要旨，令吾人生信，有心非实，获福有限，唯有不住三心，了知有心皆染污行，才能深达福德性空的甚深之理。

一、无住行施因缘殊胜。

二、无为福德周遍法界。

在第四分当中提到，菩萨应无所住，行于布施，三轮体空，其不住六尘布施，福德如虚空，不可思量。第十九分则深入再探讨无住行施，所获得之福德，遍及法界，无量无边。

一、无住行施因缘殊胜

佛陀再次以满三千大千世界七宝布施为例，和第十一分的七宝布施有什么不同呢？在第十一分是以七宝施校量持经的功德，此分的经文多了一句“以是因缘”，其中的因缘指的是什么呢？因，即是前分的“三心不可得”的心；缘，即是以满三千大千世界的七宝作缘，以此殊胜因缘成就无住行施的圆满功德。《金刚经注解》颂：

> 广将七宝持为施，如来不说福田多；
> 若用心灯充供养，威光遍照满娑婆。

以不住三心，不可思议之“因”，满三千大千世界七宝，殊胜之“缘”，如是因，如是缘，自然得福甚多！

有一天，侍者应真提个篮子走进来，慧忠国师问他：“篮子里有什么东西？”应真说：“是青梅。”国师说：“用来做什么？”应真说：“拿来供佛。”国师说：“还是青的，怎么能供佛？”应真说：“不过是聊表心意。”国师说：“可是佛不需要供养。”应真说：“我还是想供养，和尚您呢？”国师说：“我不供养这个。”应真问：“为什么？”慧忠国师说：“我没有青梅。”

侍者执着青梅供佛之心，眼里染有青梅之相，胸中占有供佛之念，用六尘之心布施，如瓦器盛水，终有极限，不如国师以“无”供养诸佛，宛如心灯一盏，破千年暗室。

《宝雨经》说：

云何菩萨成就清净施？

所谓菩萨行施之时，观察施物及能所施，皆非实有，离诸障碍，贪染过患。是名菩萨成就清净施。

云何菩萨成就不希望施？

所谓布施，终不为自身故，不为财物故，不为眷属故，不为利养故。

菩萨行施，心无住相，心无希求，知诸法非实有，就像慧忠国师了知，即使千万枚青翠的梅子，免不了腐朽败坏，金佛恒沙数，挡不住炽燃的盛火，因此，他揩净心眼，一念不生，以此真心，向三世诸佛献供无上之果。

《金刚经》列举不少布施的经文，种种的校量，不是要吾人坐在俱空境上，而是彻知菩萨行施要首先“自净其意”，不要被我相法相给迷惑，就像观世音菩萨，他就是明了“应无所住”的真义，所以才能三十二应化身，入诸天、王族、妇女、宰辅相臣、童男童女、地狱、饿鬼、修罗、畜生等相，变化自在。观世音菩萨知“应无所住”，心田纯净无染，才能“而生其心”，立下千处祈求千处应，寻声救苦的大菩萨行愿事业。

唐代的智舜禅师，出外云游参禅。有一天，在山中打坐，一只受伤的野鸡逃到禅师的座前，禅师以衣袖保护这只逃命的野鸡。过不久时，猎人跑来向禅师索讨野鸡：

“和尚！你把我射中的野鸡藏去哪里？那只鸡可是我今天填饱肚子的晚餐。”

禅师好言开导猎人，请他放过野鸡一条生路，蛮横的猎人眼中只贪恋野鸡的美味，并不顾念野鸡的生命。禅师面对纠缠不已的猎人，为了救野鸡一命，他拿起行脚时防身的戒刀，把自己的双耳割下，向猎人说道：

“这两只耳朵，够不够抵你的野鸡，你拿去做一盘菜吧！”

猎人看着血淋淋的耳朵，及面目沉静的禅师，终于被禅师的慈悲感动，再也不打猎杀生了。

智舜禅师因为知道五蕴皆空，不住色身之相，才能毫不吝惜地“割耳救鸡”。吾人在读诵受持《金刚经》时，应心如空谷，风云自聚，亦如深山，草木不约而至。就像唐朝的贯休禅师写的山居诗：

露滴红兰玉满畦，闲拖象屐到峰西。

但令心似莲花洁，何必身将槁木齐。
古堑细香红树老，半峰残雪白猿啼。
虽然不是桃花洞，春至桃花亦满溪。

心如死灰，身如槁木，六根摒弃，未必能够色尘洁净，若能心似莲花不着水，净秽浑成一片，昼夜红兰玉树开遍，六时炎炎桃花满溪，闲闲一人天地间，任地覆天翻，车马喧哗，数声是非。

有一晚，马祖道一禅师和门下弟子西堂、百丈、南泉三人一起赏月，马祖问："这么美好的月夜，此刻，做什么最好？"这时西堂说："正好诵经礼佛。"百丈说："正好打坐。"只有南泉挥袖而去。马祖说："经入智藏（西堂）、禅归慧海（百丈），唯有普愿（南泉），独超物外。"

万卷经藏，壁观千年，不究本心，恐落入有相的修为，只有南泉普愿禅师，明白实相真如，非言诠冥想可得，如禅门中一句：无佛处急急行过，有佛处亦急急行过。唯有空去心外内诸相，那个不思善不思恶，无头无尾的天真佛，正当恁么时，即是吾人的本来面目。

二、无为福德周遍法界

前文说明以不住三心为"因"，用满三千大千世界七宝为"缘"，以是因缘，得福甚多。接下来佛陀阐述，因为福德其性本空，因此才说得福德多。

在第十一分中，佛陀校量法施和财施所得的功德，受持读诵，为他人说，令法音流布的无漏功德，远胜过以三千大千世界七宝布施有漏的福德相。此分先以无住行施，悟解到“一切法空”，就不会产生执着，就像经文所说：“若福德有实，如来不说得福德多。”有实，就是有实际的数量可以计算，如此福德即是有限的数量。但是因缘诸法，无有自性，并没有一个实在的福德之相！因此，菩萨在布施时，不执着“福德相”，心无希求染着，这样无为的法性功德，是遍虚空，尽法界，不可限量的。

在第四分谈到“菩萨于法，应无所住，行于布施”，是不住心外的六尘境界（空掉心外之相），十九分是以三心不可得的智慧为用（空掉心内之相），心内不着无住，布施的功德就周遍法界。

佛陀具五眼，彻见三心，一切众生事理二行，福德深浅，悉知悉见，教诫行者，不可以有心求，亦不可着无心觅，一念不生，以显平等本体。

吕洞宾又名吕岩真人。在唐朝末年时，三次应试都没有中举，偶然在长安的小酒馆遇到了钟离权，钟离权传授给他延命法术，从此他归隐山林，无人知晓他的行踪。他曾游历庐山，在钟楼的墙壁上题诗说：

一日清闲自在身，六神和合报平安。
丹田有宝休寻道，对境无心莫问禅。

有一次，吕洞宾途经黄龙山，看见山顶紫云成盖，知道此处有不凡之人，便前往拜访。当时，正是黄龙禅师击鼓升堂，他混迹人群闻法。黄龙禅师早就看见他，呵斥说："此处有个偷法贼！"吕洞宾毅然而出，问黄龙禅师说："一粒米中藏世界，半升锅里煮山川。请说这是什么？"黄龙禅师指着他说："你这个守尸鬼！"吕洞宾说："你怎奈何得了我的不死药。"黄龙说："就算你活千年万载，终落空亡。"吕洞宾听了大惊，于是飞剑直刺黄龙，但剑却刺不进去。吕洞宾当下跪拜，请求指示。

黄龙说："半升锅里煮山川我就不问了，什么是一粒米中藏世界？"吕洞宾忽然大悟。于是做了一首偈子：

扔掉瓢囊摔碎琴，如今不恋汞中金。
自从一见黄龙后，始觉从前错用心。

吕洞宾扔掉装着不死药的瓢囊，始觉千年万载，守着肉身，错用心机，要个长生不死的色相，亿万劫数，终不免堕落。想尽办法延续四大五蕴和合的生命，倒不如把握每一分钟，活得清清楚楚，明明白白！

我所提倡的"人生三百岁"，是真正的"长生不死”。

留下慈悲的种子，
留下爱语的和风，
留下信仰的舟航，
留下欢喜的怀念。

留一点慈悲的种子，让世人享用到和平的果实；留几句爱语的和风，让人间充满着尊重的温煦；留善美的信仰，使茫茫生死海中的众生，有得度的因缘；给人欢喜的言行，留予他人深远的怀念。这样的人生，处处给予，如此富有的生命，才是真正弥天盖地，遍及沙界。

很久以前，有一位从早到晚念佛的婆婆，被人称为“念佛婆婆”。当她阳寿尽后，来到阎罗王面前，阎罗王看了老婆婆一眼，便宣告：“到地狱去！”

老婆婆提出抗议：

“我在世时被称为念佛婆婆，叫我到地狱去？您大概弄错了吧！我生前念的佛号堆积如山，请您查查看！”

“我的眼睛是不会看错的，不过为了让你心服口服，我会找到证据。小鬼们，去查一查！”

小鬼们将她累积了八大车的念佛倒在畚箕上摇动，只“啪啪”四分五裂，婆婆念的佛只是渣滓，不是果实。

“你看见了吗？你生前所念的佛，只是空念佛，没有坚固的果实！”

此时，有一个红鬼叫道：

“大王！只剩下一粒！”

原来仅存的一粒果实，是有一次，婆婆到佛寺参拜时，遇到大雷雨，眼前的杉树正好被雷打中了，那一刹那，婆婆心无杂念，念出“南无阿弥陀佛”，只有此句正念真心的念佛成为果实，才免去老婆婆地狱之苦。

一句心无所着的佛号，胜过恒沙数情识妄想的念佛。佛陀要我们截断三心的妄执，才能弘布开展严熟佛土的事业，处处心无挂碍，颠倒梦想远离，当可度一切苦厄，究竟涅槃。

从无住布施，所获得的福德是无漏无限的，这无为福德，可以使我们扫荡内外迷相，离诸怖畏，以无住之心，圆满自利利他的福慧功德。

印度的阿育王信佛虔诚，遇到比丘总要顶礼，因此引起一些外道大臣的微词，经常劝谏他说：“大王，您是一国之主宰，身份尊贵无比，为什么看到比丘就顶礼，难道大王的头那么低贱吗？”

阿育王听了之后，就叫人杀了一头猪，把猪头拿到市场卖了一千元。过了几天，阿育王又命人拿了一个死囚的人头到市场上叫卖，还嘱咐那个差人要在市场上这样地叫卖：

“阿育王的头，卖五百元!”

结果市场上的人都吓得纷纷走避，无人问津。阿育王就趁机责问大臣们说：

“你们看！一个污秽低贱的猪头都可以卖到一千元，我的头只卖五百元都没有人要，你们说我的头尊贵无比，到底尊贵在哪里呢?”

人往往看不透世间的诸相，无知地执着，以贱为贵，以秽为净，就像故事中的外道大臣，只看见王者之相，而不明人的身体秽恶所集，何有尊贵?唯有法才是无上尊贵的，在人为尊，在处即贵，法宝胜过世间所有珍宝。

《佛所行赞》卷四：

不须利器仗，象马以兵车；
调伏贪恚痴，天下敌无胜。

《金刚经》要吾人听受读诵，信解受持，以应无所住，彻见三心非实，即可调伏三毒，成就最上第一希有之法，在在处处，得以天人作礼围绕，遍散香花。

《心地观经》卷三：

法宝能济众生贫，如摩尼珠雨众宝；
法宝能为三宝阶，闻法修因生上界。

了知三心不可得，过去、现在、未来，三世性空，浑然无别，当下一口吞尽恒河沙数佛世界。金刚大法宝，能令众生由贫转富，超凡入圣，只怕行者狐疑不信，不肯登上离相无住的宝阶，听受微妙因缘法，得大坚固力，觑见五蕴外，原有与天地同寿，与法界共存，不坏的金刚之身。

习题

1. 经文中的“以是因缘”，指的是何因缘？

2. 此分的不住三心布施，与第四分的无住布施，有什么不同？

3. 什么是真正的长生不死？

4. 为什么说法宝胜过世间一切珍宝？

原典

法界通化分第十九①

“须菩提！于意云何？若有人满三千大千世界七宝以用布施，是人以是因缘②，得福多不？”

“如是，世尊！此人以是因缘，得福甚多。”

“须菩提！若福德有实，如来不说得福德多；以福德无故，如来说得福德多。”

注释

①法界者，十法界也；通化者，是指般若智慧充遍法界，无所不通，无处不化也。第十八分说的是三心不可得，既说心不可得，恐怕众生误会福亦不必修了。所以，此分告知以无福之福，无得之得的妙理。所谓“无福之福”，是虽有布施，而心无所住；“无得之得”，是虽有能所，而不着能所。因为住心布施，皆是有为的功用；不住相布施，方是无为的功用。有为的福，终有了日；无为的福，永无尽时。有为的福，是妄心所行处；无为的福，是真心见性处。

此分言，要以三心不可得之无住心为“因”，用七宝作缘，如是布施，才能得福甚多。住心布施，所得的福德是有限的。住相为有漏之因，不能得无漏之果。若能破此执见，即能了悟无福之福，无得之得，此般若妙智，则能通化法界，无量无边。

②因缘：一切法的生成，皆依赖各种条件。直接主要的条件为“因”，间接次要的条件为“缘”。例如种子为“因”，阳光、雨露、泥土等为“缘”，因缘而成稻谷。

译文

“须菩提！如果有人拿了满三千大千世界的七宝来布施的话，你想，这个人以是因缘，他得到的福报多不多呢？”

“是的，佛陀！这个人以是因缘，得福很多。”

“须菩提！如果福德有实在的体性，那么，我也就不会说得福德多了。正因为以不可得心为因，用七宝作缘，以如是因，如是缘，所以我才说得福德多。”

见身无住离相见性分第二十

讲话

关于身相的问题，在第五分及第十三分，佛陀问须菩提：“可以身相见如来不？”“可以三十二相见如来不？”此身相与三十二相，是应化的色身。第二十分经文中的“具足色身”和第五分、第十二分的色身，有什么不同处呢？

前分佛陀建立佛眼贯通五眼，遍知恒沙界众生心行，且以“三心不可得”的智慧为用，空去内心之相，而广行布施。此分为除行者对佛显现于外的具足色身，及五眼神通妙用生起住相，因此再以“见身无住”，铲除吾人对诸佛的色身，生起贪着。

一、圆满报身非如来心。

二、随形相好非真如体。

第五分和第十三分的身相、三十二相，是指应化身，但此分的“具足色身”则为万德庄严，百福相好的圆满报身。经文中佛陀言及：“如来不应以具足色身见。”此句的“如来”是报身佛，亦即具足圆满的报身佛，非真如理体，无相的法身佛。

一、圆满报身非如来心

此分佛陀正显“佛非色见”之理，盖清净法身，犹如虚空，应物现形，哪里有永恒存在之相？佛陀借“见相非住”亦推广福德无实之性。具足色身之相，仍属有为的，不是不染一尘的般若本体。

《金光明最胜王经》卷第二“分别三身品”：

善男子！云何菩萨摩诃萨了知法身？为除诸烦恼等障，为具诸善法故，唯有如如智，是名法身。

前二种身，是假名有；此第三身，是真实有；为前二身而作根本。何以故？离法如如，离无分别智；一切诸佛，无有别法；一切诸佛，智慧具足；一切烦恼，究竟灭尽，得清净佛地。是故法如如，如如智，摄一切佛法。

善男子！譬如日月，无有分别；亦如水镜，无有分别；光明，亦无分别；三种和合，得有影生。如是法如如，如如智，亦无分别；以愿自在故，众生有感，现应化身。如日月影，和合出现。

经论中关于如来三身之说，约有三种：

自性身，受用身，变化身。

法身，报身，应身。

法身，应身，化身。

其关系如下：

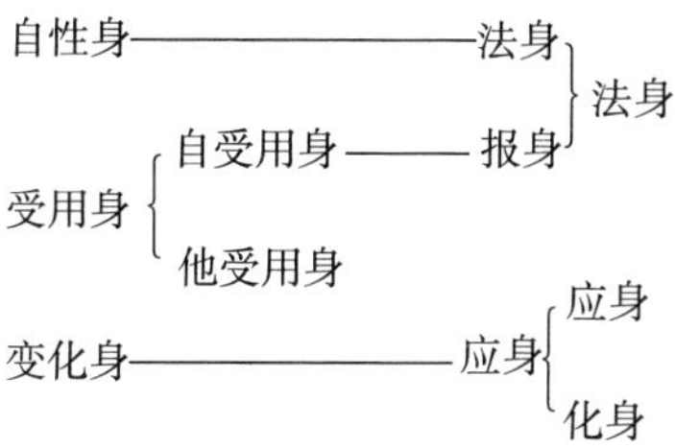

佛陀在第五分和第十三分先破除应身非法身，在此更进一阶把圆满报身也一并剔净，令行者不被有相的身所惑，而忘失有个如如之身，独超三乘六道之色身。

如来说具足色身，是佛顺俗谛说；即非具足色身，是顺真谛说；是名具足色身，则为中道第一义谛而说。

法身离言诠形色，非有为的色身能涵盖得了，其功德庄严，又岂是三十二相之法数可说尽。如《维摩诘经》：

有以音声语言文字而作佛事，或以清净佛土，寂寞无言、无说、无示、无识、无作、无为而作佛事。

又黄檗禅师之《传心法要》：

如今但学无心，顿息诸缘，莫生妄想分别，无人、无我、无贪嗔、无憎爱、无胜负，但除却如许多种妄想，性自本来清净，即是修行菩提佛法等。

太原孚上座有一次在扬州光孝寺讲《涅槃经》，有一禅者听讲至三德法身时忽然失笑。孚上座讲罢，便请禅者喝茶，问道：

“我对佛学的研究，仅是依文解义，不够深契佛旨，适蒙见笑，希望您能不吝慈悲，给予指教。”

禅师：“座主刚才所讲的三德法身，在我听来，座主并未认识法身。”

座主：“我刚才所讲的，有哪些地方不妥当呢？”

禅师：“你再讲一遍。”

座主：“法身之理，犹若太虚，竖穷三际，横遍十方，随缘赴感，靡不周遍。”

禅师：“我不说座主讲的不对，只说座主对法身体相妙用，未能认识。”

座主：“既然如此，请慈悲为我开示。”

禅师：“你信得过我吗？”

座主:“我怎能不信呢?”

禅师:“那你从现在起,停止讲经旬日,于室内端然静虑,收心摄念,善恶诸缘一起放下!”

座主就听从禅师所言,每日静心息虑,从初夜至五更,一天闻鼓角声,忽然契悟,便去叩禅师的门。

禅师:“教你保任大法,夜来为何酒醉?”

座主:“今日始知过去讲经,将生身父母鼻孔扭捏太紧,致使不能任性逍遥,从今以后不敢在语言文字上多生是非!”

座主便罢讲经,遍历诸方,终能名闻宇内。

孚上座离却文字解义,敛心澄虑,观照寂然,善恶诸缘一时抛下,终明白语言文字不过是渡河之舟,背负无用,而契入生身父母,思议不及的真人面孔。

吾人对于形相色身,心起尊卑高下的妄想,不知自尊自重,昧于本心,向迁流幻化,败坏危脆的四大、五蕴之身,苦苦深求消息!不知泥佛不度水,金佛不度火,汝不唤醒内里的真佛,致使有庙无佛,有佛不圣,任庙堂颓圮,香火断绝。

挑水禅师离开了寺院,而与乞丐共起共住。他在贫穷的乞丐中,冶炼自心,从困苦的物质,体会法界无限的妙用。

当他日渐衰老时,有一位朋友教他一种不用行乞的谋生之道——以饭做醋，而他以此，直到圆寂。

在他离开乞丐的行列时，他的一位乞丐朋友给了他一张佛像。他将这张佛像挂在茅屋的墙上，并在它的旁边贴了一张纸笺，上面写道——

阿弥陀佛先生：此室颇窄，你暂且委屈在此，但请不要误会，我是求你帮助我往生你的极乐净土。

挑水禅师，自尊自重，不求净土，不羡诸佛，随所住处恒为安乐国土，知生死不息，非他所造，皆是无明妄想，起贪嗔邪念，错乱因果。

占卜算命，算不尽恒沙界的心行，消灾祭禳，岂能销尽川流不息三心的妄想？四祖道信谓牛头融禅师：

百千妙门，同归方寸。

恒沙功德，总在心源。

进入日本的永平寺境内，经过半勺桥，即有刻上“勺底一残水”“汲流千亿人”的石门。

道元禅师在日常用水时，勺底一定还留有余水，再倒回谷川中。有一次，侍者问其原因，禅师回答：“为了让儿孙使用。”道元禅师所遗留下来的佛法之水，经过七百年后，至今仍能解除无数人心中之渴。

在识透法身非三十二相能述尽，见“诸相非相”的真谛，知方寸显百千法门，心源现恒沙功德后，吾人在行住坐卧中，即能如道元禅师“常留一滴水”，遍流千亿人，为恒沙界一切有情，解除生死的旱季。

二、随形相好非真如体

《金刚经》所言的“如来说……即非……是名……”此三句都是揭示“三谛”的道理，即俗谛、真谛、第一义谛。前文的“具足色身”，是报身佛的“总相”，下文的“具足诸相”指的是“别相”。例如拿佛的肉髻顶相来说，此相也有无量相，无量的美好，如溥畹大师在《金刚经心印疏》说：

如来有十华藏世界海，微尘数大人相，一一身份，众宝妙相以为庄严，所谓相相无边，无一相而不具足。

综论此分，佛陀一再表示：如来不应以色身见，如来不应具足诸相见。这个“如来”是指无相的法身如来，不论华藏海、微尘数都无法穷尽其功德。

应身佛显现在凡夫与二乘的心外，应化身属心外之相；报身佛虽于菩萨位示现，亦落有相有为，不离心外之相。佛陀在第五分、第十三分中，破除凡夫二乘对应化身相，不应执着，进至第二十分，把显现于菩萨位的报身佛身相，也一并空去，因为“凡所有相，皆是虚妄”。法身如来，不在心外，是自己心内的本地风光，只是无明障蔽，见相迷却，不信胜妙般若大法，能斩断妄想葛藤。

从前，有一个迷恋金子的齐国人，大清早就穿戴整齐赶往市集，直奔卖金子的地方，抓了金子就走。差役们将他捉住，奇怪地问："很多人都在那里，你为什么要在大庭广众之下抢人家的金子呢？"他回答说："当我拿金子的时候，眼睛没有看到人，只看见了金子。"

我们的心被黄金、财利、名禄、权位、感情蒙蔽心性，就像这个抢黄金的齐国人，眼中只有黄澄澄的金子，却看不到聚集的人潮。我们对于财富，贪恋不舍，全心创造有相的巨资，却忘记背后的祸害。《三慧经》说：

山中揭鸟（即山鸡），尾有长毛；毛有所着，便不敢复去，爱之恐拔罢；为猎者所得，身坐分散，而为一毛故。人散意念，恩爱财产，不得脱苦，用贪淫故。

我们的心受困妄想分别，于世间诸相生起喜爱怨憎，万劫千生，不得脱苦，就像爱惜羽毛的山鸡，丧失宝贵的生命。

何山守珣禅师先后参谒广鉴瑛禅师和太平佛鉴禅师，都得不到入门处。

何山回寮后就钻进被子里说："今生如果不得彻悟，誓不出此被。"从此他白天在被子里打坐，晚上裹着被子站立着，如此经过了四十九天。

这一天，何山突然听到佛鉴从法堂上传来的声音：

“森罗与万象，一法之所印。”何山闻此言，心开意解。于是爬出被子去见佛鉴禅师。

佛鉴一看到他便说：“可惜一颗明珠，被这疯和尚拾去。”佛鉴又诘问他：“灵云说：自从一见桃花后，直到如今不怀疑。他为什么不怀疑？”

何山答：“别说灵云不疑，就是要我找个疑处也找不到！”

何山禅师四十九日不出被窝，只求个不疑处，吾人在修行的历程中，没有精勤勇猛的信念，怎能受持奥妙的法义呢？我们的身心世界与佛不二，只是迷惑颠倒，心住恶浊。如太虚大师所言：

众生与佛，虽同此身心世界，但众生的心迷惑颠倒，此身心世界，即所谓劫浊、见浊、烦恼浊、命浊之五浊众生的身心世界。

将污浊的转为清洁，乖戾的变为和善，紊乱的整成条理，散漫昏浊的变为严肃清明，从日常生活行为上转变到最深处，即达到心的转变。使此心变为清净光明之心，即时心为佛心，身为佛身，世界为清净安乐之佛世界矣。

《金刚经》要我们不断对有相否定，尔后找到肯定的下手处，心境空故，度尽心外心内恒沙数苦厄，即现无声无色，无是无非，无爱无怨，无有分别，普遍平等的佛心。

在盘珪禅师门下担任典座的大良，有一天，顾及师父的健康，决定给他吃新鲜的味噌。盘珪禅师发现他吃的味噌比其他徒众所吃更为新鲜美味，便问："今天是谁掌厨？"

大良解释说，依据他的德望和健康，他应该受到更好的供养。盘珪禅师听了说道："佛陀一直强调，自己是众中的一个，哪里有地位高低的分别？"说罢，立即返回方丈室，反锁房门。

大良待在室外，请求师父原谅，但盘珪禅师默然不应。

就这样盘珪禅师关在房内七天，而大良则在外面守了七天。

最后，一位信徒向盘珪禅师大声叫道："师父！您不吃东西，也许没有什么关系，但您年轻的徒弟总得吃些东西呀！"

盘珪禅师才打开方丈门，微笑着对大良说道："我坚持和徒众吃相同的食物。等你以后做了老师，也要如佛陀有着平等的心。"

盘珪禅师不贪美味利养，因为他心中没有"老师"的相，以一颗平等心教育后学，吾人要和诸佛心心相印，应泯绝尊卑分别，不取相貌，心作思惟，一切诸法，一切世间色相，皆如幻等，无主无我。《观无量寿佛经》：

诸佛如来，是法界身，遍入一切众生心想中。是故汝等心想佛时，是心即是三十二相，八十随形好；是心作佛，是心是佛，诸佛正遍知海，从心想生。是故应当一心系念，谛观彼佛多陀阿伽度（亦译如来）阿罗诃（阿罗汉）三藐三佛陀。

三十二相八十随形好，只是随缘赴感，有形容有色相，有言语动止，这些都是生灭法，时时变易，就像前文所说，过去心不可得，现在心不可得，未来心不可得。在透彻三心了不可得的实相后，即在独具佛眼融通六道众生心念起灭的基础上，做个不被佛魔诳骗的大自在人。

有一天，一头迷路的鹿跑进高山寺境内，明惠上人看了连忙说道：

“哪里来了一头鹿，快把它赶出去！”

他不但召唤弟子们驱除，自己也拿起拐杖赶鹿。

弟子们都感到大惑不解，心想：平时慈悲亲切的上人，连一只蝼蚁尚且护念，为什么今日会如此严厉地鞭杖赶鹿呢？门徒们不禁议论纷纷。

明惠上人耳闻此事后，便向弟子说道：

“我是为了不让鹿习惯人，所以才赶它出去，如果鹿习惯了和人相处，就一定会时常跑到有人的地方，这么一来，就会对人松去警戒心，因此丧失生命，你们只看到我鞭策迷鹿，却看不到我的慈悲。”

明惠上人一番护鹿悲情，惜哉！吾人往往只看到挥杖鞭策的外相，见不着无相的慈悲。禅门中，师资相授，其中的唇枪舌剑，机锋对峙，都是老婆心切，乃至棒喝拳打，寂默相对，无一不是殷勤护念。禅门的大慈大悲，非外相能论定，历代的法器大匠，在无情无理中，冶炼自性，能一喝人我消，一喝狂心歇，一啄开道眼，一默转乾坤。

石头希迁禅师的肉身现在还供奉在日本横滨总持寺。石头希迁十二岁时，见到六祖惠能大师，六祖一见到他，知道他是个人才，就收他为徒。

但是，不幸三年后六祖就圆寂了。圆寂前，一个十五岁的小沙弥见师父要去世了，就问他："老师百年以后，弟子要依靠谁呢？"

"寻思去！"六祖告诉他。

希迁把"寻思"误为"用心思量去"，就天天用心参禅，后来有一个上座告诉他："你错了！师父告诉你'寻思去'，因为你有个师兄行思禅师，在青原山弘法，你应该去找他。"

石头希迁听后，立刻动身前往，当他从曹溪到青原山参访行思禅师时，行思禅师问他："你从哪里来？"

石头希迁回答道："我从曹溪来。"

行思禅师又问道："你得到什么来？"

"未到曹溪也未失。"这意思是未去曹溪以前，我的佛性本具，我也没有失去什么呀！

“既然没有失去什么，那你又何必去曹溪呢？”

石头希迁回答：“假如没有去曹溪，如何知道没有失去呢？”

不到曹溪，怎知未失？去得曹溪，亦无增添！《金刚经》的每一分义趣，都在向吾人显示“无得无失”，本具的佛性。苦于众生看不穿浮生烟云，有我有生，昼夜忧患随身。明朝唐寅（唐伯虎）的《一世歌》：

人生七十古来稀，前除幼年后除老。
中间光阴不多时，又有炎霜和烦恼。
花前月下得高歌，急须满把金樽倒。
世人钱多赚不尽，朝里官多做不了。
官大钱多心转忧，落得自家白头多。
春夏秋冬拈指间，钟送黄昏鸡报晓。
请君细点眼前人，一年一度埋荒草。
草里多少高低坟，一年一半无人扫。

一勺曹溪水，永除万世旱，拔去心田里有相的芜草，引注般若的活水，他年，万顷累累的道果自成。就像李白的诗：

花将色不染，水与心俱闲。

一坐度小劫，观空天地间。

行者胸中无半分玷染，善恶放却，一坐度尽河沙劫数，眼耳声色俱寂时，处处无系绊，青山一座万缘休，任天地景象自开还自合。

习题

1. 为什么具足身相和具足诸相都无法见到法身如来？

2. 《金刚经》的“如来说……即非……是名……”，此三句都蕴含什么道理？

3. 何山禅师四十九日不出被窝，生活中我们要如何学习其精进求道的心？

4. 盘珪禅师坚持和徒众一样的食物，如此没有尊卑的平等心，我们要如何学习？

原典

离色离相分第二十①

“须菩提！于意云何？佛可以具足色身②见不？”

“不也，世尊！如来不应以具足色身见。何以故？如来说具足色身，即非具足色身，是名具足色身。”

“须菩提！于意云何？如来可以具足诸相③见不？”

“不也，世尊！如来不应以具足诸相见。何以故？如来说诸相具足，即非具足，是名诸相具足。”

注释

①此分说明如来的圆满报身，有相皆是虚妄，离诸相才能见性，也才能见得如来。

②**具足色身**：指圆满报身佛的总相，即三十二相。

③**具足诸相**：指圆满报身佛的别相，即一相中也有无量相好具足。

译文

“须菩提！你认为，佛可以从具足色身见到吗？”

“不可以的，佛陀！不应该从圆满庄严的色身之处去见如来。为什么呢？因为如来说过，圆满报身，只是因缘假合的幻相，缘尽则灭，不是真实不变的实体，只是假名为色身而已。”

“须菩提！可以从具足诸相中见到如来吗？”

“不可以的，佛陀！不应从三十二相、八十种好之处去见如来。为什么呢？因为如来所说的诸相具足，是性德圆满而示现的幻象，是为了度化众生才显现的，并非真实的相貌，不过是一时的假名罢了。”

解脱真性无法可说分第二十一

讲话

前分关于佛身（圆满报身）的见相已破除，此分更深入破除佛语的见相。《金刚经》始终以空去声色耳闻的见相为主题，二十分破“佛相”有为的诸相，把一个朗净平等，人人本具的法身佛，满盘托出。二十一分再破“法相”，以真性无法可说，非言语可到，佛陀四十九年说法，不过遇缘即施，缘散即寂，未着一字一言之相。

一、随缘说法不着法相。

二、闻法无住假名众生。

佛陀告诫须菩提，不可起心动念，将谓如来有所说法，因为佛所说之法，无非对症发药，原无定相，不过去众生执着之病也，佛并无动念说法之相。

一、随缘说法不着法相

佛陀教示大众，莫作是念，作念者，所谓起心动意曰作，明记不忘为念。即是要吾人明白，不可起心动念，佛有所说法。在第六分中，佛陀要吾人“知我说法，如筏喻者，法尚应舍，何况非法”，空去法非法相，今再上一层楼，要人连佛陀有说法的念头，都不可生起住着。

佛陀临入涅槃时，文殊菩萨请佛住世，再转法轮。佛陀呵斥文殊一句：“我四十九年住世，不曾一字与人，你请我再转法轮，是生心动念我转法轮之相！”

前文（第十七分）说过，菩萨远离我等四相，通达无我法者，谓真是菩萨。菩萨已无我法之相，佛陀又哪里会住着于“有所说法”呢？因此佛陀才会说，若有人言如来有所说法，即为谤佛，不能深解如来说法的旨趣。禅门中有一首偈语：

> 达摩西来一字无，全凭心地用功夫；
> 若要纸上谈人我，笔影蘸干洞庭湖。

佛陀临涅槃之际，呵斥文殊菩萨，不可有佛陀转法轮之相，于《金刚经》中，也同样一番婆心，要与会大众，乃至末世众生，若作是念，如来有所说法，即为谤佛。

《临济录》说：

道流！即今目前孤明历历地听者，此人处处不滞，通贯十方，三界自在，入一切境差别，不能回换。一刹那间，透入法界，逢佛说佛，逢祖说祖，逢罗汉说罗汉，逢饿鬼说饿鬼，向一切处，游履国土，教化众生，未曾离一念，随处清净，光透十方，万法一如。

若有人出来，问我求佛，我即应清净境出；有人问我菩萨，我即应慈悲境出；有人问我菩提，我即应净妙境出；有人问我涅槃，我即应寂静境出。境即万般差别，人即不别；所以应物现形，如水中月。

佛陀三界自在，处处不滞，游化国土，教化有情，随处清净，应物现形，如水中月，而月体光透十方，无一切境界差别。

有一个姓张的儒生，他博览古今经论，无所不懂，时人称他“张百懂”。有一次他去拜见洛京南院和尚。和尚问他：“你叫张百懂吗？”张百懂谦虚地说：“惭愧！”南院和尚用手指在空中画了一杠，问他：“这你懂吗？”张百懂茫然地答道：“我不懂。”南院和尚说：“一你都不懂，哪里来的百懂？”

博览古今学问，懂得纸上知解，心地一如之法，非世间的见闻觉知可以思议，如南院和尚的手指一画，当下言语道断，心行处灭，哪里是恒河沙数的思惟能及的？

“说法者，无法可说，是名说法。”此三连句，是三谛之理。

“说法者”，如来现身说法，无非应机施设，皆是向无色相处现色相，而于无言说中示言说。言说法者，原是如来顺俗谛也。

“无法可说”，真如法体，哪里是可以言诠道尽呢？

如来说法，为治众生妄想执着之病，无有一定空有之法，若众生病除，则药亦应弃，如来心无所住说法之相。此为顺真谛之说。

“是名说法”，如来即俗即真，即空即有，顺中道第一义谛。谓说而无说，无说而说，正是四十九年，不曾说着一字也。

佛陀要吾人，深解终日说法，心无所住的般若奥义，已成就福慧庄严的佛陀，说法时，如空潭现月，心无动摇生念，同时也教示吾人在听受读诵《金刚经》，为他人说，亦不可住着“一切世间，人天所应尊敬供养”。住着有说法相，即为谤佛，心起法有高低，动念应受尊敬供养，则是背道而驰，不能解如来所说。

有个法师来见大珠和尚说：“我想问个问题，你能回答吗？”大珠说：“深潭月影，任意琢磨。”法师就问：“什么是佛？”大珠答：“清潭对面，不是佛是谁？”

众人听了都茫然不解。法师又问：“请问大师讲什么法来度人？”大珠说：“我没有一法可度人。”法师说：“禅师们全是谈空说妙。”大珠反问他：“那么大德是说什么法度人呢？”法师说：“我讲《金刚经》。”大珠问：“这经是谁说的？”法师生气说道：“你存心戏弄我，谁不知道这是佛说的？”大珠说：“如果说如来有所说法，这就是诽谤了佛，是不了解佛的心意。如果说这经不是佛说的，那又是诽谤了经，请大德解释解释。”法师茫然失措。

大珠和尚无一法可以度人，是深解佛的心意，诸佛经教不过是揩拭吾人心窗的布，让众生看到自家的种种宝物，心窗明净，何须破布再障蔽景象？

佛陀一再护念咐嘱，发阿耨多罗三藐三菩提心的行者，要空去众生相，佛身相，说法相等，皆是要吾人做个“不受惑”的自在人，返归本心，度尽恒沙界妄想的自性众生，不被佛相、法相所缚，如是降伏其心，即见明晃光洁的法身如来。

《金刚经》像一把镰刀，割去心田里的杂草，为我们整出平坦的田地，播下菩提心种，导引般若的清泉，结无漏的华果。《金刚经》要我们息诸外缘，心不住相，不再抛家散走，自身即有佛的清净境，菩萨的慈悲心，涅槃的寂静乐。涅槃不在他生，更不在别处，觅即不得，当下即是。

以柔和自安，以戒法自净；

以平等自在，以寂灭自乐。

天童咸杰禅师是福州人，其母夜梦一个老僧走进屋而生了他。他自幼聪明颖悟，长大后出家为僧。天童四处游方，遍访丛林山岭的大德，不畏路途艰辛。后来他去参谒应庵禅师，他屡次遭受应庵的棒打呵斥，仍是安然无嗔，精进向道。

一天，应庵问他：“什么是正法眼？”他答道：“破沙盆。”应庵听了很高兴。

于是送给他一首偈：

彻悟投机句，当阳廓顶门。

相随已四载，诘问洞无痕。

虽未付钵袋，气宇吞乾坤。

却把正法眼，叫作破沙盆。

天童有一次上堂对众僧说：“金峰和尚曾说过，二十年前，他有老婆心，二十年后，他无老婆心。当时就有人问金峰，什么是二十年前有老婆心？金峰说，问凡答凡，问圣答圣。又有人问金峰，什么是二十年后无老婆心？金峰说，问凡不答凡，问圣不答圣。”

天童讲到这里又说："要是我，就和金峰不一样，我听到这样问答，就冷笑两声。金峰老汉要是听见了，就不会入圣凡窠臼。"

天童咸杰禅师说正法眼是破沙盆，这不是谤佛、谤法，而是深解如来所说，心无佛相法相，明白佛法如身边的"破沙盆"一样平常，只是迷人不知，生起高低尊卑的妄想执着，忘却佛的五眼六通，都在自心，百年空辛苦，为人作嫁裳。不知当下返归本源，开放心灵的净土。不论富乐、贫苦、冷暖、顺逆的境界，心无所住，正好修行，那时花香鸟啼，新佛含笑，何处不极乐？就像仰山慧寂禅师的诗：

滔滔不持戒，兀兀不坐禅。
酽茶三两碗，意在镢头边。

妄念不生，当下色相净明，律仪自成，禅法饱足，不必系牛牵鼻，浓茶三两碗，山林水泽畔，人与牛酣眠！

二、闻法无住假名众生

前文说明佛不住着"能说"之相，因为不住法相，才名为真实的说法。说法者无生灭心，方能与真性相应，不落言声有为，种种造作诸相。

经文中，佛陀赞叹尊者，名“慧命须菩提”，此是佛陀二番嘉许，在第九分，佛陀赞誉尊者得无净三昧，人中最为第一，是第一离欲阿罗汉，因尊者不作是念，实无所行，不着我人众生寿者。今再次赞许，实乃尊者已闻说是经，深解义趣（见第十四分），能担起如来家业的咐嘱。

慧以德言，命以寿言，即长老之异名。

慧命者，达佛智海，入深法门，悟慧无生，觉本源之命，非去非来，故曰慧命。

慧命须菩提，即悟解无生法，入佛智海，非去非来，非生非灭，与真源本性契合无间，能直下承担如来慧命的事业。此德，非世间福德可称量譬喻的，因此，佛陀赞扬尊者，不仅是人中有德的长老，且能够悟解般若深慧，此慧德乃与日月同齐，法界同寿，绵延不绝，是真正以慧为命。

圆悟克勤禅师说：

直下悬崖撒手，放身舍命，舍却见闻觉知，舍却菩提涅槃真如解脱，若净若秽，一时舍却，令教净裸裸赤洒洒，自然一闻千悟。从此直下承当，却来反观佛祖用处，与自己无二无别，乃至闹市之中，四民浩浩，经商贸易，以至于风鸣鸟噪，皆与自己无别。然后，佛与众生为一，烦恼与菩提为一，心与境为一，明与暗为一，是与非为一，乃至千差万别，悉皆为一。方可搅长河为酥酪，变大地作黄金，都混成一片，而一亦不立。然后，行是行，坐是坐，着衣是着衣，吃饭是吃饭，如明镜当台，胡来胡现，汉来汉现，初不作计较，而随处现成。

净秽舍却，还来净裸裸赤洒洒的面目，洗尽铅华，反观祖佛用处，与自己无二无别。明暗、是非、心境、尘缘，乃至烦恼菩提，混成一片，悉皆为一。那时，闹市沸腾，人间风鸣鸟噪，自是木鸟看花，万籁俱寂。明镜高悬，任他胡来胡现，汉来汉现，不作计较。《妙色王因缘经》说：

由爱故生忧，由爱故生怖；
若离于爱者，无忧亦无怖。

《金刚经》要我们心无所住，凡所有相，不生爱着，心有爱结，生忧悲恐怖，飘零于三界风尘中，流浪他乡。深解般若旨趣，听受金刚妙法者，知佛陀的深心真情，原是唤醒梦中人，不再受三毒的妄想煎熬，累劫身心沉疴之病。只要离却诸相爱着，人人本有个无忧无病之身。

从前，有一个老太婆买了一瓶酒，在返家的途中，摘取路旁的果实来吃，她吃得很高兴，不久口渴了，向村落的妇人要了一杯水喝，觉得水甘醇美味，便向妇女感谢地说："你的水太好喝了，我这瓶酒与你的水交换。"

那位妇人就拿了一瓶水与她交换。老太婆兴高采烈地将这瓶水带回家，打开瓶子想再尝尝看，可是发现水一点也不甜美了，不过跟普通的水一样罢了，她觉得很奇怪，再喝了几口，水依然没有味道。于是她邀了许多邻居来喝看看，但没有人说好喝。老太婆才如梦初醒，明白了是因为吃了甜美果实的缘故，无味的水才变得美味。

我们也常常不明真相，像故事中的老太婆一样，拿着昂贵香醇的美酒，去交换一瓶清水回家。凡夫的心行，见相成迷，于根尘妄生觉知，空起怨亲之想，致使人我争论不休，相互欺凌轻贱。《金刚经》是诸佛心印，印可有我有人有佛有法的住相，即不解诸佛如来所教。空去虚妄诸相，妄心歇息，真心妙用，全体大现。

“众生众生者，如来说非众生，是名众生”，依三谛释义，听闻信受般若经教者，已生清净信心，是发阿耨多罗三藐三菩提心的“菩萨”，他已经不是凡夫（即众生），虽然发了菩提心，仍须信、解、行、证，庄严因地，具足福慧。以发心的立场，他是个菩萨，已泯除众生相，但果报仍在凡夫位，所以说“彼非众生，非不众生”。

众生——顺俗谛之名。

非众生——真谛圣者之名。

是名众生——顺中道第一义谛之名。乃圣凡不二，平等真如，般若本体也。

前文言，“说法无住”，不可作念，如来有所说法，不然即为谤佛，下文述解“闻法无住”，于般若妙义生起信心清净者，心不住闻法相，住着众生非众生之相，因为众生相当体即空，不论是未发心的凡夫，或是已生信心的菩萨，就平等法性中，无佛法二相，哪里还有众生相呢？

佛陀为断众生着相的习气，三番两次，殷勤咐嘱叮咛，要吾人善护念其心，不起佛法圣见，不堕断灭散乱之知解，令教凡圣尽，不住两头，方是正见。《大智度论》卷二“释婆伽婆”：

如诸佛世尊，若人以刀割一臂，若人以旃檀香泥一臂，如左右眼，心无憎爱，是以永无习气。旃阇婆罗门女，带盂谤佛。于大众中言：汝使我有身，何以不忧，与我衣食？为尔无羞，诳惑余人。是时，五百婆罗门师等皆举手唱言：是是，我曹知此事。是时佛无异色，亦无惭色。此事实时彰露，地为大动，诸天供养，散众名华，赞叹佛德，佛无喜色。复次，佛食马麦，亦无忧戚。天王献食，百味俱足，不以为悦，一心无二。如是等种种饮食、衣服、卧具、赞诃、轻敬等，种种事中，心无异也。譬如真金，烧锻打磨，都无增损。以是故，阿罗汉虽断结得道，犹有习气，不得称婆伽婆。

诸佛世尊，种种赞诃、轻敬事中，犹如真金，不论烧炙锻烤，都无增损。因心不着诸相，不起动摇，形色言声岂能诳乱欺瞒呢？

一位僧人向本空禅师请教：“如何喝茶说话，不着喝茶说话呢？”本空禅师问他：“你认得嘴吗？”僧人就问：“什么是嘴？”本空说：“那两片皮也不认识？”那僧人又问：“什么是本来主人翁？”本空说：“大庭广众之下不要牵爹拽娘的。”

又有一僧出来问：“请师父为我指出本性。”本空说：“你迷失本源已经多久了？”此僧答说：“现在蒙师父指示，我明白了。”本空说：“我要是能指示你，我就迷失本源了。”这僧再问：“那我要如何是好呢？”本空禅师以偈颂答道：

心是性体，性是心用。
心性一如，谁别谁共？
妄外迷源，只者难洞。
古今凡圣，如幻如梦。

凡圣如梦如幻，设教示道，不过为治众生妄想大病，病去药消，渡河弃舟，如唐朝诗人刘禹锡的《赠别君素上人诗》：

穷巷唯秋草，高僧独扣门。

相欢如旧识，问法到无言。

水为风生浪，珠非尘可昏。

悟来皆是道，此别不销魂。

问法无言可说，因为那清明澄滢，五色辉映，能照破长夜，不被尘沾物坏的摩尼宝珠，非口议思惟能及。若能悟得风浪自风浪，波心不相干，由此触目扬眉皆是道，应物接机，迎宾送客，了无系绊，知见尽消融，耳目全无用，任梅子熟，栀子飘香，过去未来都无思量。

心不作念，佛法名相，有佛名法名，有佛相法相，如此般若的真实受用，能降伏妄想心，安住菩提真心。虽然《金刚经》旨在离相无住，并非要我们不去听受，不读诵奉行经教，不然佛陀就不会多次以满三千大千世界七宝布施，恒河沙数的身命布施，无量劫供养承事八百四千万亿诸佛等，与受持四句偈等功德做校量，肯定受持读诵者的福德非算数譬喻所能称量。

所谓闻、思、修，入三摩地，佛法难闻，经教难信，能值诸师演说法义，是百劫难遇，须菩提尊者二次称扬“稀有世尊”，是悟解无上法，难遭难遇，直至尊者深解义趣，涕泪悲泣。

有一天，佛陀与他的大弟子阿难经过市街，在一个鱼贩面前停下来，佛陀跟阿难说：“阿难！你到鱼贩身边，摸一摸铺在鱼摊下的茅草。”

“阿难！你现在闻一闻你的手，有什么味道？”

“我的手充满腥臭的气味，令人感到难受！”

“阿难！一个人如果亲近恶知识，不依诸佛正法行道，就像铺在鱼身的茅草，令人嫌恶，最后必然恶名昭彰。”

佛陀和阿难走到香贩的面前，对阿难说：“阿难！你去跟香贩乞化一个香囊！”

阿难依照佛陀指示，乞了一个香囊回来，佛陀又问他：“阿难！你暂时将香囊放下，再闻一闻你的手，看看有什么味道？”

阿难闻过手后，跟佛陀说：“我的手上，现在香气无比！”

佛陀就开示阿难说：“阿难！一个人如果能亲近善知识，依诸佛所教，熏习德性，必然能够使人欢喜受益，美名远播。所以阿难！你今后应该经常和舍利弗、目犍连他们在一起，他们清净的德行，必然会启发你光明的本性，就像手里握着香囊一样，熏习善知识所教，奉行正道，自然内德馨香。”

《金刚经》的威德，不只是一袋香囊而已，它如华严香水海，除去无量劫中的恶习腥臭，令我们身心涌现香云，触物香熏十方，遍及法界。《金刚经》分分皆妙门，字字化百障，处处开启吾人含藏的恒沙性德，以《金刚经》所教，回向我们的现实生活，无忧无恼。我以处世六妙门，和各位分享《金刚经》的妙用。

以无贪为富有。
以无求为高贵。
以无嗔为自在。
以无痴为清凉。
以无相为净土。
以无得为涅槃。

习题

1. 佛陀四十九年说法，教化众生，为什么说是“无法可说”呢？

2. 为什么天童咸杰禅师，认为正法眼是“破沙盆”？

3. “众生，非众生，是名众生”，此三连句有什么含意？

4. 何谓处世六妙门？我们如何依《金刚经》所教，降伏妄想心？

原典

非说所说分第二十一①

“须菩提！汝勿谓如来作是念，我当有所说法。②莫作是念，何以故？若人言如来有所说法，即为谤佛，不能解我所说故。须菩提！说法者，无法可说，是名说法③。”

尔时，慧命④须菩提白佛言：“世尊！颇有众生，于未来世，闻说是法，生信心不？”

佛言：“须菩提！彼非众生，非不众生，何以故？须菩提！众生众生者，如来说非众生，是名众生。”⑤

注释

①此经始终要破除人们所执的见相，前分关于佛身的见相已破除，此分更欲深入破除佛语的见相。所以，佛陀一再为众生解黏去缚，破其执见及所知诸障，希望众生能随说随泯，悟入般若妙境。“法无所说，所说非法”的用意，即在于此。

②佛陀说法，无非是应机而谈，随机而说，众生听到声音、看到文字，就以为佛陀在说法。其实，从法身理体之处来看，哪里有可说的法、能说的人？

③**说法者，无法可说，是名说法**：无法可说，是因

为法本具不可说，法自证不可说，是顺真谛而言；“说法者”，是如来顺俗谛而言；“是名说法”，是如来即俗即真，即空即有，顺中道第一义谛而言。

④**慧命**：法身以智慧为命，须菩提已能深解般若大法，能担如来慧命家业。另一层含意，佛教尊称长老、比丘为慧命，表示道德智慧圆满，所以言“慧命须菩提”。

⑤在未来世间的众生，若能闻是法而生信心，就表示他能信般若，即信自心，自心即佛，那他就是佛。只是因为他惑业未尽，相好未全具，所以虽是圣人之心，尚且还局限于凡夫之相里面，所以说“非不众生”。这圣性众生，实已非凡夫之众生，正因为他已悟达实相空理，终要成佛作祖的，所以说“众生众生”之名，只是短暂称呼的假名而已。

译文

“须菩提！你不要认为我有这样的意念：‘我当有所说法’，你不可有如此生心动念。为什么呢？如果有人说如来‘有所说法’的念头，那是毁谤佛陀，因为他不能了解我所说之故。须菩提！一切言说是开启众生本具的真如自性，为了祛除众生妄念，随机化度，随缘而说，何来有法？这种种言声的说法，也只是一时的方便言语，暂且给它一个‘说法’的假名。”

这时候，深具智慧的须菩提了解佛陀的深意，但又怕末世众生听闻无法可说，无说法者，并对这番言语，狐疑不信，于是，便请问佛陀道：“佛陀！将来的众生听了您今日‘无说而说’的妙义之后，能生起信心吗？”

佛陀当下便釜底抽薪，破除弟子们对佛与众生们的分别见，说：“须菩提！他们既不是众生，也不能说不是众生。为什么呢？就法性空寂而言，他们也是佛，是尚未了悟真理的佛。佛也是众生，是已悟道的众生。但是，又不能不称之为众生，因为他们虽已经听闻佛法，生起信心，但还未能悟道，所以于事相上说，称他们为众生。须菩提！从真如本性上来说，众生即佛，原来没有什么众生不众生的，‘众生’也只是一时的假名而已。”

菩提性空得果无住分第二十二

讲话

第九分到第十六分，佛陀剖析解悟之理，悟此理后，就开始依理修行。从十七分起修，须菩提于此分向佛陀呈现他所得的境界，闻色身非色相，相好非相好，说法无所说，众生非众生。由此尊者彻悟能度所度，能说所说，一切皆空，始知实无有法，得无所得。

一、证入空性得般若眼。

二、圆满觉悟一无所得。

此分尊者已真实地空掉内心诸相，不再有微细的疑惑，佛陀有法可得！肯定“佛得阿耨多罗三藐三菩提”，于外不可说，于内不可作是念，是真真实实的究竟了不可得。

一、证入空性得般若眼

须菩提白佛言："世尊！佛得阿耨多罗三藐三菩提，为无所得耶！"此"耶"字，不是疑问句，而是尊者深深领悟的感叹。从十七分理解授记无我，成佛无得；第十八分知三心了不可得；十九分深入无住行施的真谛；二十分见佛身无住；二十一分说法闻法，应无所住。尊者一路行来，披荆斩棘，把众生相、佛相、法相的葛藤一概除尽，真实肯定佛陀悟处，得个"无所得耶"！如《六祖坛经》言："妙性本空，无有一法可得。"此刻尊者明白平等本体，本自清净，自性具足万法。如宝志禅师所言：

但有纤毫即是尘，
举意便遭魔所扰。

西禅鼎需是福州人，年少时就因学问好而小有名气。二十五岁时，偶然读《遗教经》，被佛理的奥妙深深摄伏。不禁感叹道："差点让儒家误了大事！"因此，西禅萌生出家的念头。但是母亲不同意，以他的婚期将至为由加以阻拦。西禅一心求悟，留下一偈："甜桃红杏，一时付与春风。翠竹黄花，此生永为道伴。"坚持出家。

当时，径山宗杲正在当地传法。有一天，西禅接到朋友弥光的一封信，弥光在信中极力称赞径山宗杲，并劝西禅最好是前去参谒。但是，西禅对弥光的信没有回应。

有一天，弥光故意约请西禅吃饭，西禅只好前来赴宴。因为这一天径山宗杲集众讲法，西禅在弥光的好意催促下，只好去听径山讲法。

径山提了些问题让西禅回答，西禅答后遭到径山的责骂。在大庭广众之下，西禅没有能力反驳，只是站在那里涕泪悲泣，心想：我平时见解，今日全被他驳得一无是处，难道这就是西天佛旨的高明处吗？从此，西禅就在径山门下做了徒弟。

一天，径山问西禅："内不放出，外不放入，正当那时是如何？"西禅正要开口回答，径山拿起竹棍在他的背脊连打三下，西禅由此大悟，他大声对径山喊道："师父打得太多了。"径山又打了他一下，他跪在地上向径山礼拜。径山笑着说："今天你才知道我并没有欺骗你吧！"

西禅曾上堂讲法道："懒翁懒中懒，最懒得说禅。没有开悟的我，更没有成道的三世诸佛。超然物外无别事，日上三竿犹自眠。"

西禅禅师一心求悟，着迷悟相，直至明白，内不放出（内息诸缘），外不放入（外离诸相），正当内外无出无入，根尘寂然时，始知平生被欺瞒！这三下的竹棍打得念头死，法身佛现前。谈禅说悟，心有希求即是魔，不如心如墙壁，无诸喘息，超然物外，无事自眠。

须菩提证入空性，得般若眼，见自性蕴藏无量宝物，吾人欲开道眼，以一切种智断烦恼习，具足五眼六通，应如尊者习行般若波罗蜜。《大般若经·初品》：

舍利弗！菩萨摩诃萨欲遍知佛十力，四无所畏，四无碍智，十八不共法，大慈大悲，当习行般若波罗蜜。

菩萨摩诃萨欲得道慧，当习行般若波罗蜜。菩萨摩诃萨欲以道慧具足道种慧，当习行般若波罗蜜。欲以道种慧具足一切智，当习行般若波罗蜜。欲以一切智具足一切种智，当习行般若波罗蜜。欲以一切种智断烦恼习，当习行般若波罗蜜。

……

复次，舍利弗！菩萨摩诃萨欲数知三千大千世界中，大地诸山微尘，当学般若波罗蜜。菩萨摩诃萨欲析一毛为百分，欲以一分毛尽举三千大千世界中，大海江河池泉诸水而不扰水性者，当学般若波罗蜜。三千大千世界中，诸火一时皆燃，譬如劫尽烧时，菩萨摩诃萨欲一吹令灭者，当学般若波罗蜜。三千大千世界中，诸风大起，欲吹破三千大千世界及诸须弥山，如摧腐草，菩萨摩诃萨欲以一指障其风力，令不起者，当学般若波罗蜜。菩萨摩诃萨欲一结跏趺坐，遍满三千大千世界中虚空者，当学般若波罗蜜。乃至欲得种种其他神通、作用、功化、德业，直至得无上正等正觉，皆当学般若波罗蜜。

般若波罗蜜能吹灭劫火尽烧，能以一毛分举三千大千世界中，大海江河池泉诸水，能以一指障其三千大千世界诸大风力……般若波罗蜜有如是无量无数无边功德，可惜吾人不信自力与诸佛心性无别，日日如蝇投窗，于怨亲境上，顿生风浪。唐昭宗文章供奉，子兰的《短歌行》，道尽人的一生，劳劳碌碌，百年空辛苦：

日日何忙忙，出没住不得。
使我勇壮心，少年如顷刻。
人生石火光，通时少于塞。
四时倏往来，寒暑变为贼。
偷人面上花，夺人头上黑。

众生陷溺于我见人见众生见寿者见，我相人相众生相寿者相，此见相生颠倒痴迷，千生万劫常于妄想分别的业海中，出没不得。六根如劫盗，偷去面上红靥，偷去头上发黑，更劫走我们的善法功德。

《金刚经》以空为立，但不坏诸有，因此经中反复有此三连句：“如来说……即非……是名……”即真即俗，空有不二，会归于中道第一义谛。从第二分起，一再探讨薄地凡夫，初学发心的善男子善女人，及第十七分深解义趣的圣者，如何发阿耨多罗三藐三菩提心。可见此菩提心，是凡夫入圣贤位，圣贤位入诸佛无漏位，所不可或缺的成道资粮。《大乘法界无差别论》：

能益世善法，圣法及诸佛。
所依宝处因，如地海种子。

菩提心，如地，一切世间善苗生长所依故；如海，一切圣法珍宝积聚处所故；如种子，一切佛树出生相续之因故。

菩提心有此功德，因此《金刚经》不断地开演释解，如何发阿耨多罗三藐三菩提心，云何应住，云何降伏其心？首先要先建立信心，信心清净才能听受读诵此经，得大势力，心不狂乱，信解受持般若能出生三世诸佛，菩提华果依此滋长。

《大乘法界无差别论》：

信为其种子，般若为其母。
三昧为胎藏，大悲乳养人。

于法深信为菩提心种子；智慧通达无我无法为其母；三昧为胎藏，由定乐住，一切善法得安立故；大悲为乳母，以哀愍众生，于生死中无有厌倦，一切种智得圆满故。葛郯居士虽身在宦海，但非常喜欢禅学。有一次参访无庵禅师，请求指点。无庵问他“即心即佛”，他不知所然。

后来，葛郯又用“即心即佛”去问佛海，佛海听后立即说了首偈：

即心即佛眉拖地，非心非佛双眼横。
蝴蝶梦中家万里，杜鹃上枝月三更。

葛郯当时并不明白佛海的偈是何意。有一天，他读到“不是心，不是佛，不是物”，突然省悟，立刻写了首偈给佛海寄去。

非心非佛也非物，五凤楼前山突兀。
艳阳影里倒翻身，野狐跳进狮子窟。

佛海见到他的偈，就托人捎来一信说：“这件事靠纸笔解决不了，请居士亲自到我这里，为你解惑。”

葛郯立即赶到虎丘找佛海。佛海见到他就说：“居士的见解，只到了佛境界，还没有到魔境界。”佛海突然正色对他说：“为什么不说狮子跳进野狐窟？”葛郯到此彻悟。

野狐狮子平等无二，本无迷悟人，只因妄想不能了。葛郯居士从畏缩怯弱的野狐，跃进大雄大力的狮子窟，象征由迷入悟，自凡转圣，而佛海禅师砍断他的妄想分别，佛界魔界一如，法性犹如大海，何有高下圣凡的是非？

李端愿居士从小就爱看禅书，长大后娶了妻子，仍笃志禅道。他特地请达观禅师来家中，以便参叩问道。

有一天，李端愿问达观："有没有天堂地狱，请师父对我明说了吧！"达观答：

"诸佛祖从无中说有，眼见的都是空花。李居士您从有里寻无，如以手捞水月。等你了却自心，自然就无惑了。"

李端愿又问达观："心如何才能了？"达观说："无论善恶，都莫思量。"李端愿又问："如果不想，心在何处？"达观说："你先回寮吧！"李端愿又问："那么人死了以后，心在何处？"达观呵斥一声："不知生，焉知死？"

有无不过是诸佛示教利喜，钩牵世人入第一义谛，善恶黑白诸法，为令凡夫去邪归正，离妄趋真的方便。就像经文所言，佛于阿耨多罗三藐三菩提，究竟无所得，因为在真如的本性上，圣凡未增减，善恶无损益。众生的本性，犹如一头勇猛的狮子，具大势力大威德，困于根尘缘境的樊笼，不得出入山林，作狮子吼。今了自心妄缘，狮子出笼，原是无欠无余，威德本具。《大珠慧海语录》：

不尽有为者，从初发心，至菩提树下，成等正觉，后至双林，入般涅槃，于中一切法，悉皆不舍，即是不尽有为也。不住无为者，虽修无念，不以无念为证；虽修空，不以空为证；虽修菩提涅槃，无相无作，不以无相无作为证，即是不住无为也。

不住无为，不坏诸有，有为无为放却，上下无附，空有不着，无相无念，令心灯焰焰长明，万法无碍，光光通达辉映。如永明延寿禅师的山居诗：

真柏最宜堆厚雪，危花终怯下轻霜。
滔滔一点无依处，举足方知尽道场。

二、圆满觉悟一无所得

须菩提向佛陀呈裸解悟的心意，言佛得菩提，乃是真实无所得。佛陀印证尊者之悟境，回答："如是！如是！我于阿耨多罗三藐三菩提，乃至无有少法可得，是名阿耨多罗三藐三菩提。"此段"我于……乃至……是名……"仍是三连句，只是"即非……"换了"无有少法可得"，还是不离俗谛、真谛、中道第一义谛之理。

无上正等正觉，乃佛自证之理，设有一法可加，则不得谓之无上；有一法可减，则不得谓之正等；若有加减，则不得谓之正觉。因为真如菩提无增减，更无欠无余。所以佛陀言“无有少法可得”，纤毫法相，内外无住，才是名阿耨多罗三藐三菩提。

《大乘起信论》：

真如用者，所谓诸佛如来本在因地发大慈悲，修诸波罗蜜，摄化众生；立大誓愿，尽欲度脱众生界，亦不限劫数，尽于未来。以取一切众生如己身故，而亦不取众生相。此以何义？谓如实知一切众生及与己身真如平等，无别异故。以有如是大方便智，除灭无明，见本法身，自然而有不思议业种种之用，即与真如等，遍一切处。又亦无有用相可得。何以故？谓诸佛如来唯是法身智身之身。第一义谛无有世俗境界，离于施作，但随众生见闻得益，故说为用。

真如无有世俗境界，离于相见，别无施作，但随众生见闻得益，是真如用者。诸佛真实明白一切众生及与己身真如平等，不过以方便智，除灭众生无明，令其见本法身，有不可思议妙用。

学佛者，要真实相信《金刚经》所言，无有少法可得，尊重己灵与诸佛无别，发慈悲，以般若为眼，立大誓愿，灭度无量无数无边众生，不见有一众生为我所度，成就水月道场，圆满梦中佛果。《坐禅三昧经》卷上：

今日营此业，明日造彼事；乐着不观苦，不觉死贼至。

匆匆为己务，他事亦不闲；死贼不待时，至则无脱缘。
如鹿渴赴泉，已饮方向水；猎师无慈惠，不听饮竟杀。
痴心亦如是：勤修诸事务；死至不待时，谁当为汝护？
人心期富贵，五欲情未满；诸大国王辈，无得免此患。
仙人持咒箭，亦不免死生；无常大象蹈，蚁蛭与地同。

《金刚经》说空，一般人恐怖难信，好像什么都空了，什么也就没有了，其实空无的世界最富有，像虚空一样，因为其空阔浩瀚，才能拥有山河大地，行星万象。人的心一旦扫尽我见我相，即能正观世间危脆幻象，觅及一个遍一切处，疾厄不侵，水火烹炼不坏，超然三界外的金刚身。

俞道婆是金陵人，卖油炸食物为生。她常跟众人一起去参谒琅琊禅师，琅琊用临济的无位真人典故探问他们，他们都回答不出。

一天，俞道婆正在卖东西时，听到街上有个乞丐唱道："不因柳毅传书信，如何才能到洞庭？"俞道婆听了以后大悟，忘情地抛去手里的盘子。她丈夫看到这情形，怒骂："你疯啦！"俞道婆说："这不是像你这种人的境界能够理解。"

俞道婆立即去找琅琊，琅琊一看到她，明白她道眼已开。于是再探问她："哪个是无位真人？"俞道婆应声答道："有一无位人，六臂三头极力嗔。一劈华山分两路，万年流水不知春。"俞道婆由此在禅林中名声噪起。

每逢有僧经过俞道婆的小店，她都说："儿，儿。"僧人只要一点迟疑，她立即把他推出门外。

俞道婆最喜欢吟诵马祖说过的几句话："日面月面，虚空闪电。虽然截断天下和尚舌头，分明只说了一半。"

日面佛月面佛，如虚空闪电，了不可得！何须柳毅传书信，洞庭春水早满潮。俞道婆悟一个无位真人，这无相无作的威力，劈开华山，直达峰顶，始知流水落花，千年万年，满山花枝披红戴绿。

《佛说仁王般若波罗蜜经》卷上：

> 无相第一义，无自无他作；因缘本自有，无自无他作。
> 法性本无性，第一义空如；诸有本有法，三假集假有。
> 无无谛实无，寂灭第一空；诸法因缘有，有无义如是。
> 有无本自二，譬若牛二角；照解见无二，二谛常不即。
> 解心见不二，求二不可得；非谓二谛一，非二何可得。
> 于解常自一，于谛常自二；通达此无二，真入第一义。
> 世谛幻化起，譬如虚空华；如影三手无，因缘故诳有。
> 幻化见幻化，众生名幻谛；幻师见幻法，谛实则皆无。
> 名为诸佛观，菩萨观亦然。

万物皆依缘假合存在，无有真实，凡有名相皆假，身心感受皆假，诸法权巧设立，幻化亦假，所以《金刚经》才反复剖解无自无他，无法无相，引导吾人通达幻法，入第一义谛。

世奇首座是成都人。他四处云游参访，后来到龙门佛眼的门下为徒。

一天，世奇闲坐无事，不觉瞌睡起来。忽然间，响起一片蛙鸣，世奇被惊醒，误以为是寺中的打板声，于是急急忙忙奔向斋堂。到了斋堂，才知道自己把蛙鸣当成了板声。

世奇到方丈中去参谒佛眼，佛眼刚要对他指示，世奇挥手止住道："师父不必说，让弟子自己去看。"他呈上一偈：

梦中闻板声，醒后蛤蟆啼。
蛤蟆与板声，山岳一时齐。

世奇得悟之后，更加用功修习。佛眼十分器重他，要提拔他，但世奇坚辞不肯，表示自己愿意服弟子之劳，不为人师。佛眼对他的谦卑很赞赏，曾用一首偈赞美他：

有道只因频退步，谦和原自惯回光。
不知已在青霄上，还将自身众中藏。

世奇到了晚年时，在众人请求下，才领众修行。在最后一次讲法，他说了一偈：

> 诸法空故我心空，我心空故诸法空。
> 诸法我心无别样，只在如今一念中。

他问众僧："你们说是哪一念？"众僧都回答不出，世奇喝一声即逝去。

世奇首座闻蛙鸣得悟，蛤蟆板声无别样，都是假合不真，泯绝诸法妄相，一念我法撒尽，万法我心，只在一念。吾人于热恼浊恶的缘境，如盲人摸象，焉知实相全体？一念不生我相，心空及第，喧默动止，来去作灭，我心诸法只同一样。学佛修行，把握一念清明即一念佛，一日安定无乱即日面佛，从一念持续到昼夜六时，念念如清珠投水，这一日的修行，即圆满一日的净土。我提出"一日的修行"，让大家也能领会一点，心意澄清，涅槃寂乐的法味。

> （1）少看少听眼目明。
> （2）少言少论耳根净。
> （3）少思少虑心境闲。
> （4）少执少求甘露门。

我们要深解《金刚经》的般若微妙，先从减少欲望起步，由"止"到"观"，再入实相空无的法界，不昧圣凡因果，不落野狐活计。佛陀肯定一切众生皆有如来藏佛性宝，如大鉴禅师言：

身喻世界，人我喻山，烦恼喻矿，佛性喻金，智慧喻工匠，精进猛勇喻錾凿。身世界中有人我山，人我山中有烦恼矿，烦恼矿中有佛性宝，佛性宝中有智慧工匠。用智慧工匠，凿破人我山，见烦恼矿，以觉悟火烹炼，见自金刚佛性。

我们要见自金刚佛性，要借般若工匠，凿破人我山，悟解人人有个佛性宝，发勇猛精勤心，持续地錾凿，才能令金刚宝出头放光。

禅和子至少要虚心随师学习十年，得个入手处，才有资格游方参学。

一天，天王禅师参访南隐禅师。天王已随侍老师十年，并领众修行，上堂说法。碰巧此时阴雨连绵，天王穿着木屐放下雨伞，入室向南隐禅师问讯顶礼毕，正要开口问法，南隐问道："我想你已把木屐留在门廊边了，只是想问你的雨伞究竟是放在木屐的右边还是左边。"

天王汗颜惭愧，一时无言以对。他知道自己尚未达到念念皆禅的境界。于是他拜南隐为师，在他的身边随侍奉承，经过六年的岁月，才把握到念念分明，得到禅心的要旨。

我们的心念追逐根尘妄境，白天黑夜掉举无明，谈开悟见性，就像觅世求兔角，缘木求水鱼一样。天王禅师为了不知道雨伞究竟放在木屐的左边或右边，甘心承事南隐，六年苦行，最后领会悟道不在过十万亿佛土，是活在现前，念念清楚。

禅门中，搬柴运水，穿衣吃饭，语默动止，乃至横眉竖目，平常日用事，皆是悟道的机缘。《金刚经》也是从“尔时世尊食时，着衣持钵，入舍卫大城乞食，于其城中，次第乞已，还至本处，饭食讫，收衣钵，洗足已，敷座而坐”。这般身边事，启开般若无上妙法，展现六度波罗蜜炯炯明照的本地风光。

此分虽言佛陀“无有少法可得”，实乃佛已自净无垢，伏诸妄想分别。吾等凡夫，未臻无为法境地，不可拨无因果，自断慧命之根。应以般若为眼，明识正法，依法入径，口诵心行，通达成佛大道。在《大方广宝箧经》卷中，为我们验证何谓佛法：

甘露法者，是名佛法。安隐法者，是名佛法。无戏论法，是名佛法。无过恶法，是名佛法。无结使法，是名佛法。无怖畏法，是名佛法。无分别法，是名佛法。不执自他法，是名佛法。无讥呵法，是名佛法。作舍，作归依，作洲渚，作守护法，是名佛法。自净无垢照明之法，是名佛法。无诸妄想善调伏法，是名佛法。善教善导随宜之法，是名佛法。自说说他法，是名佛法。如法调伏诸外道法，是名佛法。降诸魔法，是名佛法。断生死流法，是名佛法。

正道法是名佛法，正流入故。三昧法是名佛法，究竟寂静故。智慧法是名佛法，贯穿诸圣解脱法故。真谛法是名佛法，无忿恚故。诸辩法是名佛法，法辞及义，乐说无滞故。明了无常苦无我法是名佛法，呵毁一切诸有为故。空法是名佛法，降伏一切诸外道故。寂静法是名佛法，趣涅槃故。波罗蜜法是名佛法，至彼岸故。方便法是名佛法，善摄取故。慈法是名佛法，无过智故。悲法是名佛法，无逼切故。喜法是名佛法，灭不喜故。舍法是名佛法，所作办故。禅法是名佛法，灭骄慢故。不断三宝法是名佛法，发菩提心故。一切安乐无苦恼法是名佛法，不求诸有故。

以法为洲为渚，为护为舍，息去戏论，灭自他假相，明了苦空无常无我的实谛，以此照明自心。心寂静安隐故，勘破浮生事，时人竞向白云深处去，眼前杏花黄鸟吟诵千章，山光潭影随处栖身。

习题

1. 须菩提为什么肯定佛陀于阿耨多罗三藐三菩提为无所得？

2. 习行般若波罗蜜，有何功德？

3. “无有少法可得”，此句有何含意？

4. 什么是一日的修行？

原典

无法可得分第二十二①

须菩提白佛言：“世尊！佛得阿耨多罗三藐三菩提，为无所得耶！”

佛言：“如是如是！须菩提！我于阿耨多罗三藐三菩提，乃至无有少法可得，是名阿耨多罗三藐三菩提。”

注释

①般若妙法，本是自己所有，非心外而得；本来无失，故无所谓有得。若云有所得，皆是执情未忘，能所未破之故也。此分总明无得之得，得而无得之实谛。

译文

须菩提心有所悟，向佛陀说：“佛陀！您得无上正等正觉，是真无所得！”

佛陀印可说：“是的，须菩提！不仅是无上正等正觉，乃至纤毫之法，我都无所得。得者，因为有失也，我本无所失，何来有得？无上正等正觉之名，指的是觉悟自性，而非有所得。”

净心行善法无高下分第二十三

讲话

前分说佛陀所证得的无上菩提，实“无有少法可得”，此分再深入释解“无有少法可得”的缘故，乃为上自诸佛，下至蠢动含灵，其真性一同，平等无异，并无高下的分别。此分的“是非平等，无有高下”，与十七分所言的此法“无实无虚”，同为阐发人人本具的平等理体。

一、平等法性远离四相。

二、修一切善心无善法。

佛陀于前分说“无有少法可得”之理，此理甚深玄妙，恐有人心生怖畏，妄起俱空谬见，因此再明示法身菩提，实相妙法，上与十方三世诸佛“平”，下与九界众生“等”，所以菩提无上心法，为平等无异。由其平等故，虽然诸佛于俗谛的差别事相上，高于其他九法界的一切众生，但在菩提心法中，无有诸佛众生高下的分别！

一、平等法性远离四相

何谓阿耨多罗三藐三菩提呢？即为“是法平等，无有高下”。诸佛贤圣，凡夫阐提，个个于真如自性之法，在圣不增，处凡不减，故曰平等，既是平等，又何有高下之别？佛陀以平等本体，直示吾人应不生高下的妄想执着，自尊自重，返求一个与诸佛平等无二的真如自性。僧肇法师说：

明此法身菩提，在六道中亦不减下，在诸佛心中亦不增高，是名平等无上菩提。

黄檗禅师说：

若观佛作清净光明解脱之相，观众生作垢浊暗昧生死之相，作此解者，历恒河沙劫，终不能得阿耨菩提。

佛陀以“是非平等，无有高下”，演绎述解，此真如菩提，就像真金宝珠，众生与诸佛，人人无欠无缺，只是众生被无明、烦恼所障蔽，如佛性宝沉泥布尘，不得出头放光，既是佛性宝人人本有，诸佛只是证得此平等理体，原无失落，何有所得，因此佛于无上菩提“无有少法可得”。

报慈院的慧朗禅师说：“三世诸佛，历代贤圣，都只为一件大事而在这世上出现，并不断地向世人传递、宣说。你们明白吗？要是不明白，那么想让你们明白也不容易。”

有一僧问：“那一件大事是什么？”慧朗说：“难道你听来的传言是错的？”僧答：“这样说，我就不再怀疑了。”慧朗说：“可惜你一翳蔽目。”

又一僧问：“什么是学生的眼睛？”慧朗说：“不能再撒沙了。”

有个和尚出来说：“听说三世诸佛都只是个传话的人，那么传的是什么话呢？”

慧朗说：“听！”那和尚听了一会儿，什么也没听见，就问：“听什么？”慧朗说：

“你不是钟子期。”

佛陀再三告诫我们不要再撒沙了，度生时无我等见相，要通达无我，才名为真实菩萨；于佛身相及万千诸法，不起贪着；于严土熟生，得菩提华果，心平等无住。《金刚经》的每一分，就像慧朗禅师的苦心，要吾等不论沙尘金屑，都是一翳蔽目，不能见如来。明朝憨山大师的《德清法语》说：

以吾人修行，不仗般若根本智，生死难出。然此般若，非向外别求，即是吾人自心之本体，本自具足。故今修行，但求自心，更不别寻枝叶。佛祖教人，只是返求息心，故云：识心达本源，故号为沙门。又云：若人识得心，大地无寸土。以我自心，元是般若光明，本来无物，但因一念之迷，故日用而不知，但知有此幻妄之假我，即不知有本来常住法身。即今要悟本来法身，即就日用现前，六根门头，起心动念执着我处，当下照破，本来无我。无我则无人，无人则了无众生。众生既空，则生死根绝，生死既脱，则无寿命。是则四相既除，一心无寄，岂非无住之妙行乎！

一念成迷，日日同起共眠而不知，向外妄求神通妙用，不求除四相了自心。佛陀以平等之法，显露此法人人本有，此平等二字，乃三世诸佛出世之本怀，亦为此《金刚经》之教眼。

佛陀着衣持钵，入舍卫城次第而乞，此明如来行平等之事也。至于次第乞已，还至本处，收衣而坐，此显如来证平等之理也。及于正宗文中，问答发挥，皆如来说平等之法也。即其降心离相，住心无住，乃彰此平等之用也。而至菩提无法，辗转周详开演，皆显此平等之体也。自此之后，再三咐嘱叮咛，无非显此平等之体也。直至须菩提涕泪悲泣，乃信解此平等之用也。今尊者复呈菩提无得，正悟入此平等之体也。

所以“是法平等”此句经文，乃如来画龙点睛，要吾人不再困于浅滩，凌霄直上，飞龙在天，腾运自如。吾人解般若之法义，即能住心无住，彰显般若之功用，深信般若平等之体，于诸相诸法，心无高下尊卑，即一念证入诸佛无上菩提之法。

从前，有个读书人拜访某寺的老和尚。

“我最喜欢米酒了，一天三餐都不能没有它，我想请教大师，极乐世界也有酒吗？没有酒的极乐世界，我可不愿意往生！”

老和尚以一则故事回答。

“我尚未见过极乐世界，所以不知道有没有酒，但我先讲一则故事给你听。从前，有黑狗及白狗，在狗的社会中，传说白狗下辈子可以投胎做人。因此，黑狗便对白狗说：‘你真幸运，下辈子就可以当人了，可以穿漂亮衣服，还可以用两只脚走路，真令我羡慕。’白狗听了却黯然答道：‘下辈子能做人当然高兴，不过我担心一件事，我最喜欢吃那些菜渣肉屑了，一旦投胎做人以后，不知道还有没有办法吃到那些东西？’”

无知的读书人只看到一瓶米酒，不知净土的世界，思衣得衣，思食得食，无半分欠缺。我们因为被世间的虚妄之相，迷惑真心，就像老和尚故事中的白狗，因为业识障蔽，狂乱愚痴，以菜渣肉屑为第一美味。《金刚经》就在打破吾人狭小下劣妄想执着的心墙，开张自性的三身四智，原是竖穷横遍恒沙数世界。智旭大师法语：

般若非他，现前一念心性而已。心性本自竖穷横遍故广大，妄认四大为自身相，六尘缘影为自心相，则狭小矣。本自微妙寂绝故第一，妄贪三界有漏因果，二乘偏真因果，则下劣矣。本自生佛体同故常，亦名爱摄，妄计内外彼此不同，则厌怠矣。本离我法二执，故不颠倒，亦名正智，妄计我人众生寿者诸相，则颠倒矣。然虽此心性为狭小下劣厌怠颠倒，如水成冰，实广大第一爱摄正智之体，依然如故，毫无缺减，如冰之湿性，仍即水之湿性，苟遇暖缘，未有不应念成水者也。

冰水之性，无二无别，就像凡夫心狭小，妄认四大六尘为自心相；二乘贤圣心下劣，偏空寂灭，未发无上菩提之心；菩萨行者法爱住着，不识正等之实谛。众生执于妄相，二乘恋于我相，菩萨未断法相，有纤毫执着，如水遇寒成冰，不能如诸佛法水，柔软自如，平等无有高下。

在生活中，我们如何学习有个平等的心胸，从虚幻不实的樊笼中解脱，找回我们的真心，我以平等四心，提供给各位参考：

浓淡不拘的中道。

顺逆不忧的雅量。

哀乐不入的心胸。

有无不计的精神。

二、修一切善心无善法

前文释诸佛众生平等之法，佛又恐大众以为理体既是平等，又何用修习？因此才有下文“以无我、无人、无众生、无寿者，修一切善法，即得阿耨多罗三藐三菩提”，虽然平等，非不修习，得成正觉。我们修行，应离相修，即以无我等四相，离相而修一切善法，如此才能证得菩提。

何谓“一切善法”？此善法为四摄六度乃至十八不共法等，超乎三界内的十善法，此“无漏善法”，是成佛胜因，凌驾人天福报的世间善法之上也。要如何去习行此一切善法，当然要用般若空慧做前导，心不住我等四相，所成就之无漏善法，才能圆满无上菩提。《首楞严三昧经》卷上：

菩萨住首楞严三昧……念念常有六波罗蜜。何以故？如是菩萨，身皆是法，行皆是法。是菩萨以一切波罗蜜，熏身心故；于念念中，常生六波罗蜜。是菩萨一切悉舍，心无贪着，是檀波罗蜜。心善寂灭，毕竟无恶，是尸波罗蜜。知心尽相，于诸尘中，而无所伤，是羼提波罗蜜。

勤观择心，知心离相，是毗梨耶波罗蜜。毕竟善寂，调伏其心，是禅波罗蜜。观心知心，通达心相，是般若波罗蜜。

菩萨一切悉舍，心善寂灭，观心知心，通达无我心相，身心念念，常有六波罗蜜。因此佛陀才会强调“凡所有相，皆是虚妄”。舍假向真，从真实会归真俗无碍，空有不即不离，平等的第一义谛。我们以般若智光，广修一切善法，行菩萨布施事业，泯除身相高下，地位尊卑，才能圆满无上正等正觉。《地藏经》说：

有诸国王、宰辅大臣、大长者、大刹利、大婆罗门等，若遇最下贫穷，乃至癃、残、喑、哑、聋、痴、无目，如是种种不完具者，是大国王等，欲布施时，若能具大慈悲，下心含笑，亲手遍布施，或使人施，软言慰喻，是国王等，所获福利，如布施百恒河沙佛功德之利。

又《维摩经》说：

若施主等心，施一最下乞人，犹如如来福田之相，无所分别，等行大悲，不求果报，是则名曰具足法施。

侍一切众生如诸佛，承事供养，无所分别，如《地藏经》言：下心含笑，亲手遍布施。心谦卑如大地，欢喜承载一切有情，平等普遍，心无怨亲拣择。一个心平等的人，已没有我等四相的障蔽，才能发起大心，修一切善法功德。

佛经中，有一个善生长者，有一天，他得到了世间上最稀有、最宝贵的旃檀香木做的金色盒子，长者就对人宣布说：“我要把这宝贵的东西，赠送给世间最贫穷的人。”有很多贫穷的人就来向他要这个金盒子，善生长者并不认同他们就是世间最贫穷的人。

大家十分不服气，认为善生并没有真心要把这个金色盒子送给人。

善生长者就说：“我这个金色盒子要送给世间上最贫穷的人，谁是最贫穷的人呢？我告诉你们，不是别人，他就是我们的国王波斯匿王，他才是世间最贫穷的人。”

这个消息慢慢地传到波斯匿王那里去，波斯匿王非常的生气：

“哼！我是一国之君，拥有无量的金银财宝，怎么可以说我是世间上最贫穷的人呢？去！去把善生找来！”

波斯匿王把善生带到收藏珍宝的库房里，就问善生长者说：

“你知道这是什么地方吗？”

善生长者说：“这是收藏黄金的金库。”

“那是个什么地方呢？”

“那是收藏银子的银库。”

“那是什么地方呢？”

“那是收藏珍珠的宝库。”

波斯匿王厉声责问道："你既然知道我有金库、银库……这么多的财宝，你怎么可以在外面散布谣言，说我是世间上最贫穷的人呢？"

善生长者从容不迫地回答："大王！虽然您的国库盈满了金银珠宝，但是您的眼中看不到饥饿的百姓，您的心中没有福利人群的慈悲，再多的财宝也等于是没有用的东西。财富是用来创造美好生活，而不是储藏囤积起来的呀！"

如果要深解《金刚经》的义趣，首先要能无我相，空去我和我所有的见相，我相空寂，不再执着四大五蕴为实，心境缘影荡然无存，心如虚空，无碍云彩烟霞，山川溪谷种种色相。《地藏十轮经》卷第九"福田相品"：

善男子！菩萨精进，有两种相：一者世间，二者出世间。

云何菩萨世间精进？谓诸菩萨，精进勇猛，勤修三种世福业事。何等为三？一者施福业事。二者戒福业事。三者修福业事。修此即名三种精进。如是精进，缘诸众生有漏有取，依诸果报，依诸福业，是名菩萨世间精进。如是精进，共诸声闻独觉乘等，此不名大甲胄轮，亦不由此名为菩萨摩诃萨也；及名一切声闻独觉真实福田。

云何菩萨出世精进大甲胄轮？谓诸菩萨，勇猛精进，于诸众生，其心平等，除灭一切烦恼业苦。

菩萨精进，修一切善法，于诸众生，心无怨亲拣择，平等如地，以平等心，修持无漏真实福田，才能除灭一切烦恼业苦，得无上菩提。

智永禅师是六朝陈、隋年间著名的书僧。史籍记载，他是书圣王羲之的第七代孙子，平时住在吴兴（今浙江湖州市）永欣寺，人们都称他为永禅师。

他以书法修炼身心。当年他在永欣寺楼上苦学独习书法，足不出户，一学就是四十年。后来，他把坏掉的秃笔头装进瓮里，足足有十大瓮之多，这些秃笔头埋进土里，流传后世一则“笔冢”的美谈。

历史上智永的书法很出名，有《真草千字文》等传于世。

智永禅师四十年足不出户，在笔墨行间息诸外缘，以书法作为冶炼身心的功课，此恒长精进之心，非一般人能想象的。吾人在诵经拜佛，布施修福时，常常发心如朝露，无法持续恒长。有的求什么即身成佛，当下开悟；有的四处遍寻第一神咒妙法；有的一点挫折失意，就怨怪佛菩萨没有保佑。逐境成迷，心外求法总是魔。

求人不如求己，求财不如勤俭。

求名不如随分，求安不如守戒。

求助不如结缘，求福不如修身。

经文言“所言善法者，如来说即非善法，是名善法”，此句为佛陀言善法亦空也。说一切善法者，此不过顺俗谛断众生之执无也。即非善法者，无非顺真谛破众生之执有也。是名善法者，亦不过顺中道第一义谛，破众生之执亦有亦无，非有非无也。

《金刚经注解》：

> 于一切事，无染无着；于一切境，不动不摇；
> 于一切法，无取无舍；于一切时，常行方便。

随顺众生，令皆欢喜，而为说法，令悟菩提真性，此即名为修善法也。

又《法华经》说：初善，中善，后善者。

初谓发善心时，须是念念精进，不生疑惑懈怠之心。

中谓常修一切善法，令悟真性，不着诸法相也。

后谓即破善法，直教一切善恶凡圣，无取舍憎爱之心，平常无事。

善法皆因缘所成，当体是空，哪里有个善法可得呢？不过是佛接引众生悟明真性之方便罢了！我们要能处处修一切善法，但心无所住，无我、无人、无众生、无寿者，不着相，是名真修“无漏善法”。

所谓经者为径，都是通往成佛的门庭，《金刚经》分分以真破假，以无破有，为我们处处铲除成佛道上的重重葛藤蔓结。修持《金刚经》的行者，应了悟，是法平等，无有高下，不舍一善法，不执一善法，法法皆治病药方，乘乘为调伏烦恼魔军的幻术。《杂阿含经》卷二十八：

阿难！何等为正法律乘、天乘、婆罗门乘、大乘，能调伏烦恼军者？谓八正道，正见乃至正定。

阿难！是名正法律乘、天乘、梵乘、大乘，能调伏烦恼军者。尔时世尊即说偈言：

信戒为法轭，惭愧为长縻，正念善护持，以为善御者。
舍三昧为辕，智慧精进轮，无着忍辱铠，安隐如法行。
直进不退还，永之无忧处，智士乘战车，摧伏无智怨。

以信戒、惭愧、正念、喜舍、智慧、无着等正法，乘此战车，能调伏烦恼军团的侵扰，心安隐寂静，当下即是无忧国土。

此分以净心行善，揭开以无所住心的空观，行菩萨一切善业诸行，行善不着善法相，才是真正具足善法行。我们布施行善，要做到三轮体空，四相净除，必须先不断修正法善法，对治邪念恶心，降伏妄想后，心清净故，起观照般若，知我等四相，无有真实；诸佛色相，阐提众生，有相皆妄。由观照明实相，才能心平等，知无上菩提本无高下。

有一则寓言，有甲乙两个小鬼准备到阳间投胎。

阎罗王对他们说："你们到人间投胎做人，一个一生布施东西给别人，一个一生从别人那里获得东西，你们要选择投胎做什么样的人？"

小鬼甲听说，赶快跪下来说道："阎王老爷！我要做那个一生从别人那里得到东西的人。"

小鬼乙默默无言，听候阎罗王的安排。

阎罗王抚尺一拍，宣判道："下令小鬼甲投胎到人间做乞丐，处处向人讨东西；小鬼乙投胎富裕人家，时常布施周济别人。"

两个小鬼愣住了半天，无言以对。

能施舍者，是大富人家，心贪着拥有获取，再多的物质财富，仍是穷如乞讨者。由于执着我等四相的妄想，生起的贪念，在人世间徒增是非风波！菩萨行者能了此心头事，纵横妙用，身心念念自然具足六波罗蜜。

习题

1. "是法平等，无有高下"，此句有何含意？

2. 生活中，我们要如何学习平等心？

3. 为什么修一切善法，要远离我等四相？

4. 既然人人本具有真如佛性，与诸佛无有高下分别，为什么还要修一切善法？

原典

净心行善分第二十三①

“复次，须菩提！是法平等②，无有高下，是名阿耨多罗三藐三菩提。以无我、无人、无众生、无寿者，修一切善法③，即得阿耨多罗三藐三菩提。须菩提！所言善法者，如来说即非善法，是名善法。

注释

①说明一切法性本来平等，无有高下，故一一法皆不可分别执着。以此平等清净心，不着人、我、众生、寿者四相，而修一切善法，便契真如法性，照见本来面目，而得无上正等正觉。

②**法平等有二义**：法相缘起平等，比如说，此法生起，必以彼法为助缘；此法为主，彼法为伴，所谓“此有故彼有，此生故彼生”。若彼法生起，则又有另一个法为伴，如此主伴因缘，重重无尽，互为主伴，如此看来，岂不平等？法性普遍平等，即指二空般若智所显出的真如实相，法尔天然，普遍平等。在佛不增，在众生不减，本来就没有高下胜劣之相，由此更显出法法平等的实义。

③**善法**：指合乎于“善”的一切道理，即指五戒、十善、三学、六度。五戒、十善为世间的善法，三学、六度为出世间的善法，二者虽有深浅之差异，而皆为顺理益世之法，故称为善法。

译文

“其次，须菩提！人不分贤愚圣凡，其真如菩提是绝对平等的，没有高下的分别，所以才名为无上正等正觉。只要众生不执着于我相、人相、众生相、寿者相的妄想分别，去修持一切善法，那么即可悟得无上正等正觉。须菩提！所谓的善法，也不过是因缘和合的假相，怎能执为实有？修一切善法，不可着相，善法之名，不过是随顺世俗事相而言。”

宝山有限般若无价分第二十四

讲话

前分以发起修一切善，应心不住我等四相及善法相，前念后念，念念平等，那无有高下的真如性理，即是无上菩提。今明无修而修，无得而得，实相平等，此经义甚深故，因此再举“七宝聚”布施福德与持经功德校量。虽然以山王宝聚布施，仍属有为善法，但受持四句，是无为善法，能出生无上菩提法，此分正显般若无价，令人开发无漏善根，行无住布施，结无漏佛果。

一、须弥山宝不如法施。

二、四句功德绝去百非。

经文中以“三千大千世界中，所有诸须弥山王，如是等七宝聚，有人持用布施”，一个三千大千世界，就有一百亿个小世界，每一个小世界，有一个须弥山王。为什么称须弥山叫山王？因为它出水高八万四千由旬。此句意，即有人以一百亿多的须弥山王，装满七宝去行布施，得福甚多。虽然以三千大千世界，所有诸须弥山王的七宝聚，和受持四句经文者校量，仍是百分不及一，百千万亿分，乃至算数譬喻所不能及。

一、须弥山宝不如法施

前文中，用比喻校量持经的功德，有五次：

（1）第八分“满三千大千世界七宝，以用布施”。

（2）第十一分“以七宝满尔所恒河沙数三千大千世界，以用布施”。

（3）第十三分“以恒河沙等身命布施”。

（4）第十五分“每日三分，以恒河沙等身布施，如是无量百千万亿劫”。

（5）第十六分“于燃灯佛前，得值八百四千万亿那由他诸佛，悉皆供养承事，无空过者”。

今二十四分是第六次的校量，仍为显示受持经教者，福德最胜。因般若所诠之理，乃平等自性也，若能相应，则入妙觉圆明，理事融通的微妙法界。从外在的福德，反归性上的福德；从形色的七宝，默照身中稀有不坏的七宝；从布施有为的福德，彻见修持自性无漏的福德。如六祖惠能大师说："乘船永世求珠，不知身是七宝。"

《法华经》说：

若人读诵受持是经，为他人说，若自书，若教人书，复能起塔及造僧坊，供养赞叹菩萨众僧，复能清净持戒，常贵坐禅，精进勇猛，摄诸善法，当知是人，已趣道场，近阿耨多罗三藐三菩提，坐道树下。

须弥山七宝聚，有为的物质，终究是因缘假合，挡不住地水火风的摧败毁坏，不似吾人身中七宝，性上福德，任劫火水漂，吞炭焰烧，巍巍金相，万德炯然。因此，佛陀是真语实语者，要吾人听信受持此《般若波罗蜜经》，乃至能信得四句偈等，即摄无量善法，趣道场树下，得佛授记。

《华严经·普贤行愿品》卷第三十八：

善男子！菩萨摩诃萨，以般若波罗蜜为母，方便善巧为父，檀那波罗蜜为乳母，尸罗波罗蜜为养母，忍辱波罗蜜为庄严具，精进波罗蜜为养育者，禅那波罗蜜为浣濯人。

受持般若即受持相信人人有个与诸佛齐同，无高无下的如来宝藏，入此平等法智，六波罗蜜自然具足。所以佛陀反复地校量，不论恒河沙数七宝、无量劫身命、亲承供养无量诸佛等布施，都比不上般若佛母能出生三世一切诸佛。

关于智慧化身的文殊菩萨塑像，我们常见的是头上梳有五个髻子，左手持莲花经书、右手执宝剑的形象。头上的五髻，既表示童子的天真，又表示了法界体性智、大圆镜智、平等性智、妙观察智、成所作智等五种智慧。左手持莲花，花上安放《般若经》的原因，在于体现般若（大智）的一尘不染。右手持宝剑，则是为了显示大智能断一切烦恼，就好比金刚宝剑能斩群魔一样。

文殊菩萨所骑的那头狮子象征着智慧的勇猛，在《涅槃经·狮子吼菩萨品》用狮子的身形比喻佛菩萨的种种功德："如来正觉，智慧牙爪，四如意足，六波罗蜜满足之身，十力雄猛，大悲为尾，安住四禅清净窟宅，为诸众生而作狮子吼，摧破魔军。"

般若本体一尘不染，湛明圆觉，虽不持戒，而毗尼严净；虽不集福，而万德庄严；虽不出家，而身心寂然；虽不求佛，但成佛有余。因为其心不住形相，不被戒法、福德、净行、证悟等善法所缚，自净其意，心如虚空，哪里有净秽的拣择，善法恶法的爱憎呢？

过去印度有一位国王想测验心的力量究竟有多大，于是派人到牢狱里拘来一位死囚，并且对他说：

"现在你就要被判死刑了，不过我可以再给你一次机会，如果你能够手捧着一碗油，顶在头顶上，在城内的大街小巷绕行一周，假如你能够不洒落一滴油的话，我就赦免你的死罪。”

死囚在绝望之中，突然看到一线的曙光，欢喜不已，于是小心翼翼地顶着一碗油，履冰临渊般地绕行于街道。但是国王为了考验他是否专心一意，派人在街道各处布置了种种的奇观杂玩，并且挑选国中的美女，在他经过的路旁奏着美妙的音乐，轻歌曼舞，企图分散他的注意力。他一心想要活命，只担心头顶上的油，一步一步往前走，所有的声音、美丽景色，仿佛一阵云烟，一点也引不起他的兴趣，终于平安地绕回宫中，一滴油也没有洒落。国王惊奇问他说：

“你在绕街时有没有听见什么声音？看见什么动静？”

“没有啊！”

“你难道没有听见悦耳的音乐，看见动人的美女吗？”

“回禀大王！我确实什么也没有听见，什么也没有看到。”

我们想要受持般若无上法，就必须学习故事中的死囚，心中只有一碗油钵，面对世间的五欲引诱，不为所动，即能视而不见，听而不闻。吾人一心护着头顶上的油钵，就像护念那一念清净心，当然可以跨越生死的关头，就像禅门中的一句话：“打得念头死，许汝法身活。”

《华严经·普贤菩萨行愿品》卷第六：

善男子！一切凡愚，迷佛方便，执有三乘；不了三界，由心所起；不知三世一切佛法，自心现量；见外五尘，执为实有；犹如牛羊，不能觉知；生死轮中，无由出离。

善男子！佛说诸法，无生无灭，亦无三世。何以故？如自心现五尘境界，本无有故；有无诸法本不生故，如兔角等；圣者自悟境界如是。

善男子！愚痴凡夫，妄起分别，无中执有，有中执无；取阿赖耶种种形相，堕于生灭二种见中，不了自心，而起分别。

善男子！当知自心，即是一切佛菩萨法；由知自心即佛法故，则能净一切刹，入一切劫。是故善男子！应以善法，扶助自心；应以法雨，润泽自心；应以妙法，治净自心；应以精进，坚固自心；应以忍辱，卑下自心；应以禅定，清净自心；应以智慧，明利自心；应以佛德，发起自心；应以平等，广博自心；应以十力、四无所畏，明照自心。

我们见外尘缘，执为实有，不知自心即三界即一切佛法，能净一切刹尘，入一切劫，恒常自在安稳。于尘缘境起，妄起生灭见相。由此生死轮中，无有暂息。如六祖惠能大师的修心偈：

心好命又好，富贵直到老。命好心不好，福变为祸兆。
心好命不好，祸转为福报。心命俱不好，遭殃且贫夭。
心可挽乎命，最要存仁道。命实造于心，吉凶唯人召。
信命不修心，阴阳恐虚矫。修心一听命，天地自相保。

成佛作祖，驴腹马胎，境遇悬隔，福分高下，端视吾人休去妄心，修习真心，以一切善法扶助怯弱心，以戒律法雨润泽卑劣心，以精进坚固狐疑心，以忍辱调伏我慢心，以禅定清净妄想心，以智慧明照昏昧心，以佛心发起广博平等心。

二、四句功德绝去百非

佛道长远，在因地修行中，闻法受持是自利，为他人说是利他，能深解义趣固然是甚为稀有，能发起大心为人解说，实是人中最尊最贵。甚深的妙法，若无善知识所教，如何识得衣上珠，身中宝呢？因此，善知识是渡生死河的大船，是黑夜中的灯塔，是疲倦无力时的手杖，更是久旱干涸时的甘霖雨露。《华严经·普贤行愿品》卷第三十三：

善男子！善知识者，犹如慈母，出生一切佛种性故。善知识者，犹如严父，广大利益亲咐嘱故。善知识者，犹如乳母，守护不令作恶法故。善知识者，犹如教师，示诸菩萨所应学故。善知识者，犹如善导，能示甚深波罗蜜故。善知识者，犹如良医，能治种种烦恼病故。善知识者，犹如雪山，增长一切种智药故。善知识者，犹如勇将，殄除一切诸恐怖故。善知识者，犹如船师，令渡生死大瀑流故。善知识者，犹如商主，令到一切智宝洲故。善男子！汝今若能如是作意，正念思惟，当得亲近诸善知识。

一切佛法，依善知识生。一切威德庄严，由善知识力，而得圆满。我们因善知识，得闻一切菩萨行，引发一切菩萨善根，开发一切菩萨法光明，成就一切菩萨功德。因此，《金刚经》在显发般若智德的殊胜时，教诫受持四句偈者，应发大心，为他人说。空理虽非言声文字可以通达，但是“借指指月”，“渡河乘舟”，于因地修行中，仍是不可废弃的方便工具。

有一则寓意深长的故事说：佛殿中供奉着一尊大佛，是铜铸成的；放在佛桌旁的大磬，也是铜铸成的。

有一天，大磬向大佛提出了抗议，说道：“喂！大佛啊！你是铜铸的，我也是铜铸的，大家的身价相等，可是，当信徒来参拜时，他们都拿着香花、水果供养你，并且向你虔诚地顶礼膜拜，为什么他们不供养我，不礼拜我呢？”

大佛一听，稍为沉思了一下，微笑着说道：“大磬呀！

你不知道为什么，让我告诉你一个道理。当年我们从矿山被开采出来，都是同样的一块铜，可是当雕塑师开始雕塑我们时，我忍耐了很多的苦痛，历经了很多的煎熬。譬如说：当他们发现我的眼睛太小了时，就拿起铁锤猛打、猛挖；发现我的鼻子太大了时，就又敲又锤的，常使我痛彻心扉，可是我毫无怨言，因为我知道雕塑错了，必须再加以改正的，就这样经过千锤百炼，我终于塑造成一尊佛像。而你呢？不加修饰地就铸成了大磬，只要有人，轻轻地在你身上敲了一下，你就痛得嗡嗡地大叫，当然没有人会礼拜你、供养你啊！”

大佛和大磬同是铜铸成的，就像凡夫和众生的佛性也是一样，只是我们被妄想尘缘，迷乱本心，造作恶业，而佛任人割截，心无嗔恨，广修一切善法功德，受一切世间人天，香花供养。凡夫被五蕴蒙骗，恐怖空无之理，于世间认假做真，执妄为实，不知无的世界，弥盖天地，横竖法界。

跋提王子，他本是佛陀的堂弟，后来出家做了比丘。有一次，他与阿那律、金毗罢等三人在树林里修行，在修行的时候，他忽然大叫起来说：“啊！快乐哦！实在太快乐！”

阿那律就问他：“你大声叫什么？什么事使你那么快乐啊？”

跋提说："阿那律尊者！我过去做王子的时候，住在铜墙铁壁的王宫里面，有许多侍从勇士拿着武器护卫着我，我仍然恐怖刺客的谋害；我吃的是山珍海味，穿的是绫罗绸缎，过着非常奢华的生活，可是我老是觉得食不甘味，穿着不美。现在我出家当比丘了，一个卫兵也没有，独自一个人静静在树林中坐禅，但不怕有人来杀我，衣食都非常简单，但我内心觉得非常充实，我现在可以自由地坐，自由地睡，一点也没有不安的感觉。因此，我心中有说不出的喜悦呀！"

无的世界，安隐充满；无的世界，永不匮乏；无的世界，威势坚固；无的世界，任运自如。佛陀深知空无的宽广饱足，才会婆心切切，要我们听信受持无上无限的般若妙德。生命的有限与无尽，须仗般若智眼去照见。我们的生命有限，精神无尽。言语有限，情意无尽。播种有限，结果无尽。喜舍有限，功德无尽。佛陀要我们打破五蕴假相，那些有为有限量的人天福德，只是增添外相的端严，福乐的享用，于生死苦厄，无法作为我们的依祐，于烦恼魔军来时，难以聚集威力降伏。

有一个国王，因为心爱的王妃病逝，悲伤过度而不思饮食，每天以泪洗面地陪伴在王妃的遗骸旁边。虽然许多大臣都劝国王要节哀顺变，但是却丝毫没有作用。过了一段时间以后，有一天，有一位仙人来访，大臣便将国王的情况告诉他，仙人便向国王说："我不但可以说出王妃投胎的地方，甚至可以让国王直接与她交谈。"国王听了以后，相当高兴，立即要仙人带他前往该地。当仙人引导国王走出庭院的时候，指着两只正忙于搬运牛粪块的甲虫说："国王，这一只正是病逝不久的王妃，她现在已经投胎转世成为吃牛粪的甲虫妻子了。"国王感到相当惊讶并且生气地说："你怎么可以诬蔑我的妃子呢？"仙人回答："国王您不要不相信，您仔细听听看吧！"说完，就呼叫着甲虫，却听到王妃回答的声音。国王问着甲虫说："你喜欢生前的我，还是喜欢甲虫为夫呢？"王妃回答说："在我生前受到国王的恩宠，过着幸福的生活。不过往事已如云烟，现在的我当然是喜欢吃牛粪的甲虫丈夫。"国王听后，如梦惊醒，回宫立刻命令大臣埋葬王妃的遗骸。

般若空理旨在引领我们，觑破浮生诸相，回头上岸，一段现前风景，不属他人！世间忧喜不定，光阴石火，岁月如逝波。于此无常、无我的世间，如果不识般若宝，不信法身佛，是常住安乐，三界业识茫茫，生死谁替代？佛陀护念咐嘱行者，摒除诸相，返舍归乡，不再于幻境里漂零流浪，归来，万境心机俱寝息，一知一见尽消融，恁么时，花繁柳密，伴鸟随云！如白云守瑞禅师的子规诗：

声声解道不如归，往往人心会者希。

满目春山春水绿，更求何地可忘机。

习题

1. 佛陀为什么要反复校量布施福德，与般若功德的差别？

2. 善知识对我们学佛修行有何帮助？

3. 空理非言语可以诠释，为什么受持者要为他人解说？

4. 无的真正含意是什么？

原典

福智无比分第二十四①

“须菩提！若三千大千世界中，所有诸须弥山王，如是等七宝聚，有人持用布施；若人以此《般若波罗蜜经》，乃至四句偈等，受持读诵，为他人说，于前福德百分不及一，百千万亿分，乃至算数譬喻所不能及。”

注释

①谓“福智”，即福德与智慧的并称。有相的布施纵

使如山高、如海深，山崩海枯之时，福智亦是有尽。然受持经典的无相般若妙慧，所得的福智，方是无量无边，不可计数的。

译文

“须菩提！如果以三千大千世界中，所有须弥山王做比较，有人用七宝，集满所有的须弥山王，用来布施，这个人所得的福德，当然是很多的。但是如果有人只是受持读诵这部《金刚般若波罗蜜经》，并且又能为他人解说，哪怕只有四句偈，他所得的福德，用七宝布施的福德校量，前者的布施福德，是百不及一，百千万亿分不及一，甚至是算数譬喻所不能相比的。”

生佛平等无我度生分第二十五

讲话

佛陀说法有所谓的“教、理、行、证”四种阶次。第一信佛陀的言教，如前文所述，要听受读诵，应如所教住。第二解悟佛陀所说的义理，达到深解义趣。第三依所解悟的义趣发起修行，远离一切相，通达无我法，把妄心降伏，以“无所住”安住真心，修一切善法。第四是证果之法，从听受言教，深解义理，发起修行，直至证果的风光。《金刚经》一脉纵贯，向吾人道尽教理行证的次第。

从二十五分开始，即进入证果之法。尊者须菩提启请《金刚经》的因缘，为现在及后末世众生请示两大根本问题，一是云何应住？二是云何降伏其心？佛陀以降伏妄心，应离一切相；安住真心，要无所住着，解开一切众生的惑结。

信、解、行、证的四种阶次，都一再演说此“降心离相”“住心无住”的道理，只是深浅粗细不同罢了！因为在生起一念清净心，深解般若义趣，修一切善法，乃至证悟无上菩提，都离不开降心住心的两大问题。

一、究竟离相降伏妄心。

二、佛陀无我凡夫性空。

在二十一分提到不可生心动念，佛陀有所说法，谓佛陀说法心不着相，不过是应机随缘，教化众生。此分再推广降心离相之理，离度众生的相，心无所住才是真正的灭度一切众生。

一、究竟离相降伏妄心

佛陀已证无上菩提，知众生性空，不过因缘假合之相，缘生相生，缘灭相灭，哪里有实在的众生可度呢？因此经文言：汝等勿谓如来作是念，我当度众生。何以故？实无有众生如来度者。在第二十一分，佛陀要我们不可执着有说法相，今再演说，无有众生相。谓证果之人，心无所住，何有说法闻法，能度所度的纤毫作念呢？

此分总结第三分佛陀答复的“降心离相”的问题，即发灭度一切众生心者，要以“实无众生得灭度者”的般若智慧去普度众生。

从第三分，佛陀开导发菩提心的善男子、善女人，要用离一切相的般若观成就菩萨道，直到成佛证果。佛陀以过去依此无我等四相的般若智，发心、修行、证果，要吾人如是信，如是解，如是行，如是证。如智者大师颂：

众生修因果，果熟自然圆。
法船自然度，何必要人牵。
恰似捕鱼者，得鱼忘却筌。
若道如来度，从来度几船。

以生佛平等之义，佛陀心无高下之念，无能度之佛陀，更无所度之众生，所言修一切善法度众，心不住着。善法者无实，不过是应病予药，病去药除，一时权巧方便而已。佛陀知一切诸法，一切众生，皆无定相，为因缘和合所成。如《大般涅槃经》说：

善男子！譬如幻师，在大众中，化作四兵车步象马，作诸璎珞严身之具，城邑聚落，山林树木，泉池河井。而彼众中有诸小儿无有智慧，睹见之时，悉以为实。其中智人知其虚诳，以幻力故，惑人眼目。善男子！一切凡夫，乃至声闻辟支佛等，于一切法见有定相，亦复如是。诸佛菩萨于一切法不见定相。

善男子！譬如小儿，于盛夏月，见热时炎，谓之为水。有智之人于此热炎，终不生于实水之想。但是虚炎诳人眼目，非实是水。一切凡夫，声闻缘觉，见一切法亦复如是，悉谓是实。诸佛菩萨于一切法不见定相。

善男子！譬如山涧，因声大响。小儿闻之，谓是实声。有智之人解无定实。但有声相诳于耳识。

善男子！一切凡夫，声闻缘觉，于一切法亦复如是，见有定相。诸菩萨等解了诸法悉无定相，见无常相，空寂等相，无生灭相。以是义故，菩萨摩诃萨见一切法是无常相。

器世界是成住坏空，人的心念是生住异灭，念念如瀑流，悉无定相可得。《金刚经》一再郑重地向吾人告诫，离外在的我等四相和内心的我等四相，内外俱净，才能不作生佛高下之念，不被佛相法相所缚，自此肯定人人本具佛性，众生乃佛心之生。

龙济绍修禅师遇见一个僧人。僧人问他：“什么是大败坏的人呢？”龙济说：“万劫不坏。”僧人再问他：“你知不知道佛法呢？”龙济喝一声：“我要是知道佛法，那就是颠倒。”僧人不明白地问道：“我要如何才能不颠倒呢？”龙济说：“必须知道佛法。”僧人就问：“什么是佛法？”龙济说：“大败坏。”

龙济绍修禅师写了两首偈子。一首是：

风动心摇树，云生性起尘。
若明今日事，昧却本来人。

又一首是：

万法是心光，诸缘唯性晓。
本无迷悟人，只要今日了。

龙济禅师知即使败坏如一阐提者，亦无定相，他的佛性仍是万劫不坏。要真正信解佛陀所说，佛法者是遇缘生起，法无自性，亦难免生灭败坏，如前文所言（第二十一分），言如来有所说法，即为谤佛，不能解我所说故。《大乘起信论》：

真如自体相者，一切凡夫、声闻、缘觉、菩萨、诸佛，无有增减，非前际生，非后际灭，毕竟常恒，从本已来，性自满足一切功德。所谓自体有大智慧光明义故，遍照法界义故，真实识知义故，自性清净心义故，常乐我净义故，清凉不变自在义故，具如是过于恒沙不离不断不异不思议佛法；乃至满足无有所少义故，名为如来藏，亦名如来法身。

一切凡夫，三贤十圣，诸佛菩萨，如来法身，无有增减，毕竟常存，遍照法界，自体能满足一切功德，生发无上菩提华果。

佛陀说“有我”是随顺世谛法，为了方便度化众生而言的，佛陀并没有执着有个“我”，不过权巧立个假名的“我”，所以说“即非有我”。佛陀怕有人认为佛既无我等四相，怎么又言自己已成道果，为法王尊，于一切法自在无碍？其实佛陀所谓的我，不是凡夫所见的五蕴和合的丈六金身，也不是圣贤菩萨等众所见的三十二相八十随形好因缘生灭的“我”，而是法身真我，非同四相之我，此“我”生佛平等，个个有份，怎奈世间凡夫认名取相，错解假我为实，却不认取法身真我。

很久以前，宋国有一个农民，平常穿着破棉粗布织成的衣服，勉强度过寒冬。春天到了，他到田里作务，休息时晒晒太阳，觉得暖和而舒适。他不知人间还有高大宽敞、华丽舒适的房屋，也不知道有人是穿着丝绸和裘衣过冬。他骄傲地对妻子说：“晒太阳这样暖和舒服，人们还都不知道，我如果把晒太阳的快乐献给国王，一定能得到重赏。”

凡夫的无知，就像故事中的农夫，执着于自己的破棉衣，不知道人间还有丝绸裘衣可以保暖；目光短视以为晒太阳是最大的快乐，不知有高广的华厦可以安身。

佛陀以“实无众生可度”明示发菩提心者，要离一切相，修一切善法，度一切众生，也勉励我们不要被众生相昧惑，众生相本体是空，只要一念听受信解，即转凡入圣，何有恒长实有的众生呢？真正的佛法是内学内观，心向外求，即是外道邪魔。我们祈求吉祥如意，事修的功德固然有所帮助，但重要的是心地的清净，以正信为行路指标，才是根本之道。就像点灯一样，没有先点亮灯芯，添加再多的香油，仍旧是漆黑无光。正信之美：

如琴瑟妙音，如明镜照人。
如大地安稳，如日月星光。

二、佛陀无我凡夫性空

前文已表明佛陀心念不动，不住能度有我之相，言有我不过是随顺世谛，流布妙法的假名方便而已。但是凡夫执着有度众生的佛陀，由于住心着相，以为佛有个“我”在修行无相，在广度有情，乃至得法证果。下文佛陀再透彻地向吾人显示所度无人之相。

“凡夫者，如来说即非凡夫，是名凡夫”，何谓凡夫？即是凡愚无智者，深着世法，我执深重，于五蕴中，心心缘我；在六尘上，念念执我。逢人起慢，遇物生贪，从迷积迷，因妄成妄。着衣吃饭，哪知温饱饥寒；送客迎宾，岂解瞻前顾后？苟延岁月，虚度光阴。

凡夫者，虽是凡愚无智，但凡夫体即是空，逢因缘圣法，拂去妄想执着，也有成就佛道的一日。凡夫者，世俗谛也。即非凡夫者，依真谛也。是名凡夫者，乃依中道第一义谛也。如果我们明白凡夫性空，发起菩提心修行，已具有少分的菩萨心，那时候已是“即非凡夫”。虽然已是行圣道者，但仍未证果，因此是个假名的凡夫，亦即“是名凡夫”。佛陀以“心、佛、众生”三无差别的观点，申明是凡非凡，凡即非凡，是名凡夫，谓凡夫空也，上无能度之佛，下无所度之凡夫。希冀吾人信解，是法无高无下，生佛齐同平等。《大般涅槃经》：

善男子！我于此经说言佛性具有六事：一常，二实，三真，四善，五净，六不可见。我诸弟子闻是说已，不解我意，唱言佛说众生佛性离众生有！

善男子！我又说言众生佛性犹如虚空。虚空者非过去，非未来，非现在，非内非外，非是色声香味触摄。佛性亦尔。我诸弟子闻是说已，不解我意，唱言佛说众生佛性离众生有！

善男子！我又复说众生佛性犹如贫女宅中宝藏，力士额上金刚宝珠，转轮圣王甘露之泉。我诸弟子闻是说已，不解我意，唱言佛说众生佛性离众生有！

善男子！我又复说犯四重禁，一阐提人，谤方等经，作五逆罪，皆有佛性。如是众生都无善法，佛性是善。我诸弟子闻是说已，不解我意，唱言佛说众生佛性离众生有！

佛性犹如贫女宅中宝藏，力士额上金刚宝珠，转轮圣王甘露之泉，并具有恒常、实有、真正、纯善、清净、不可见等六种不可思议！既令作五逆罪等，无一毫末善法的阐提人，佛性不离。盖由凡夫执五蕴为实有，迷四大是真我，虚妄造作诸业，枉受轮回啼哭之苦。不知宅中宝藏，顶上明珠，四处抛家散走，认他乡作故乡，不知自性焕发光彩，只要狂心歇，妄想息，无事即是贵人，任天地寒暑，人情冷暖，触目全是春水春绿，扬眉即闻雅音妙树重重！

圣一是个领悟真性的独眼禅师，驻锡于京都的东福寺。此寺无论昼夜，都寂静无声，连诵经礼忏的佛事，也被这位大师一律废止。他的门人除了坐禅和普坡作务之外，别无杂事，东福寺如此静寂，数十年如一日。直到圣一圆寂时，一位邻居老妇才听到引磬和诵经的声音。

佛陀以降伏其心，要先离我等诸相，离却一切相，心即平等，心眼净明，灵光独耀，本自圆成，何劳向外求玄？就像禅门中的法器，启开法眼，会见本来面目，所作的悟道诗，又称“投机偈”，可作为吾人理解“应无所住”时，当下的见性悟境。

长庆棱是雪峰禅师的门徒，有一天卷帘，豁然大悟：

> 也太差，也太差，卷起帘来见天下，
> 有人问我解何宗，拈起拂子蓦口打。

永明延寿是百卷《宗镜录》的作者，有一天闻木柴堕落地下，了然契悟，作一偈：

> 扑落非他物，纵横不是尘。
> 山河并大地，全露法王身。

张九成是南宋人，参究柏树子公案，由于闻蛙鸣声，心有省悟，作一偈：

> 春天月下一声蛙，撞破乾坤共一家。
> 正恁么时谁会得，岭头脚痛有玄沙。

开悟须假因缘的成就，所谓水到渠成，吾人于信、解、行、证的修行路上，须假善法修为，没有天生的释迦，自然的佛陀，都是从生起一念清净信心，听受读诵经教（文字般若）；深解义趣，返归自心（观照般若）；发起修一切善行，证入无上平等法性（实相般若），何有不播种的收获？不筑地基的楼阁？如《大乘起信论》说：

又诸佛法有因有缘，因缘具足，乃得成办。如木中火性是火正因。若无人知，不假方便，能自烧木，无有是处。众生亦尔，虽有正因熏习之力，若不遇诸佛菩萨善知识等以为缘，能自断烦恼入涅槃者，则无是处。若虽有外缘之力，而内净法未有熏习力者，则亦不能究竟厌生死苦，乐求涅槃。若因缘具足者，所谓自有熏习之力，又为诸佛菩萨等慈悲愿护故，能起厌苦之心，信有涅槃，修习善根。以修善根成熟故，则值诸佛菩萨示教利喜，乃能进取，向涅槃道。

凡夫虽有佛性，犹如木中火性是火的正因，如果不逢因缘，木头怎能自燃自烧呢？进取涅槃解脱道，如果不遇诸佛菩萨善知识等为缘，如何点燃自性的火光？凡夫妄想驰求，所依无定实，心机算计，千端万绪，浮沉生死，就像傅大士的《浮沤歌》：

> 君不见
>
> 骤雨近看庭际流，水上随生无数沤。
>
> 一滴初成一滴破，几回销尽几回浮。
>
> 浮沤聚散无穷已，大小殊形色相似。
>
> 有时忽起名浮沤，销竟还同本来水。
>
> 浮沤自有还自无，象空象色总名虚。
>
> 究竟还同幻化影，愚人唤作半边珠。
>
> 此时感叹闲居士，一见浮沤悟生死。

皇皇人世总名虚，暂借浮沤以相比。

念念人间多盛衰，逝水东注永无期。

寄言世上荣豪者，岁月相看能几时？

浮沤聚散无穷已，自有还自无，销竟还同本来水……浮沤一生，如同凡夫于此幻影，执我攀缘，六情自昏，不知暂借浮沤身，彻见人间的真相，知人我毁誉不久长，人情浓淡不久长，人世盛衰不久长，人心爱憎不久长，于浮沤假相，悟解有个真实千年万劫不败坏的真我。

福州大章山上的契如庵主一向不攀外缘，淡泊宁静。他于玄沙禅师那里领悟真心以后，玄沙赞美他说："你的禅悟已入无人境，以后没有人可以和你并驾齐驱。"

契如自此不聚徒说法，也不须侍者服侍，独自一个人隐居小界山中，把一株枯死的大杉树掏成一个小庵，只够容身，于此小庵，悠然自得。凡是有游方过路的僧人，随叩随应，不拘说法的方式。

有一僧问他："生死到来该怎么躲避？"他说："跟着走就是了。"僧人反问："那不就受到生死拘束吗？"契如就喊一声："啊哟哟！"

生死就像花开花谢一样自然，觉悟的佛陀，都免除不了色身老病的朽坏，有为有相皆离不开危脆的生灭法。

因此，契如禅师要吾人于生死到来时，不生心动念，脱透妄相，明了本无生死来去之相，又是谁受到拘束呢？

以无我等相的般若慧观，行游化度众的菩萨事业，尊重一切凡夫有如来藏，有金刚宝，心离能度所度的高下妄相，即如大地无怨亲远近的分别，无爱憎是非的拣择，但尽凡夫心，平等如佛德。就像《庞居士语录》卷中所言：

无贪胜布施，无痴胜坐禅，无嗔胜持戒，无念胜求缘。尽见凡夫事，夜来安乐眠，寒时向火坐，火本实无烟。不忌黑暗女，不求功德天，任运生方便，皆同般若船。若能如是学，功德实无边。

习题

1. 佛陀于因地修行，发心度化众生，为什么说“无有众生，如来度者”？

2. 佛陀不是一再强调要以“无我”法修行，为什么此处却说“有我”？

3. 何谓“凡夫者，如来说即非凡夫，是名凡夫”？

4. 凡夫本具有如来佛性，为什么还须要诸佛菩萨善知识所教？

原典

化无所化分第二十五[①]

“须菩提！于意云何？汝等勿谓如来作是念，‘我当度众生。’须菩提！莫作是念，何以故？实无有众生，如来度者，[②]若有众生，如来度者，如来即有我、人、众生、寿者。”

“须菩提！如来说有我[③]者，即非有我[④]，而凡夫[⑤]之人，以为有我。须菩提！凡夫者，如来说即非凡夫，是名凡夫[⑥]。”

注释

①“化”者，以法度生也；“无所化”者，以平等心度平等众，外不见所度的众生，内不见能度的我，能所俱忘，自然是化无所化。第二十一分非说所说，是无法可说；第二十二分无法可得，是连法也不可得；此分化无所化，是连根本的惑根都要除去，如来是无众生可度，不曾度过一个众生。

②**经云**：“平等真法界，如来不度生。”《华严经》云：“心佛及众生，是三无差别。”佛陀在在处处，总要一手提起，再用另一手放下，恐怕众生怀疑他有众生可度，

所以，一再点出生佛平等的真理。

③**我**：所谓的我，有三种：真我、假我、神我。真我，是如来所证的神通自在我；假我，凡夫众生所执之我；神我，邪魔外道之我。真我就是诸法平等的真性，不但诸佛已依此得到了归趣，即一切众生也是依此为最后的归趣，不过众生迷故，而菩提自在，所谓“真我与佛无差别，一切有情所归趣”。

④如来所证之八自在我，绝言绝相，本不可说不可名，为了方便随缘教化众生，所以在不可言说的真我体上，假说“我”。比如说“娑婆世界为我所教化的国土”“罗睺罗是我的儿子”等，都是“是名”的方法，不是二乘凡夫执法执我的“我”。

⑤**凡夫**：即是未见四圣谛之理，识浅凡庸之人。

⑥**如来说即非凡夫，是名凡夫**：在平等法中，“是法平等，无有高下”，没有诸佛，也没有众生、凡夫之别。若觉有诸佛、凡夫的差别，这就是凡夫自己迷昧分别的妄想，好比有人在自己身上画圈设限，永远也跳不出去一样，而在佛的平等心性中，是绝对没有圣凡异见的，所以“如来说即非凡夫，是名凡夫”。

译文

佛陀恐怕还有众生以为他有众生可度，所以特地再一次提出询问："须菩提！你不要说，我还有'众生可度'的念头，你不要有这样的想法。为什么呢？因为众生当体即空，并无实在之相，如果我还生心动念，有众生可度，那么连我自己也落入我、人、众生、寿者四相的执着之中。

"须菩提！如来所说的'我'，事实上是假相的我，是为了度化众生，权巧方便设立的，但是凡夫却以为有个真实的我，这都是凡夫执相成迷。须菩提！其实心、佛、众生三无差别，一切凡夫都具有如来智慧，凡夫与佛，本来平等的，所以凡夫并非凡夫，只是因为他一时沉沦不觉，随逐妄缘，未能了悟生死，暂时假名为凡夫。"

法身遍满观想不得分第二十六

讲话

此分皆为演绎推广前分“降心离相”的义理，显示眼见心想的三十二相，一落有相执着，就不是佛的真身。佛陀于前文说明有为的佛相皆虚妄的道理，共有三处：

不可以身相见如来。(第五分)

不可以三十二相见如来。(第十三分)

不可以具足色身见，不可以具足诸相见。(第二十分)

前文是“眼见”的佛身，此分则是心里“观想”，虽然心目有别，但是都为取相执着，非真如法身也。谓法身非相，岂能以幻化不真的三十二相观之呢？如果观想的三十二相即佛的真相，那么转轮圣王同样具足三十二福德相，不就是如来了吗?

此分佛陀更进一步，把心识所观想的三十二相，扫荡洁净。不论眼目所见，心识念想，显于内外之相，都是幻化生灭，与法身如来不相干!

一、观三十二相非真。

二、声色六尘是邪道。

三十二相非法身如来的真相，不过是佛陀于人间成佛，为了摄受众生，因此示现人间最有福报的“转轮圣王”三十二相，完成娑婆的应化事业。

一、观三十二相非真

佛陀借圣王的福德相，令众生心生渴仰，厌离五浊色身，止恶行善，培福修慧，从福德庄严的身相，悟解自心能生天冠璎珞，百福相好的三身。佛陀一再破除我们六根尘缘的不实，从妄心息，诸相灭，见自本来处。

川禅师颂:

泥塑木雕缣彩画，堆青抹绿更妆金。

若言此是如来相，笑杀南无观世音。

降伏眼见心想的妄相，肯定有个常住的如来法身，离色声香味触法，无边无碍，不生不灭，此佛性真实无变异，应用于一念清净心，四无量心，种种一切无漏善法。

《大般涅槃经》卷第三十二“狮子吼品”：

善男子！大慈大悲名为佛性。何以故？大慈大悲常随菩萨，如影随形。一切众生必定当得大慈大悲，是故说言一切众生悉有佛性。大慈大悲者名为佛性，佛性者名为如来。

大喜大舍名为佛性。何以故？菩萨摩诃萨若不能舍二十五有，则不能得阿耨多罗三藐三菩提。以诸众生必当得故，是故说言一切众生悉有佛性。大喜大舍者即是佛性，佛性者即是如来。

佛性者名大信心。何以故？以信心故，菩萨摩诃萨则能具足檀波罗蜜，乃至般若波罗蜜。一切众生必定当得大信心故，是故说言一切众生悉有佛性。大信心者即是佛性，佛性者即是如来。

大慈大悲，大喜大舍，大信心，如影相随左右，只是吾人被浮尘缘影钩牵，于声色幻象流转不已，不知心具清净信根，有慈悲喜舍大神通，与诸佛如来等齐。

有一次道吾去京口，听到夹山和僧人的问答。僧人问：“什么是法身？”夹山说：“法身无相。”又问：“什么是法眼？”夹山说：“法眼无瑕。”道吾不觉失笑。

夹山便请教道吾有何高见，请慈悲为他说破。道吾说：“我不可对你说破，但你可以去华亭找船子和尚。”夹山问：“这个人有什么高妙之处？”道吾答道：“这个人上无片瓦，下无扎锥之地。”

夹山去华亭。船子一见他便问：“大德住什么寺？”夹山说：“是寺就不住，要住就不似。”船子说：“不似，那似个什么？”夹山说：“不在眼前。”船子问：“从哪儿可知道它？”夹山说：“眼见耳闻不能知。”船子和尚说：“鹦鹉学人话，永远是个系驴桩。”接着又说：“垂丝千尺，意在深潭。离钩三寸，你怎么不说？”夹山刚要张口，被船子和尚一桨打落水中。夹山刚爬上船，船子又一把揪住他说：“说！说！”夹山刚要开口，船子又打。夹山顿然有所省悟，于是点头三下。作此偈：

千尺丝纶直下垂，一波才动万波随。
夜静水寒鱼不食，满船空载月明归。
三十年来海上游，水清鱼现不吞钩。
钓竿砍尽重栽竹，不计功程得便休。

凡夫与诸佛的心念同样有不可思议的大势力，就像夹山禅师的开悟诗，一波才动万波随。凡夫妄心造妄境，日夜如鱼吞钩，痛楚割截身心；诸佛真心如水清，不被钩牵，如满船月明。砍尽根尘缘影的钓竿，不再于千年万劫的妄想海上漂零。

有一个僧人去向汾州石楼禅师请教说:“我还没有认识我的本来面目,乞求您慈悲指点迷津。”石楼禅师说:“石楼没有耳朵。”这僧人请罪说:“我知道我不对。”石楼禅师就说:“老僧也有过错。”这僧人便问:“禅师您有什么过错呢?”石楼禅师说:“我的过错就在于你不对。”这僧人听了便行礼,石楼禅师立即把他打走。

汾州石楼禅师有一次问一个僧人:“你从哪儿来?”僧人答说:“我从汉国来。”石楼禅师问:“汉国的主人重视佛法吗?”那僧人说:“幸好你是问到我,要是问别人,非惹祸不可。”石楼禅师问:“为什么呢?”僧人答说:“连一个人都没看见,哪里还有什么佛法可重视?”石楼禅师问:“你受戒有多少年了?”僧人答说:“已经三十年了。”石楼禅师说:“答得好!还说连人都没有看见!”石楼禅师也一棒把他打出去。

石楼禅师没有耳朵,因为本来面目,非耳闻觉知所能及的。心地清净,平等无染即持戒,而不是执着于三十年的戒相。石楼禅师一棒打死妄想念头,就像《金刚经》分分是破迷显悟,字字截断我们贪爱的众流,要我们回归铅华洗尽的本来面目。世间上什么东西最坚固呢?

一颗钻石胜过百粒珍珠。

一事立功胜过百人推举。

一步谨慎胜过百城防备。

一念慈悲胜过百年修为。

有为有相的，终究挡不住成住坏空的因缘法，唯有心念的清净功德，胜过百年有求有得的福德。《金刚经》言空性妙理，是要吾人解黏去缚，脱透生死瀑流，不再似飞蛾扑火，蝇子投窗。妄心顿息，开发真心，所以在经文中，反复为“发阿耨多罗三藐三菩提心者”，细述信、解、行、证的修行历程。

发菩提心能开发身中宝，作一切善法的种子，我们如何发起菩提心呢？窥基大师说：

因何发心？

一者见闻佛等功德。

二者闻说菩萨藏教。

三者见闻佛法将灭，见众生恶浊不善，令余学我起菩提愿。

又言发心具十德：

一亲近善友。二供养诸佛。

三修集善根。四志求胜法。

五心常柔和。六遭苦能忍。

七慈悲淳厚。八深心平等。

九信乐大乘。十求佛智慧。

佛陀摒除应化身相，圆满报身诸相，不是否定佛身万德庄严的功德，而是要我们离眼目意识的假象，从心地用功夫，所谓“擒贼先擒王”，心王降伏，六贼魔军自然溃败，就像沸汤止火，不先熄掉火源，要扇凉一锅沸汤，徒劳空费力气。吾人执着眼见为真，耳闻为实，不知凡夫六根门头，幻影重重。

从前有一个戏班子，因为国内发生了饥荒，他们只好带着道具到国外另谋生计。

中途必须经过一座山，传说山中住有吃人的罗刹鬼。他们虽然拼命赶路，还是赶不到村落去投宿，只得在山中过夜。山上气温很冷，寒风刺骨，于是他们就生起火堆取暖，并且在火的旁边睡觉。

其中有一个人生病，禁不住寒冷，他就从道具箱中随手拿了一件戏服穿上，而这件戏服碰巧是扮罗刹鬼穿的。他没有觉察，坐在火旁取暖。半夜中，有人从梦中醒来，不经意看到火的旁边坐着一个罗刹鬼，于是惊慌大叫，拔腿就跑。这样一来，惊动了大家，一群人盲目地跟着逃跑。

这时候，穿着罗刹鬼戏服的人，看见大家奔逃，以为发生了什么事情，也拼命跟在大家后面跑。跑在前面的人，看到后面的罗刹鬼追上来了，更加恐怖，于是拼命狂奔，也不管荆棘和石头，不管小河和沟壑，都不顾一切地飞奔过去。弄得大家精疲力尽，并且遍体鳞伤。直到天亮，才发现后面追的人原来不是鬼，而是自己的同伴。

二、声色六尘是邪道

佛陀先以转轮圣王的三十二相，非离相之法身如来，圣王之三十二相乃依善缘业因而生，而佛陀的三十二相是依法身而示现的，因此不应以三十二相观如来。

临济禅师说：

五蕴身田内，有无位真人，

堂堂显露，何不识取？

但于一切时中，切莫间断。

触目皆是，只为情生智隔，想体变殊。

情生智隔，不识身田内中的无位真人，生心取内外中间诸相，心动为魔，妄造身口意三业，轮转不休。所以在此佛陀教诫行者，若以色见我，以声音求我，是人行邪道，不能见如来。这是佛陀斥责着相的凡夫，不可以三十二相的色身，灵山说法的声音就是佛。因为所谓的色相、声音都是因缘和合的假象，缘聚而成，缘灭则散，哪里是法身常住的如来？《大乘起信论》：

真如用者，所谓诸佛如来本在因地发大慈悲，修诸波罗蜜，摄化众生；立大誓愿，尽欲度脱众生界，亦不限劫数，尽于未来。以取一切众生如己身故，而亦不取众生相。此以何义？谓如实知一切众生及与己身真如平等，无别异故。以有如是大方便智，除灭无明，见本法身，自然而有不思议业种种之用，即与真如等，遍一切处。又亦无有用相可得。何以故？谓诸佛如来唯是法身智之身。第一义谛无有世俗境界，离于施作，但随众生见闻得益，故说为用。

诸佛修诸波罗蜜，度脱众生，不取众生相，因为实知一切众生与己身真如平等无异。色身音声不过是于世间摄化之方便，因为中道第一义谛，无有世俗境界，幻化之施作，为随众生见闻得益之用。

龟山和尚有一天看见一个僧人在读经，就过去问他："读什么经？"僧人答说：

"是《无言童子经》。"和尚问："共有几卷？"僧人答说："两卷。"和尚反问：

"既然是无言，怎么还有两卷？"那僧人愣了半天答不上话来。龟山和尚代他说："要论无言，岂止两卷。"

无言之教，岂止两卷？法身真如功德，岂是三十二相之眼见，音声流布之耳闻，可以涵容得尽？佛陀以相即无相，除去吾人常见，令人不滞于六尘缘境的妄相。

佛陀用此偈总结“降心离相”的空理，空去我等四相，不住于心外六尘的染污，心内的我见、人见、众生见、寿者见，达到真空离相的境界。

关于佛陀破除吾人对“佛相的住相”有四处，即第五分“不可以身相见如来”，第十三分“不可以三十二相见如来”，第二十分“不可以具足色身见，不可以具足诸相见”，二十六分“不可以三十二相观如来”。

破除佛陀说法的“法相”有三处，即第七分“无有定法，如来可说……如来说法，皆不可取，不可说”，第二十一分“若人言，如来有所说法，即为谤佛，不能解我所说……说法者，无法可说，是名说法”，第二十六分“若有人以音声求我，是人行邪道，不能见如来”。

佛陀要我们不应住于六尘生心，不住六尘布施，应无所住，而住其心。住于色尘和声尘求佛，了不可得！以染污境求清净法身佛，如此愚痴行径，不就是在行邪道吗？六祖惠能大师说：

一者外观觉诸法空，二者内觉诸心空不被六尘所染。外不见人之过恶，内不被邪迷所惑，故名曰觉。觉即是佛。

有人问傅大士，世间的物有生有死，事有成有败，我们如何能久住常乐？

大士回答：“有为诸行，即成魔业，令人不得久住安乐。”

“什么是有为诸行？”

“悭心是行地，贪心是行地，杀害心是行地，食啖众生心是行地，偷盗心是行地，嗔心是行地，邪妒心是行地，损他利己心是行地，调戏心是行地，歌舞心是行地，绮语妄言心是行地，恶口两舌心是行地，嫉能妒贤心是行地，爱憎心是行地，彼我心是行地，互争胜负心是行地，相凌灭心是行地，相斗打心是行地，一切诸慢心是行地，我人心是行地，不慈不孝心是行地，无惭无愧心是行地，违恩背义心是行地，不谦让心是行地，相诽谤心是行地，毁咨心是行地，世间非道理心是行地，不恭敬心是行地，眼贪华艳之色是行地，耳贪非法之声是行地，鼻贪非法之香是行地，舌贪非理之味是行地，身贪细滑是行地，意缘恶境是行地，一切有为诸行，若善若恶，皆是魔业也。此诸行流转生死，无有休息，常处暗宅，永劫长夜，无有光明，急须远离。”

云岩昙晟禅师有次上堂说法：“有户人家的一个儿子，问他什么，无所不知的。”弟子洞山就问：“他屋里藏有多少经书？”云岩说：“一个字也没有。”洞山问：

“那他为什么能知天下事？”云岩说：“因为他日夜不眠。”洞山指一指自己的胸口问：“这一件事他能回答吗？”云岩说：“能回答，但是不回答。”

昼夜惺惺然，灵光独耀，不被六尘昏沉心地，此心离一切相，即名诸佛，功用遍及河沙法界，众生刹尘心念，无所不知。这本来事，非诸佛独据，为人人有名有份，如何说得？狐疑凡夫，闻之心即狂乱，因此昙晟禅师说：“能回答，但是不回答。”

善财童子在参访五十三位善知识时，首先参访可乐国和合山的德云比丘，但找了七天遍寻无踪，终于在某个山顶，发现他的行径。善财童子说：“您一峰飞过一峰，我今日才看到您的影踪。”德云比丘回答：“我到今天为止，还没有下过妙峰顶。”

来去坐卧是生灭相，德云比丘向善财童子道出一句“无来无去”的不动实相义。

佛陀演说金刚妙法，亦即向吾人满盘托出一个摒去尘影，心离诸相，呈露光灼灼的万里晴空。以真空故，纳千万象，空有交融，事理不废的法界。

从前京都南禅寺门前有一位被称为“哭婆”的老太太，下雨天也哭，放晴日也哭，每天就是哭个不停。南禅寺的和尚问她：“老太太，什么事让你这样伤心呢？”老太太说：“和尚，我有两个女儿，大女儿嫁到草鞋店，二女儿嫁到雨伞店。如果天气晴朗，卖雨伞的女儿就要发愁，因为没有人买雨伞；如果下雨，做鞋的女儿就担心没有人买草鞋而生意清淡，所以不论晴天雨天我的女儿都要苦恼，我怎么能不哭呢?”这时和尚说：“老太太，你别哭，不论晴天或雨天，你都要欢喜，我传授你方法，当晴天的时候，要想大女儿的鞋店生意会比较好；下雨天的时候，要想卖伞的女儿店中便会热络，如此这样想，晴天雨天你的女儿都有生意上门，你何必再伤心难过呢?”从此以后，哭婆的老太太就变成笑婆。

这则“哭婆笑婆”的故事，老婆婆就像凡夫心，随逐外境，生忧悲啼哭，和尚要她一念转悲成喜，一样的晴天雨天，外境没有两般。我们的心能造极乐能造地狱，所以《大乘起信论》说：“心生种种法生，心灭种种法灭。”于染污尘境，枉受晴雨之拨弄，悲欢无常之苦。洞察生心皆妄，一念不生，澄然寂静，永居安乐国土。

般若无漏的功德，于《万善同归集》卷下，永明延寿禅师有深刻的批注：

离般若外，更无一法，如众川投沧海，皆同一味；杂鸟近妙高，更无异色。或不谓般若，但习有为，只成生死之因，岂得涅槃之果。

若布施无般若，唯得一世乐，后世余殃债。

若持戒无般若，暂生上欲界，还堕泥犁中。

若忍辱无般若，报得端正形，不证寂灭忍。

若精进无般若，徒兴生灭功，不趣觉常海。

若禅定无般若，但行色界禅，不入金刚定。

若万善无般若，空成有漏因，不契无为果。

习题

1. 为什么眼见心想的三十二相，不是佛的真相？
2. 一切众生悉有佛性，佛性指的是什么？
3. 发菩提心有什么功德？
4. 为什么于六尘中求佛了不可得？

原典

法身非相第二十六[①]

“须菩提！于意云何？可以三十二相[②]观如来不？”

须菩提言：“如是如是！以三十二相观如来。”

佛言：“须菩提！若以三十二相观如来者，转轮圣王[③]即是如来。”

须菩提白佛言：“世尊！如我解佛所说义，不应以三十二相观如来。”

尔时，世尊而说偈言：

若以色见我，以音声求我；

是人行邪道，不能见如来。

注释

①本分在叙述如来法身遍满法界，无一处不是如来的法身理体；既遍满法界，即不能住相观如来，所以说，如来法身非相。

②**三十二相**：系转轮圣王及佛之应化身所具足之三十二种殊胜容貌与微妙形象。

又作三十二大人相，与八十种好合称“相好”。经云：“百劫种相好，三祇修福慧。”

这三十二相是功德所成，但不是无为的法身。

③**转轮圣王**：乃世间第一福德之人，与佛同具三十二相，于增劫时出现于世，常乘轮宝巡视所辖四洲，以十善法化四天下，故称转轮圣王。共分金银铜铁四个轮王。

译文

“须菩提！你认为如何？可以从三十二相观如来吗？”

须菩提自然知道佛陀这一问的深意，便从众生立场所见作答：“是的，佛陀！可以从三十二相观如来。”

佛陀便接着须菩提的回答，一语道出“法身非相”的真理说：“须菩提！若能以三十二相观如来，那么转轮圣王也具足三十二相，他也是如来了。”

须菩提心有领悟，立即回答：“佛陀！如我解悟佛陀所说之义，是不可以从三十二相观如来的。”

这时候佛陀以偈说道：

若有人想以色见我，以声音求我；

此人心有住相，就是行邪道。

断灭知见造生死业分第二十七

讲话

二十六分以前，佛陀演说真空离相之理，如前文中实无有法，发菩提心（见十七分）；说法者无法可说（见二十一分）；实无众生如来灭度（见二十五分）；无有少法可得菩提（见二十二分）；不应以色以音声见如来（见二十六分）。如此性空之妙理，不过去人执有之心，以显平等自性。佛陀恐须菩提及后末世众生不达此意，拨无生佛因果等法，落入断灭知见，茫茫荡荡造三途殃祸。

一、不住离相因果俨然。

二、发菩提心离断灭见。

佛陀在二十六分中，扫荡所有妄想，为我们拔除执着有相之心，真空之理已显，引我们离有见的爱水。又恐我们偏执一边，又堕入空见的火坑，于是从二十七分开始，佛陀以“妙有”之道，令其知真空和妙有如鸟之双翼，人之双足，行道之福慧资粮，不可住着一方，知空有交融一体，尔后入中道第一义谛。

一、不住离相因果俨然

此分佛陀谆谆诫勉行者，不可生心动念，如来不以具足的圆满色身，而得到无上菩提。要吾人不可生起“离相”的念头，不可执着这个“离相”之念。前文所言，不可以色以音声见如来，是破众生有见有相的妄想，而不是无因无果的外道知见。佛陀所得法，此法无实无虚，非断非常，如执有，为增益谤；执无，为损灭谤。

菩萨行者，发无上菩提心，宁起有见如须弥山，莫起无见如芥子许。执有行善，虽未离我等四相，得无漏果，但是能保任人天的福报，若逢善知识教，可从有漏转为无漏。着空见者，口诵心不行，依凡夫法，造生死业。又以断灭邪见，为他人说，以盲导盲，入三途恶道，难有脱期。所谓有见可医，空病难治。

《佛本行集经》卷三十九：

> 布施增长大福德，忍辱一切怨仇无。

善人弃舍于诸非，离欲自然得解脱。

《普曜经》卷七：

常兴愍哀，和众诤讼。
必当开通，解脱之门。

《福力太子因缘经》卷四：

福者广布大名称，能见多闻及智慧。
见者咸生爱乐心，又能获得闻持念。

《华严经》卷九：

以大慈悲心，随顺世间行。
悉于一切法，解达空无我。

福慧悲智于因地修行，不可废弃，三世诸佛的三身四智，皆由悲心开发。佛陀于五百世做忍辱仙人，为众生舍骨髓付头目。身心寸寸割截，不起嗔恨之念，由空无智行菩萨业，空有依存，因果俨然。

有一天，有个弟子郑重其事地问子仪水月禅师："佛陀入灭，归向何处呢？"子仪水月说："真归无所归。"这弟子不肯罢休，追问道："他究竟会去哪里？"子仪说："熟透的红果陨落于劲风，繁茂的花叶凋零于素秋。"弟子反问："那么师父您百年后会到哪里去呢？"子仪水月说："你若欲知我归处，东西南北柳成丝。"

世间的色身生灭，犹如熟果陨落，繁华凋零，不可抗拒的因缘法则，佛陀的色身亦无法避免老病死亡。佛陀应世的色身入灭，但是法身遍及法界，东西南北红花绿柳都是清净法身的裸露。佛陀本无来去之相，应化世间的出家、苦行、弘法、涅槃，都是令众生息妄修心，自证自见平等空寂之体。如《法华经·方便品》：

诸佛世尊唯以一大事因缘故出现于世。舍利弗！云何名诸佛世尊唯以一大事因缘故出现于世？诸佛世尊欲令众生开佛知见使得清净故，出现于世。欲示众生佛之知见故，出现于世。欲令众生悟佛之知见故，出现于世。欲令众生入佛知见道故，出现于世。

诸佛出现于世，唯有一大事因缘，令众生开佛知见故，示佛知见故，悟佛知见故，入佛知见道故。开发众生本具平等清净之知见，示导生佛无有高下之知见，悟解诸佛无住无相之知见。入佛无有世俗境界，空有融摄，事理无碍，第一义谛之知见。

佛陀应世度化，谈有论空，种种三乘十地法，皆为方便示教，令众生见闻得利，所谓：一切贤圣，皆以无为法，而有差别。《优婆塞戒经》说：

菩萨当云何供养三宝？善男子，凡所供养，不使人作，不为胜他。作时不悔，心不愁恼，合掌赞叹，恭敬尊重。若以一钱至无量宝，若以一花至无量花，若以一香至无量香，若以一偈赞至无量偈赞，若以一礼至无量礼，若一时中乃至无量时，若独作若共人作，若能如是至心供养佛、法、僧，若我现在及涅槃后，等无差别。

至心以一钱或一香或一花或一偈或一礼，恭敬尊重三宝之功德，即使佛陀入灭，等无差别。佛陀要吾人不以具足相见如来，旨在有所施作时，不住色声六尘，而不是坐在俱空境上，于三宝处不行供养尊重，于严熟佛土的功德不播善因。吾人莫作离相断见，谓如来在得到无上菩提，不具足圆满的色身。

过去有一位老和尚发心要建一座庙，于是在市街上诵经念佛，经过了三个多月，竟然没有人理他；旁边一个卖烧饼的小孩，看了十分不忍，慈悲之心油然而生，心想：唉！老和尚太辛苦了，我把卖烧饼的钱给他吧！

于是就把那天卖烧饼所得的钱，悉数捐给老和尚了。市集上的人听说卖烧饼的小孩子捐了钱，个个心生惭愧，自忖：卖烧饼的小孩都知道发心做功德，难道我们还比不上一个小孩子吗？

于是一传十、十传百，你也布施他也捐钱的，一下子就把建庙的钱筹齐了。老法师十分感激这个小孩，就对他说：“小朋友，你今天发心做了大功德，便是我们佛寺的护法大德，将来你若有什么困难，可要记得到寺里来找我呀！”

小孩子一回去因为交不出卖烧饼的钱而被老板解雇了，又一时找不到别的工作，只好流浪街头，最后沦为乞丐。天天不但三餐不继，而且头上长了癞痢，眼睛也污瞎了，正当贫病交迫走投无路的时候，忽然想起老和尚说过的话，顿觉绝处逢生，就一步步摸摸索索地往寺院行来。而老法师因为修持得道，已证得三明六通，知道小乞丐将到寺院来求援，就在当天晚上召集徒众，交代大众：“明天有本寺的大护法要来，大家开山门恭敬迎接，不可怠慢！”

第二天全寺执事扫洒以待，可是直到傍晚都不见有什么大护法来。老和尚传人一问，知客师父疑惑地答：“没有什么大护法光临呀！”

老和尚诘问道：“难道今天什么人都没有来吗？”

“什么人都没有呀！只有……只有一个瞎眼的小乞丐罢了，他要进来，我怕坏了迎宾的大礼，给他几个饼把他赶走了。”

老和尚一声大喝：“这小孩就是我们的大护法。赶快把我们的大护法追回来！”

知客师父闻声惊愕，面有难色，又不敢违抗住持的吩咐，只得立刻下山追寻。幸好小瞎子脚程慢，不久就追上了，便把小瞎子迎进寺里恭谨招待，百般呵护，让他在寺里住了下来。想不到有一天夜里小瞎子上厕所出了事，一个不小心掉下茅坑淹死了。消息一传开，就有许多人替他抱不平："你们说说看，好心哪里有好报？这世上哪有什么因果报应？这小孩子本来卖烧饼为生，日子过得好好的，偏偏做了那个功德以后就交上噩运，先是被解雇当了乞丐，又瞎了眼，好不容易在寺里安顿下来，却掉到茅坑淹死了。你们说说看，好心哪里有好报？"

话越传越盛，终于传到老和尚的耳中。有一天老和尚就召集村民大众开示，把这件三世因果的公案做一了结。说道：

"这个小孩子依照过去世的业报，应该要受三世苦：第一世要受穷苦报，现癞痢相；第二世要瞎而不见；第三世应受跌进厕所淹毙的报应。可是因为他一念慈悲，发心做了大功德，所以将三世的罪业提前在一世受报，省去了二世的痛苦折磨，现在已经超生到天上了！因果历历不爽，岂可以凡夫心凡夫眼视之量之？因果炯炯昭彰，岂是善恶无有报应？"

卖烧饼的小孩，一念慈悲行布施，即消三世罪业，吾人在理解《金刚经》的般若空理时，要解佛所说，事理不废，空有相融，做一个不受世间妄相所惑，胸中亦不住纤毫的离相意念的人，如深潭寂然不动，山鸟往还无迹，霞光流云游行无痕。

二、发菩提心离断灭见

佛陀教诫吾人，莫作是念，此念即于诸法，不应生断灭见，更不可演说断灭法。佛陀于此分三次告诫尊者，旨在说明如来之空性，非同外道除有入空之空，亦非二乘人证偏空之空。此如来正宗法门，有不住有，方名妙有；空不滞空，始曰真空。既超空有，复离断常，为中道实相，平等之法性。因此，发起无上菩提心者，眼不逐色，心不住六尘，以无住心，行六度四摄，广兴佛事，饶益众生。

《禅源诸诠集都序》卷二：

诸法如梦，诸圣同说。故妄念本寂，尘境本空。空寂之心灵知不昧。即此空寂之心是汝真性。任迷任悟，心本自知。不借缘生，不因境起。知之一字众妙之门。由无始迷之，故妄执身心为我，起贪嗔等念。若得善友开示，顿悟空寂之知。知且无念无形，谁为我相人相？觉诸相空，心自无念。念起即觉，觉之即无。修行妙门唯在此也。故虽备修万行，唯以无念为宗。但得无念知见，则爱恶自然淡泊，悲智自然增明，罪业自然断除，功行自然增进。既了诸相非相，自然无修之修。烦恼尽时，生死即绝。生灭灭已，寂照现前。应用无穷，名之为佛。

了知诸相非相，心自无念，爱恶自然淡泊，悲智自然增明，即可断罪业，以无修之修，竭尽烦恼河，横渡生死浪，圆成诸佛功行，以寂照不动，现神通妙用无穷。

《法华经》卷五“分别功德品”：

阿逸多！若善男子善女人闻我说寿命长远，深心信解，则为见佛常在耆阇崛山，共大菩萨诸声闻众，围绕说法。又见此娑婆世界其地琉璃，坦然平正。……若有能如是观者，当知是为深信解相。又复如来灭后，若闻是经而不毁訾，起随喜心，当知已为深信解相。何况读诵受持之者？斯人则为顶戴如来。阿逸多！是善男子善女人不须为我复起塔寺，及作僧坊，以四事供养众僧，所以者何？是善男子善女人，受持读诵是经典者，为已起塔，造立僧坊，供养众僧。……是故我说如来灭后，若有受持读诵，为他人说，若自书，若教人书，供养经卷，不须复起塔寺，及造僧坊，供养众僧。况复有人能持是经，兼行布施、持戒、忍辱、精进、一心、智慧？其德最胜，无量无边！譬如虚空，东西南北四维上下，无量无边。是人功德亦复如是无量无边，疾至一切种智。

若有人能持经教，兼行布施、持戒、忍辱、精进、一心、智慧，功德譬如虚空，无量无边。所谓真正听受读诵，是解悟无相妙理，以观照力息妄想攀缘心，降心离相后，以此纯净无染的体性，广求福慧，开化菩萨入六度功业，严熟佛土。说离相为治众生执有为实的深重染习，不住离相之念，为免众生堕入断灭的深坑。

从前，有个渔妇到种花的朋友家做客，渔妇在市场卖完鱼，便带着空篮子来了，朋友请她一起睡在花房里，可是由于花香馥郁的缘故，她始终辗转反侧，无法入睡。

朋友见她如此，问她："你为什么辗转难眠呢？"渔妇道："我也不知道，大概是花太香吧！使我睡不好！请你把我的鱼篮拿来好吗？或许这样我才能入睡。"

朋友把鱼篮摆在她身边，她闻着鱼的腥臭味，一下子就入睡，直到天明。

众生的染习，就像故事中的渔妇，日夜与腥臭为伍，闻到袭人的花香，反而无法安睡。所以佛陀才会说，我若具说此经功德，有人狐疑不信，心即狂乱，如何信受奉持？众生习气刚强，深爱诸有，佛陀为令众生入佛知见，以三乘十地贤圣方便法，遣诸攀缘。狂心止尽，才悟到往昔以秽为净，认假作真，日夜颠倒无明，与臭秽相染互习，不闻诸佛善法花香。佛陀不论谈空说有，都是令吾人出一切攀缘结使之家，独脱无累，寂然自在。《善慧大士语录》卷二：

事出家者，出悭家、出贪家、出嗔家、出杀害家、出食啖众生家、出偷盗家、出邪淫家、出损他利己家、出绮言妄语家、出恶口两舌家、出嫉贤妒能家、出憎爱家、出怨亲家、出互争胜劣家、出相凌易家、出相斗打家、出贡高家、出我人家、出不慈孝家、出无惭无愧家、出违恩背义家、出不谦让家、出诽谤家、出毁呰家、出世间非道理家、出不恭敬家、出六尘家、出一切诸慢家、出我慢家、出邪慢家、出骄慢家、出高慢家、出不如慢家、出慢慢家、出增上慢家、出多闻广知慢家、出持戒慢家、出禅定慢家、出师慢家、出僧慢家、出贵慢家、出富慢家、出端正慢家、出丈夫慢家、出势力慢家、出妓能慢家、出火宅慢家、出三界家、出一切有为诸结家，是名事出家。

佛陀以般若无上法，告诫吾人出一切有求有相家，出执有滞空家，从中理会无高无下，真如平等法。悟平等法，珍重己灵，不轻一切众生，拂净五蕴假相，六尘染污，自然能深解般若义趣，休心息虑，不被五欲钩牵，如盲若聋。

从前有个姓尹的富翁，一心想要扩大自己的财富，每天指使仆役们四处奔走或劳作，使得他们从早到晚不得休息。

有个老仆役，白天做工时累得他呻吟痛呼，晚上昏沉疲倦，酣睡如泥。夜夜梦见自己做了国王，在宫殿楼观之中宴饮游玩，想要什么就有什么，谁也不敢违逆他，醒来后依然被驱役指使。有人见他如此劳苦，便去安慰。老仆役却说："人生不过百年，日夜各占一半。我白天做奴仆，要说辛苦实在是够辛苦的了；但我晚间做国王，享受无比的快乐，还有什么可计较的呢？"

尹氏费尽心机，处心积虑地操持家业，弄得身心疲惫不堪。每到夜晚，也是在昏昏沉沉的状态下入睡，天天梦见自己是别人的奴仆，来回奔跑，劳作不已，被主人数落、责骂、鞭打、凌辱。睡梦中的痛苦呻吟，直到天亮才停息下来。

尹氏为此非常痛苦，就去询问他的朋友有什么办法。朋友说："你的地位使你受人尊崇，你的财富多得几世都用不尽，白天做主人，梦中做仆人，苦痛与享乐轮回循环，这是很公平的，人生哪里有现实和梦境都随心如意？"

一半主人，一半仆人。尹氏的处心积虑，刻薄地驱使仆役，积集财富，因果循环不已。就像我们日用之中，巧心思量，放逐六根，满足我们的五欲，享乐时，痛苦也接踵而来，我们迎接光明的功德天女，黑暗天女也相随不离。世间是一半一半的，不执于一半，统合全体，我们才能透彻假相，从中看到生命的实相。

护圣居静从南堂禅师处得悟之后，有天上堂说法。

“参禅者要明白一个关键，就是南堂所说的：最初一句和末后一句，要是能够领悟，就了却一生大事！”

“如果悟不得，我再说个南堂十门，方便你们弃迷入悟，用这十门来印证自己。这十门是：一、须信有教外别传。二、须知有教外别传。三、须懂无情说法与有情说法无二。四、须见性如观掌中之物。五、须具有抉择法眼。六、须行鸟道玄路。七、须文武兼济。八、须摧邪显正。九、须大机大用。十、须向异类中行。”

护圣又告诉徒众说：“你们谁能解得十门，就可称为祖师，应受天下人礼拜。如果做不到，阎王老子就不会放过你。”

多年跋山越岭，枉作风尘剑客，不知见性如掌中物，原和自身不曾相离。困于色尘染污，以致法眼未开，盲暗不辨邪正，如何自见满室闪亮辉煌的珠宝呢？

禅门中有句话：你没有拄杖子，我给你拄杖子，你已经有了拄杖子，我就夺却你手中的拄杖子。佛陀说离一切相显真空理，真空已显，再夺去你的真空境。眼不逐色，何妨花红柳绿；耳不循声，一任莺啼燕语。

习题

1. 佛陀要吾人离一切相，为什么又说“不可作念，佛陀不以具足色相，而得到无上菩提”？

2. 何谓有见可医，空病难治？

3. 佛陀三次告诫须菩提尊者，有什么特别含意？

4. 为什么发菩提心的人，于法不说断灭相？

原典

无断无灭分第二十七①

“须菩提！汝若作是念，如来不以具足相故，得阿耨多罗三藐三菩提。须菩提！莫作是念：如来不以具足相故，得阿耨多罗三藐三菩提。须菩提！汝若作是念，发阿耨多罗三藐三菩提心者，说诸法断灭②。莫作是念，何以故？发阿耨多罗三藐三菩提心者，于法不说断灭相。”

注释

①本分在叙述般若法，非断非常，不可用断常之见思量，而且般若法本是不生不灭的，不可用生灭之法来论议，因此般若法体无断无灭。前一分云“不可以三十二相观如来”是遮众生着相而求的“常见”，也就是“有见”，这一分则是止众生拨无因果的“断灭空见”。这两种见都是偏执，不是佛法的大义；真正的“空”是超越有、无二边，无实无虚的中道，不是什么都没有才

叫空，而是即有即空、即空即有的真空妙有。

②断灭：断灭就是“断见”，与之相对的是“常见”。佛法说诸法缘生缘灭，故不是“常”，但生灭不已，因果相续，毕竟性空，不是拨无因果的“断灭”。

译文

佛陀一路破执至此，又怕众生落入断灭空见的陷阱之中，所以抽丝剥茧，好比一手推着，一手挡着，无非要众生当下自悟。

“须菩提！你不要有这样的念头，如来不以具足相的缘故，才得到无上正等正觉的。你绝不可以认为，如来因不以具足相而得到无上正等正觉。须菩提！你如果生起这样的想法，发无上正等正觉菩提心，就会说诸法断灭，认为不须要有什么善法的修行。为什么呢？因为发无上正等正觉心的人，于法不说断灭相，不着法相，也不着断灭相。

不受不贪无住福胜分第二十八

讲话

前文说过真实的菩萨，要通达无我法（见十八分），又说如来说有我者，即非有我（见二十五分），此我无我法，甚深难明，因此以菩萨行业布施，以显般若之理。

此分的校量功德，不是与凡夫布施的功德做比较，而是菩萨与菩萨修行阶次不同的校量。菩萨能知一切法无我，就能证得“无生法忍”，以此住心无住的内证，广兴佛事，度无人之众生，得无我之佛果。

一、无我无法证无生忍。

二、菩萨所作不贪福德。

《金刚经》的前二十六分都在剖解“真空”之理，

要发无上菩提心者，须知世出染净圣凡，乃至五蕴、六入、十二处、十八界等，一切诸法，当体全空，并没有个“实我”的存在。菩萨若能会得“空不住空”，“我无我法”，二者皆能忍可（即真正印可我法二执皆空，得无住智慧，谓忍可）。

一、无我无法证无生忍

以满恒河沙等世界七宝持用布施，此宝施之菩萨，为有得心，心量有限的功德，是无法与得忍的菩萨相比的。因为得忍的菩萨，已忍可一切法无我，无为心遍及三千恒河沙界，心体无滞，来去自由，不行小道，能弘布三宝功德，无有边畔。《六祖坛经·般若品》：

善知识！世界虚空，能含万物色像。日月星宿，山河大地，泉源溪涧，草木丛林，恶人善人，恶法善法，天堂地狱，一切大海，须弥诸山，总在空中。世人性空，亦复如是。善知识！自性能含万法是大，万法在诸人性中。若见一切人，恶之与善，尽皆不取不舍，亦不染着，心如虚空，名之为大，故曰摩诃。

善知识！迷人口说，智者心行。又有迷人，空心静坐，百无所思，自称为大。此一辈人，不可与语，为邪见故。

我们称菩萨为“菩萨摩诃萨”，摩诃名大，见一切人，不论善恶，尽皆不取不舍，亦不染着，生爱憎邪念，就如经文所言："知一切法无我，得成于忍。"此分以宝施菩萨和得忍菩萨所得的功德做校量，两者都是菩萨，不同的是，宝施菩萨是在凡夫位者，只是依文解义的知解，未真正证得一切法空，所以行布施时，心未离相，仍旧循着有生有灭的陋习，如此着相行施，功德即成有漏之福德。

在第十四分，佛陀以己身为歌利王割截身体，因无我等四相，心不嗔恨……又云五百世做忍辱仙人……菩萨为利益众生故，应如是布施。十四分以佛陀明真空妙理，远离我等四相，行利益众生事。《圆觉经》：

认一切我，为涅槃故。有证有悟，名成就故。譬如有人，以贼为子（此爱涅槃，而憎生死，即未离妄想执着，反为其害，名之为贼）；其家财宝，终不成就。何以故？有我爱者，亦爱涅槃；伏我爱根，为涅槃相。有憎我者，亦憎生死，不知爱者，真生死故，别憎生死，名不解脱。

有我即生我见，由我见妄起我爱执着，于菩萨行道，如胶着手，无法攀进上升，所以佛陀于《金刚经》中，一而再，再而三，反复申述无我无法实相的重要。权教菩萨，依事相修六度时，如果不能解佛所说的"无住"妙理，就像此分的宝施菩萨，无法得成于忍。

忍有三种。一是生忍，又名“众生忍”。对于众生的轻贱凌辱，都能忍受。第十六分佛陀提到，受持读诵此经，若为人轻贱，能消除堕入恶道的罪业。所以在我们初发菩提心，以“众生忍”为修持的功课，逢人轻贱，护于口，忍于心，以感恩他人为其“消业”，入圣人行，必得无上果。

二是法忍，于生存的客观环境，冷、暖、饥、渴，违逆之境，不生心动念，起好恶分别。

三是无生法忍，即是此分所言的“得成于忍”。任何一种法，都是从因缘生灭假合，当体即空，本来无生无灭的。如此境缘的冷暖，人事的宠辱，哪里有个真实我和法的体相呢？开发此忍可的智慧，就能安忍一切尘缘境界，不生妄想分别。由忍可之慧明，显用安忍之定力，菩萨有此定慧双翼，于一切境象，游行无碍。

佛陀在世时，有一名年少比丘，由于他无法控制自己对异性的贪念，心中十分痛苦。每当静坐时，内心杂念纷起，使得他无法完全专注于修行。有一天，他思惟着：如果无法消除欲望的烦恼，就会被欲望破坏我的戒行，为了保持清净的戒行，断除我的痛苦，不如就切断性器，就不会再有情欲的苦恼了。

于是这名年少比丘，便在自己的寮房，当准备拿起刀子动手时，佛陀忽然走进来阻止他，并为他开示：

“你不要做此愚痴事！善恶的根源，都在我们的心中，并不在我们的心外，你要断除欲望，要以不净观为思惟的内观，以苦的生起，苦集成的原因，断苦集，行正道，然后才能证悟灭谛，得到无忧的涅槃。你不关掉内在沸腾的念头，却往心外求法，抑止外境的现起，这不是斩除烦恼的根本之道。”

佛陀要行者，得成于忍。于世间五蕴假法，出世间善法，都要内观我空法空，内学无为，知欲苦的来处，诸法蕴集的假合不实，即时狂心顿息，不被妄想缘境的好丑所转。如庞蕴居士说：

学佛作梦事，不须论地狱；天堂总越却，六识为僮仆。

心心无所住，处处尘不着；五道绝人行，无心是极乐。

空里见优昙，众生作桥彴。

欲得速成佛，只学无生忍，非常省心力，当时烦恼尽。

七宝藏门开，智慧无穷尽；广演波罗蜜，无心可鄙吝。

只恐着有人，愚痴自不信。

无心是极乐，无我成佛事，无住严熟土，无生功德殊。《金刚经》以空无为根柢，生长五度的华枝，结成无漏无得的菩提果实。般若是五度的眼睛，使我们知身中宝物，尊重己灵，发惭愧勇猛心，临一切尘缘，如大地不动不摇。如《大般若经》说：

“菩萨摩诃萨，于一切法无所取着，能从此岸到彼岸故；若于诸法少有取着，不能从此岸到彼岸。”

大愚良宽禅师于天保二年一月六日圆寂，临终前，他表示死亡就如睡眠一般，当死亡来时，此刻最为美好！不要对过去、现在、未来，有所住着，无心地享受死亡的宁静，才是入佛的门径。他留下一首和歌：“春意在枝头，杜鹃深山啼，红叶风卷去，无影亦无迹。”

死亡，不仅是肉体上的，涵盖我们身心世界的每一个念头的生灭。当富贵死亡时，当爱情死亡时，当地位死亡时，当权势死亡时，凡所有世间的境界坏去死亡时，因缘业风袭卷时，我们上下无所依附时，能否回头寻个无影无迹，春意十分的内在世界呢？

二、菩萨所作不贪福德

佛陀教诫须菩提尊者，证得无生法忍的菩萨所得的功德，因为不受福德的缘故，所以胜过以沙界宝施的菩萨。在前分佛陀说过，发菩提心者，于法不说断灭相，为什么在此又云菩萨不受福德呢？佛陀为破尊者及后末世众生的疑惑，因此深入阐明“不受福德”之义。不受，乃是不贪着，才生贪着，即成有漏，因既有漏，果亦有漏，纵令具足三十二相，也不过是人间福德的圣王，而不名为佛。不受，不是拨弃百福相好，行解资粮的功用，而是无贪无着，受而无受。从第二十六分，不应以三十二相观如来，这是妙有不有，离常见也。二十七分，莫作是念，如来不以具足相得菩提，是真空不空，离断见也。直至二十八分，断常二见俱离，菩萨行者，得成于忍，所作福德，皆不贪着，此不受不贪之真心，为无漏因，成无漏果，所得三十二相，庄严法身，名之为佛。《佛说演道俗业经》：

佛告长者：“有四法，疾成无上正真之道！一曰解空，学无所求；二曰无想，无所悕望；三曰无愿，不慕所生；四曰常等三乘之业，无去来今。是为四。”佛于是颂曰：

解空无所求，无想无悕想。
不慕愿所生，常等三世行。

佛告长者：“有四事法，疾成佛道！一曰一切皆悉本净；二曰而解万物普如幻化；三曰生死断灭，皆从缘对；四曰计其缘对，本亦无形。”佛于是颂曰：

一切悉本净，解物如幻化。

生死从缘对，计本亦无形。

佛告长者："有六法，疾成正觉！一曰身常行慈，无怨无结；二曰口常行慈，演深慧义；三曰心慈仁和调隐，哀念十方；四曰护戒不造想，求大乘之业；五曰正观见十方空，道俗不二；六曰供足乏食救身之业，以济危厄。是为六。"佛于是颂曰：

身常行慈心，未曾捶怨结。
口恒修言愍，演深慧之谊。
心和仁调隐，哀念诸十方。
护戒不起想，正观十方空。

我们凡夫的心，住在有的世界，不解万象如幻化，一切生死断灭，皆从缘对，着于有想有求，心不得寂静。如何身口意三业常行慈仁，无怨无结，哀念十方？我们从《金刚经》的经文明白菩萨布施时，外无我等四相，不住色尘等法，才名真是菩萨。如《大萨遮尼乾子所说经》卷一：

能于怨亲中，悲润心平等。
如是诸菩萨，名为菩提心。

孔子到鲁桓公的庙里去参观，看到一个形体倾斜的器皿。他好奇地问守庙的人说："这是什么器皿?"守庙的人答说："这就是喝酒时提醒人们不要饮酒过量的伴坐器皿。"孔子说："我听人说过，这种器皿里面空了就倾斜，正好适量就端正，太满了就会翻倒。"

孔子回头对学生们说："往里面倒水!"学生们便舀来许多水，水不多不少时，它果然十分端正。等倒满了，它果然就翻倒。倒光水以后，它就倾斜起来。孔子见了，长长地叹了一口气，说："唉!世界上哪里有满溢而不倾倒颠覆的道理呢?"

我们的心，也像故事中的器皿一样，未修点滴的善法，心呈倾斜不正，但若是执着善法，满溢法执不空，也无法保持心的平稳和寂静。《金刚经》立一法，破一法；破一法，又立一法，在重重无尽的破立当中，都是要我们于一切法不说断灭相，于此中道，悟真空不空，妙有不有的微妙实义。《佛说胜军王所问经》：

大王!当观自身，无有少乐可得!虽复具有种种上味精妙饮食而为资养，未曾一时有饥渴失，如是暂能资持命根，彼寿报尽实时散坏，归无常法!大王!复观自身，虽有种种上妙宝衣、众庄严具，乃至种种库藏诸物，无所乏少，象、马、车、步四兵具足，其数甚多，无与等者；彼寿报尽，悉归无常。复次，大王!如世间人，有大财富，于日日中洁净澡浴，香油涂身，复以诸妙上服庄严，众妙华鬘及彼真珠、璎珞、耳铛、环钏，如是等物而庄严已，处于宝座，富贵自在，威德特尊，与诸眷属而共围绕，奏百千种殊妙音乐，妙宝楼阁处处皆爇旃檀、沉水等诸妙香，常有百千内外亲族，恭敬赞叹。虽复如是富贵自在，寿报尽时，即生苦恼！一切眷属徒共围绕，悲恼啼泣，当于尔时，一切所有，不能守护！既命尽已，内外亲属所共围绕，至尸陀林——所有遗体，各各离散，皮、肉、筋、骨分其异处，有诸虫鸟，而来呷食；彼食尽已，此虚妄身，悉无所有。

复次，大王！世间一切所缘境界，若得若失，若决定若不决定，若可爱若不可爱；贪心生起无所餍足，是为大失！若于圣道出世间法，爱乐希求无餍足者，乃为正行，是大利益。

从观自身，以上妙等物庄严，种种富贵自在，寿报尽，一切所有，不能守护。自身虚妄，悉无所有，以此正观世间，如水聚沫，有何坚实？一位菩萨若无谛观自身及一切诸法不实，如何在被割截其身时，心不嗔恨？如何遭逢轻贱凌辱，如饮甘露呢？真正受持《金刚经》行者，要口诵心行，内观身心诸法，以三法印、四圣谛为认可，而不是一味的谈空说妙，画饼难充饥，入海空算沙！要印证自己听受几分的《金刚经》义趣，我以“五多五少”提供给大家自我印证：

五多——

（1）我的慈悲心增长了几分。
（2）我的忍耐力增长了几分。
（3）我的喜舍观增长了几分。
（4）我的方便行增长了几分。
（5）我的菩萨愿增长了几分。

五少——

（1）我的贪欲执着减少了几分。
（2）我的嗔恨嫉妒减少了几分。
（3）我的愚痴无明减少了几分。
（4）我的争强斗诤减少了几分。
（5）我的烦恼习气减少了几分。

佛陀与弟子们入舍卫城乞食，正好遇见怀恨佛陀的人，于是这个人立即大声和街上的行人谈论许多有关佛陀的恶行。其中一位弟子看见有人凌辱佛陀，很生气向佛陀说：

“这里的人没有善根，不知尊敬三宝，佛陀，我们不如离开此处，到一个人心善良的城市吧！”

佛陀反问他：“如果搬到别的地方，还是有人不信奉佛法，那么你要怎么办？”

弟子答道："我们再搬到别的地方去！"

佛陀说："为了外境的缘故，我们要搬到什么时候为止呢？这不是究竟之道啊！唯有一个根本的解决方法：如果我们受到轻贱，心不动念，以忍止诤，护于口，行于心，直到他们不再轻贱为止。"

佛陀接着说："一个开悟的人，安忍如大地，不应该受毁誉褒贬，而动摇意志，以无我观，观察诸法虚妄，那么我人的幻象，乃至世间的好坏，不过如水上泡沫，乍起乍灭，哪里会恒常不变呢？"

逃离一个违逆的环境，不过是砍树不伐根，爱根不伏，妄想分别的枝叶，春风吹起又繁茂滋生。心中能通达无我法者，心地澄清如日月明，眼前人我的山川如芥子渺，是非如天籁曼妙。在布满泥尘的人间，启建慈悲道场，步步不染尘。就像明朝唐寅的警世诗：

世事如舟挂短蓬，或移西岸或移东。
几回缺月又圆月，数阵南风又北风。
岁久人无千日好，春深花有几时红。
是非入耳君须忍，半作痴呆半作聋。

习题

1. 为什么得成于忍的功德胜过恒河沙界七宝布施的

功德？

2. 何谓三种忍？

3. 前文言，菩萨于法，不说断灭相，为什么在此又言，菩萨不受福德？

4. 如何自我印证，受持了几分《金刚经》的义趣？

原典

不受不贪分第二十八①

“须菩提！若菩萨以满恒河沙等世界七宝持用布施，若复有人，知一切法无我，得成于忍，此菩萨胜前菩萨所得功德。何以故？须菩提！以诸菩萨不受福德故。”

须菩提白佛言：“世尊！云何菩萨不受福德？”

“须菩提！菩萨所作福德，不应贪着，是故说不受福德。”

注释

①本分叙述菩萨修行阶次的深浅不同。凡夫菩萨虽知外尘之相不实，但未证得无生法忍，心中还存有微细之妄念，着相布施，未能通达无我之法。圣贤菩萨，心不住法，得成于忍，因此“得忍菩萨”的无漏功德，胜过“宝施菩萨”有漏的福德。菩萨悟得无我之后，不驰

求福德，不恋着涅槃，所以说“不贪”。不受福德，并不是拨无业因功果，而是菩萨心不贪着福德，无校量福德的妄想分别。

译文

“须菩提！菩萨若用满恒河沙等世界的七宝来布施，所得功德，当然无法计量。如果明白一切法无我，皆由因缘所生，无有真实永恒的体性，由此了知无生无灭，不为外境所动，即与空性相应。内无贪念，外无所得，亲证无生法忍，那么，这位菩萨所得的功德要比七宝布施的菩萨更多。为什么呢？须菩提！因为诸菩萨不受福德相的限制。”

须菩提不解地问道：“什么是诸菩萨不受福德的限制呢？”

“须菩提！菩萨所作福德，不应贪求生起执着。因为菩萨行利益众生事，是发菩提心，而不是贪求福德，是利他而非利己。菩萨修一切善法，行六度万行，不着相布施，心中并没有计较福德的妄念，所以才说菩萨不受福德相的限制。”

正报无住如如不动分第二十九

讲话

前分以菩萨不贪不受福德相，略明“无住”的空理，此分以佛陀证果，不住佛果之相。佛陀的来、去、坐、卧是随顺世间相，但就着法身之体而言，体性遍一切法界，哪里有来去之相呢？来去即有彼此的对待分别，已证得法身的如来，何处不是清净法身的显露？在第十七分说过：“如来者，即诸法如义。”所谓如来即亲证“真如理体”者，而此理体如如不动，弥盖恒河沙界，周遍三千大千世界，是“无所从来，亦无所去”。

一、不住佛果无来无去。

二、清净法身遍一切处。

佛陀所证的法身无去来之相，因此是法平等，无高无下，无彼无此，何有去来坐卧？因在二十六分言，若以色见声求，不能见佛之偈，佛陀恐有人狐疑不信，现今佛陀语默动静，四威仪中，有目皆睹，有耳皆闻，怎么说佛陀没有来去坐卧？

一、不住佛果无来无去

佛陀的来去坐卧，是随顺世间法，此来去相非关真如理体之法，是法平等，无有高下（见第二十三分），此平等法性，无我无人无众生无寿者，更无来去坐卧之相。因此佛陀唤尊者告诫之，如果有人说，佛陀或入舍卫去，或归祇园来，有时跏趺而坐，有时吉祥而卧，以为在语默动静，四威仪中，就是见到佛陀，此人是不解悟我所说的无上法义。盖来去之相，坐卧之实，此目见耳闻之相，不过示同人法，应身边事也。若以法身体上，尚不可以形象音声求得，所谓言语道断，心行路绝，又哪里住着来去坐卧之相呢？《圆觉经》说：

真空之说，曰云驶月运，舟行岸移，盖月未尝运，岸未尝移。真如体性，未尝作止生灭，皆人谬见耳。

云驶月运，舟行岸移，眼见的云驶月移，谓凡夫的六尘浮根，以所见的作止生灭之相为实，不知月亮和堤岸如如不动。在《中论·观因缘品》第一，有一首“八不因缘颂”，可以说明法身之体，无有生灭、常断、一异、来去的妄相。

不生亦不灭，不常亦不断。
不一亦不异，不来亦不去。
能就是因缘，善灭诸戏论。
我稽首礼佛，诸说中第一。

佛陀苦口婆心要空掉行者我等四相，悟解佛陀的真意，当灭去色声一切戏论，止静根尘缘境，契入真如平等之性，才能与佛心意相通，同一鼻孔出气。目睹的色相，耳闻的音声，皆有生灭来去，非是真佛体性，在《佛说十一想思念如来经》中，佛陀告诸比丘，如何以十一种想念法，修行念佛，证得无余涅槃。

尔时，世尊告诸比丘：“当以十一想，思念如来：已思念，当发慈心于如来。云：何为十一：

“戒意清净，威仪俱足，诸根不错，信意不乱，常有勇健，若更苦乐不以为忧，意不忘失，止观现在前，三昧意无休息，智慧意无量，观佛无餍足。

“如是，比丘！当以此十一想，思念如来！已思念如来，当发慈心于如来所。是谓比丘，于比丘中修行念佛。彼比丘已修行念佛，于二果当求一果；于现法中得自在，成无余（阿罗汉）、阿那含。”

凡夫受尘自染，迷惑忧愁，没无端际，长久趋走往来受苦，不知法尘外，有个真实恒常，如如不动的体性。以为佛陀有住灭之相。《金刚经注解》：

如来者，来而无来，去而不去，住而不住，非动非静，上合诸佛，下等群生，一性平等，故号如来。

《中阿含经》提到解脱的人，去向何处的问题。

在舍卫城的祇陀林精舍，有一天，一个外道的思想家，婆蹉来拜访佛陀。他提出关于解脱的问题。

"佛陀！依照您的教示，解脱的人究竟去哪里投生?"

"婆蹉！在我的教义里，并没有去某处投生的想法。"

"那么，是不是说不去任何地方?"

"有所谓去，或所谓不去的妄想，都不是解脱的境界。"

婆蹉始终执着有来去的想法，无法解悟佛陀所说之义。

此时，佛陀以问答的方式，来启发婆蹉。

"婆蹉！如果现在眼前有一把火在燃烧着，你会怎么说?"

"佛陀！我只能说火在燃烧啊！"

"那把火为什么燃烧?"

"因为有薪柴才会燃烧啊！"

"如果那把火熄了，你会怎么说呢?"

“我只能说火已熄灭了。”

“婆蹉！如果再问你那把火熄了以后去哪里，你会怎么说？”

“有柴，则有火烧；无柴，当然无火可烧。火，依缘而生，缘灭则归入寂静。”

佛陀应化世间，如燃起光明之火，遇缘（薪柴）则生，缘灭散尽，火性无有生灭来去，亦如清凉月明，逢池泉河溪，有水皆映，月体无移行驶运之相。如《华严经》所说：

上觉无来处，去亦无所从。
清净妙色身，神力故显现。

《金刚经》于阐述性空妙理，无非要吾人生起清净信心，在法尘生灭中，如实以金刚的明利，观照一切妄相，从五蕴的樊笼解脱而出，证得最上第一之法。《金刚经》不是形而上的哲学理论，而是开发觉性，悟透转八识为清净八功德水，化浊恶烦恼之身为琉璃宝地，秘在汝边，不离自家的宝藏。《金刚经》的真空智，是于色尘等起大势力遍照，度尽着相的忧悲苦厄，直至降心离相，修一切善行。《杂阿含经》中，佛陀针对如果有外道出家，问佛陀为什么要教人修诸梵行的疑问，要阿难尊者解答。

一时佛陀在舍卫国的祇树给孤独园说法。

佛陀问阿难："如果有诸外道出家来问你说：'阿难！佛陀为什么教人修诸梵行？'你要如何回答？"

阿难说："佛陀！我将依您所教，告诉他们，是为了于色修厌，不起恩爱之心，就能离开欲望的摆布，进而灭尽烦恼，直至解脱，并悟到心空寂然，不生不灭的平等法性。从离色相后，于受、想、行、识，亦复如是修行。一个不再受五蕴束缚的人，即能和佛心平等相应。佛陀！如果有外道出家来问我这问题，我将会如此回答。"

佛陀说："阿难！善哉！善哉！应该如此回答。为什么呢？我确实是为了于色修厌、离欲、灭尽、解脱、不生的缘故，教人修诸梵行。"

佛陀来去娑婆，所做所行，都是慈悲地引度一切有情。示穿衣吃饭，行住坐卧，无非令怯弱凡夫生起勇猛的信心，就像《华严经》说："菩萨留余香，还润诸众生。"佛陀已是证果的圣者，本无来去之相，于日用身边事，示教利喜。佛陀临涅槃时，告诫弟子，行者应以经戒为庇护，行持觉道来供养佛陀。《佛般泥洹经》：

当时，佛陀进入拘尸城，来到末罗双树间。

佛陀告诉阿难："你为佛陀在双树间敷座，使头部朝向北方，面部朝向西方。什么缘故？我的教法流布，将来当久住北方。"

阿难回答："是的！"立即敷座。

此刻，双树间凡是笃信佛教的鬼神，都将非时花（指非其开花时节，不应开花而开的花）散布在地上。

佛陀告诉阿难："这双树神用非时花供养我，然而这不是供养佛陀的方式。"

阿难问："如何称为供养佛陀？"

佛陀说："若能受法、行法，以觉悟当作花供养，这才称为供养佛陀。"

……

当时，阿难向佛陀禀报："佛陀在世时，四方沙门、长老比丘、深解经律的行者，都会来觐见佛陀，弟子们借此机会，能向他们礼敬并学习。可是佛陀涅槃后，他们将不再前来，我们将失去诸善知识所教啊！"

佛陀说："你们不要忧愁！只要心中常有四念，一是念佛陀出生的地方，二是念佛陀成道的地方，三是念佛陀转法轮的地方，四是念佛陀涅槃的地方。阿难！我涅槃后，凡是奉持佛陀所教的善男子善女人，应念佛生时，累劫修持的善法功德；应念佛陀成道时，降伏魔军的神力功德；应念转法轮时，广度有情的慈悲功德；应念临涅槃时，寂静安然的不动功德。如果有人能信受此四念处，奉行此四功德，日夜与诸佛善知识不离。"

佛陀说："阿难！你认为佛陀涅槃后，就没有荫护，而失去依靠吗？不要如此想！我自从成佛以来，所说的一切经戒，都是你的荫护，都是你的依靠。佛陀的遗教，将是后末世众生得度的法船，怯弱身心的庇护和依靠。能以佛陀遗教所行的人，如佛陀在世。”

佛陀的来去之相，不过是色身的迁灭虚妄，于真如体上，无有世俗境界，就如第五分的经文所言：“凡所有相，皆是虚妄，若见诸相非相，即见如来。”真正和佛陀相应的人，散花布地，起塔礼拜，不过是事相的福德。若有人秉持佛陀真实法语，听受行持，以觉悟的心华妙香供养，才称为供养三世诸佛，得无漏无相的法身如来。

二、清净法身遍一切处

此分正结《金刚经》法会发起的一段公案。在第一分，佛陀前去舍卫城乞食，归来祇园精舍，乃至敷座而坐，此现前眼见耳闻的去来坐卧之相，是随机示现也，不干无所从来，亦无所去的平等法性。在二十四分，佛陀要吾人不可生心动念，佛陀还有度众生的妄想执着。二十五分则一并扫除色法六尘的诸相，告诫行者，色见声求是行邪道，不能见如来。佛陀证入平等法性，哪里还有我人众生等相？眼不见实有众生如来的分别，心更不住能度所度之法，不过游行世间，随缘度众。《华严经》说：

言菩提者，无分别、无戏论法，即其言也。远离我见、远离我所、不随顺老病死、寂静无戏论、布施、持戒、忍辱、精进、禅定、智慧，如是入众生心无明暗室，能灭无量百千万亿不可说劫积聚一切诸业烦恼、种种障碍，发生一切大智光明。

无上菩提，如来法身，无彼无此的分隔，更远离世间老病死的我见、我所，寂静不动，能灭去一切种种业障，点燃自性的大智光明。就像《大日经》所说："云何菩提？谓如实知自心。"佛陀启建"金刚法会"，无非借助金刚势力，铲除行者的我相我见的妄想，如实知自心，原有个平掌如镜，黄金铺地，昼夜六时，念佛念法念僧，三宝功德无欠无缺。就像中峰国师于《三时系念》的诗偈中说：

> 世间何缘称极乐，只因众苦不能侵。
> 道人若要寻归路，但向此中了自心。

禅宗四祖道信禅师，到牛头山拜访法融禅师，见师端坐习禅，旁若无人，未曾举目看他一眼，只好向前大声问道："你在做什么？"

法融："观心。"

道信："观是何人？心是何物？"

法融无法回答，便起座向祖作礼，并问道："大德栖止何处呢？”

“贫道或东或西，何有来去之相呢？”

“那么，你认识道信禅师吗？”

“你问他做什么？”

“我仰慕已久，希望能得到他的指点。”

“我就是！”

“大德为何来此？”法融好奇地问道。

“我特意来访，请问除此之外，还有哪里可以‘宴息’？”

“东边有个小庵。”

四祖道信便请他带路，到了那里，看到茅庵四周，有许多虎狼之类的脚印，四祖便举起两手作恐怖的状态。法融看到时，便说：“你还有这个（恐惧）在吗？”

四祖反问：“你刚才看见了什么？”

法融又无法回答，便入内取茶，道信在他的座位上写一个“佛”字。当法融正要入座时，一看到“佛”字悚然震惊，迟迟不敢坐下。

四祖也笑着问：“你还有这个在吗？”

法融听后，茫然不知所对。

法融禅师未勘破生死，便有身陷虎狼的恐怖妄想；生佛勘不破，就有高下尊卑的颠倒。佛陀色身所现，因世间凡愚人，不识大道断生死流，不能返源尽生死本，故为现身相好严容，文辞言教，以化度愚冥，显示大智光明藏。佛陀一再演说般若空智，要行者远离所有妄相，以第一般若波罗蜜为眼目（见第十四分），五度为勇健资粮，入如来家室，见如来万德珍宝。《佛说演道俗业经》：

“及着相好，谓审有色像，虽行四等、四恩、六度无极、三十七品、观十二缘，欲拔其原。不解本无，悕望大道，正使积德如虚空界，不得至佛。所以者何？用不达故！何谓不达？布施、持戒、忍辱、精进、一心、智慧、四等、四恩，有所悕望，念救一切五趣生死。解空、无想、不愿诸法，晓一切法如幻、化、梦、野马（阳焰）、影响、芭蕉、泡沫，皆无所有。道慧无形，等如虚空，无所增坏，普度众生。”佛于是颂曰：

本发菩萨意，志慕大乘业；但欲着佛身，不了无适莫。
布施戒忍辱，精进禅息智；四等恩六度，唯己乐无为。
慕三十二相，八十好巍巍；天上天下尊，脱五阴六衰。
但察其粗事，不能观深微；虽欲度十方，心口自相违。
不了如幻化，水沫泡野马；芭蕉如梦影，妄想甚众多。
正使作功德，犹如江河沙；心怀无上真，不解除众魔。

心有希求、念想，即使集福德遍满虚空界，不得做佛。不了自心众魔妄相，着我法等见，所作善法，无益于开发觉性的功德，只有增长贪欲和愚暗。《金刚经》佛陀为发大乘者说，为发最上者说，即是不乐小法，能听受行持般若大法，并荷担如来家业，令众生入佛知见。在《佛说演道俗业经》中，阐示发无上道意者，如何行于大慈，等如虚空。

佛告长者："其大乘学，发无上正真道意，行于大慈，等如虚空，而修大悲，无所适莫。不自忧身，但念五趣，一切众生，普欲使安。奉四等心，慈、悲、喜、护。惠施仁爱，益义等利，救济十方。布施、持戒、忍辱、精进、一心、智慧、六度无极，无所悕望，以施一切众生之类。观于三界，往返周旋，勤苦艰难，不可称计。念之如父、如母、如子、如身，等而无异。为之雨泪，欲令度厄，至于大道。"佛于是颂曰：

> 发无上大意，行慈悲喜护；大哀如虚空，行等无适莫。
> 立德不为己，唯为十方施；度脱诸群生，使至大道智。

又有四事得至大乘！一曰布施，给诸穷乏；二曰不于豪劣，行轻重心；三曰所可施与，无所悕望，不求还报；四曰以此功德，施于众生。佛于是颂曰：

> 布施摄贫穷，不行轻重心；志慧无悕望，不求还得报。
> 愍念于群黎，往来周旋者；以此功德施，悉令至大道。

行持读诵《金刚经》的行者，以般若智炬，了见迷相昏暗，行无相布施，心无希求，无轻重胜劣，成就第一稀有之法。此分把佛陀启建法会的去来之相也空掉，所谓“妙有不有”，既是佛陀不住说法、度众、三十二相等，此目睹耳闻诸相，哪里是恒常真实的？

梦窗国师年少时，千里迢迢地到京都一山禅师处参学，有一天至方丈室请示道：

“弟子大事未明，请和尚指示开悟法门。”

一山禅师严峻地答道：“吾宗无言句，何有一法与人？”

梦窗再三恳求道：“请和尚慈悲方便。”

一山更加严厉地道：“我这里没有方便，也没有慈悲。”

多次得不到一山禅师的指点，梦窗自忖与禅师无缘，只好忍泪下山，再往镰仓的万寿寺叩参佛国禅师。佛国禅师给予他更无情的棒喝，使一心求道的梦窗，更加痛苦，他伤心地对佛国禅师发誓道：“弟子若不到大休歇之地，绝不复归见禅师。”于是，山林苦修，夜以继日静默思惟。有一天，坐在树下，微风习习，心中凝然如镜，不知不觉已至深更。正要回寮休息，当上床之时，误认无墙壁之处为墙壁，就把身子靠了过去，不料却跌了下来，在跌倒的一刹那，不觉失笑出声，就此豁然大悟了。身心开朗之余，脱口作了一偈：

多年掘地觅青天，添得重重碍膺物；

一夜暗中扬碌砖，等闲击碎虚空骨。

梦窗国师开悟时，年三十一岁。得悟的因缘，源自其师慈悲和方便，要他于无言句，无一法处，洞明祖师西来意，原不在诸佛先贤位中，而是如影相随，就在汝边。掘地如何觅青天，磨砖如何圆成镜？心不平等，逐境生妄，怎能入不思议法身呢？就像憨山德清和尚的“我箴”：

一切爱憎，皆由我障，我障若空，光明无量。

逐境心生，随情动念，心境两忘，物我无辨。

物无妍丑，由我是非，我心不起，彼物何为？

动静等观，贵贱一视，凡圣齐平，名不思议。

习题

1. 为什么真如法性，没有来去坐卧之相？
2. 解脱的人究竟去哪里呢？
3. 佛陀教人修行的原因是什么？
4. 如何行于大慈，等如虚空，修持无相布施？

原典

威仪寂静分第二十九①

“须菩提！若有人言：如来②若来、若去、若坐、若卧，是人不解我所说义。何以故？如来者，无所从来，亦无所去，故名如来。”

注释

①本分乃叙述如来即威仪即寂静，即体即用，随缘不变，不变随缘，故无往而不在。所谓威仪者，即三十二相、八十种好，万德具足、庄严圆满之相也；而所言寂静，即无去无来，非动非静，寂然之体也。

所以，不可以行住坐卧处见如来，因为如来虽现威仪之相，而实是寂静之体；虽是寂静之体，而随现威仪之相的。

②**如来**：为佛十号之一。即佛之尊称，乃由真理而来，而成正觉之义，故称如来。亦即如来真性，如如不动，充满法界，随感而发，来固非来，有时隐藏，去亦非去，唯无去来，故名如来。

译文

“须菩提！如果有人说，如来也是有来、去、坐、卧等相，这个人就是不了解我所说如来的深意了。为什么呢？所谓如来者，实在是无所来处，也无所去处，所以才称为如来。因为如来就是法身，法身无形无相，遍满虚空，无所不在，寂然不动，哪里还有来去之名呢？众生所见的语默动静之相，不过是如来的应化之身，应化身为随众生之机缘感应有隐有现，但是法身则恒常寂静，从未有来、去、坐、卧的相状。”

依报无住世界假相分第三十

讲话

前分说明正报无住，即证得佛果者，不住于佛果之相，此分延伸无住之义，再以吾人依报之器界为例，阐明微尘世界虽多，非有实体，不过是因缘聚合的幻有假相，佛陀已了知器界为因缘生灭之法，因此于三千大千世界摄化众生，不取相住着，随缘自在。

一、微尘世界虚妄建立。

二、一合相者不可言说。

在第十三分中说："诸微尘，如来说非微尘，是名微尘。如来说世界非世界，是名世界。"微尘世界的积集，不论巨细大小都离不开因缘和合，生灭来去的假相。此分再以微尘世界的当体全空，申明返妄归真，不执着于器界的妄想攀缘心。妄心止息，才能像须菩提尊者住寂静处，得无诤、离欲三昧。

一、微尘世界虚妄建立

前分明如来法身，无去来相，又恐行者错认，有来去者是化身，无来去者是法身，不知三身不曾隔绝，非一非异。众生有来去相，佛则无来去，以三身无来去，显平等之义。佛陀以目前三种世间，一、器世间，二、情世间，三、真觉世间，三番会释，依报无住，如幻如化，虚妄所建立的假相。

经文中说“善男子、善女人以三千大千世界碎为微尘”，指能修析色观空者。如此莫大之界，碎而为尘，即使二乘天眼，难以尽悉。虽然极微之尘，数量难计，但非实有其体。此微尘众，缘生相生，缘灭相灭，只是假合的幻相罢了！借器世间微尘众之聚散，以明非一非多，无去无来之事。

“佛说微尘众，即非微尘众，是名微尘众”，前以碎三千大千世界为微尘的“析色归空观”，今再用“体色明空观”，证明微尘非色非空之义。佛说微尘众者，不过是顺世俗谛而论，有个微尘众假合之相。设以真谛而言，则一尘不立，诸法性空，生灭聚散，无有自体，是为

“即非微尘众”。设依中道第一义谛而论，则三界唯心，万法唯识，尘与非尘，原为一体，同是真如，假名不碍，故云“是名微尘众”。

《金刚经注解》说：

人人身中，有微细善思杂念，犹如大千世界微尘之多。此念无非影、响，虚妄建立，故云非微尘众。亦因转却无明烦恼之心，变作慈悲无碍之智，方入空寂智解，得大安乐，是名微尘众。

从析解因缘和合的器界色法，观其虚妄不实，犹人之妄念如微尘众，幻化如影如响，无有来去处。明白器世界幻相的假谛，用一切法无自性的空观，得五蕴皆空的真谛，再更进一步，入中道第一义谛，了彻非色非空，体用无碍。

《止观大意》中，谈到观不思议境：

境为所观，观为能观。所观者何？谓阴界入，不出色心，色从心造，全体是心。故经云：“三界无别法，唯是一心作。”此之能造具足诸法，若漏无漏，非漏非无漏等，若因若果，非因非果等。故经云：“心佛及众生，是三无差别。”众生理具，诸佛已成。成之与理莫不性等。谓一一心中一切心，一一尘中一切尘；一一心中一切尘，一一尘中一切心；一一尘中一切刹，一切刹尘亦复然。诸法诸尘诸刹身，其体宛然无自性。无性本来随物变，所以相入事恒分。故我身心刹尘遍，诸佛众生亦复然。一一身土体恒同，何妨心佛众生异？异故分于染净缘，缘体本空空不空。三谛三观三非三，三一一三无所寄。谛观名别体复同，是故能所二非二，如是观时，名观心性。随缘不变故为性，不变随缘故为心。故《涅槃经》云：“能观心性，名为上定。上定者名第一义，第一义者名为佛性，佛性者名毗卢遮那。”此遮那性具三佛性。遮那遍故，三佛亦遍。故知三佛唯一刹那。三佛遍故，刹那则遍。如是观者，名观烦恼，名观法身。此观法身是观三身，是观刹那，是观海藏，是观真如，是观实相，是观众生，是观己身，是观虚空，是观中道。故此妙境为诸法本，故此妙观是诸行源。如是方离偏小邪外，所以居在十法之首。上根一观，横竖该摄，便识无相，众相宛然；即破无明，登于初住，若内外凡。故喻云：其事高广，乃至道场。中根未晓，更修下法（指更修以下“起慈悲心”及“善巧安心”等等法门）。

所谓不思议境谓“阴界入，不出色心”而言，就“色从心造，全体是心”，亦即一念刹那心，含摄空，三谛，为不思议妙境，非离开一念识心而以真常心为依存，因为三佛性不离刹那色心。由此，“如是观者，名观烦恼，名观法身”。

宝通禅师初参石头希迁禅师时，石头禅师问道：“哪个是你的心？”

宝通回答道：“见语言者是！”

石头禅师不以为然地说道：“有见有言即是妄心，真心是离却见闻音声！”

宝通感到惭愧，日夜精勤参究，什么才是自己的真心。十天以后，宝通又再回来请示道：“上次我答的不对，今天，我知道什么是我的心了。”

石头禅师问道：“什么是你的心？”

宝通回答道：“扬眉瞬目。”

石头禅师不满意地再问道：“除却扬眉瞬目，请将你的真心拿来！”意即真心非语默动静之形相。

宝通冷汗直冒，答道：“如果扬眉瞬目处不是真心，那么我无心可取！”

石头禅师呵斥道：“你这拨无因果的野狐禅，万物的呈现，源于心识的运作，若言无心尽同谤法。见闻觉知，虽是妄心，但若不用心，不从假悟空，于空悟色法一如，体相无碍的第一义谛。又如何悟入生佛平等，烦恼即菩提，上妙不思议境呢？”

宝通禅师终于言下大悟。

微尘起于世界，轮回由于一念，妄想识心，善恶念头都在我们的一心。如何转烦恼火焰，为清凉红莲，于眼见和合的器世界的幻相，领悟到身内所依存的种种名相、地位、权势、财利、感情等建构的世界，危脆不实？如果以空观析解，这些东西和器世界的微尘众一样，不过是因缘和合，暂时生起的幻相罢了！

以前有一个国王最欢喜一个公主，从早到晚都让她跟随在身边。

有一天下了一场雨，淌着水的地面，漂着水泡，公主看见水泡，心里非常欢喜，她对国王说："我要用水泡，做成头上戴的花环。"

国王告诉女儿说："这水泡不能用手抓住，怎么能拿来做花环？"

公主对国王说："如果没有水泡做成的花环，我就绝食自杀。"

国王听了女儿的话，赶快召集能工巧匠，对他们说："你们手艺精巧，没有做不到的事。你们赶快拿水泡来，给公主做花环。要是做不成，就杀了你们！"

工匠们个个惶恐又无奈地回禀国王："我们无法拿水泡做花环。"就在国王要处死这些工匠的时候，走出来一个老工匠，上前禀告国王："我能用水泡做花环。"

那个老匠人对公主说："我不懂水泡的好坏，请公主取来自己欢喜的水泡，我替你做花环。"

公主就去取水泡。手一碰触水泡就破灭了。一天下来，一个水泡都捞不到，公主若有所悟，放弃捞取水泡。

公主对国王说："水泡是不实在的，无法长久存在。还是给我个紫金花环，不会像水泡乍现乍灭。"

要水泡花环的公主，只看到水面漾着云色彩光美好的影像，不知水泡是因缘集成的幻象，认假为真。就像凡夫执我、我所，由微尘妄念，虚构贪嗔痴的身心世界，心绪如野马驰逐，一念差池，空空蹉跎圆彰佛土，顿证三身的大好因缘。唐朝的沩山灵佑禅师言：

幻身梦宅，空中物色，前际无穷，后际宁克？
出此没彼，升沉疲极，未免三轮，何时休息？
贪恋世间，阴缘成质，从生至死，一无所得，
根本无明，因慈被惑。
光阴可惜，刹那不测，今生空过，来世窒塞。
从迷至迷，皆因六贼，六道往还，三界匍匐。
早访明师，亲近高德，抉择身心，去其荆棘。
世自浮虚，众缘岂逼？
研穷法理，以悟为则，心境俱捐，莫记莫忆。
六根怡然，行住寂默，一心不生，万法俱息。

二、一合相者不可言说

从微尘集成的世界，再由一个世界聚合形成三千大千世界，一切尘界都是因缘和合的假相，无有实体可得。

什么是“二合相”呢？即“无二无异”“不离不散”。因世界既可以碎为微尘，则微尘众皆离皆散，非不离不散也。微尘可以合而为世界，则三千大千世界皆二皆异，非无二无异也。由此而观，则尘界俱无自性，当体皆空，哪里是个不离不散，无二无异，恒常不变，平等一如的真性呢？

微尘世界，实无自性，但执迷的众生以为实有，佛陀借此令众生返妄归真，从认识身外虚妄的微尘世界，识取心地真实无染的大千世界。依溥畹大师的《心印疏》言：“大千世界者，乃真如心也。即非世界者，即真如本体，圆满菩提，归无所得也。是名世界，为真如遍在一切处，有随缘之用也。”

我们的心妄想愦闹，不能解了善恶、净秽、明暗、迷悟、圣凡、生佛同为一心。于人我起好丑喜厌，于境缘生悲喜苦乐，不能安定旷然，乐习精进，而无所着，广济危厄。般若智慧不从他求，从自心中来，如何静其身口意，处众乱中，心定如山？

《佛说演道俗业经》：

佛告长者：“智慧有四事！一曰解于身空，四大合成，散坏本无主名；二曰其生三界皆心所为，心如幻化，倚立众形；三曰了知五阴，本无处所，随其所着，因有斯情；四曰晓十二缘，本无根原，因对而对现。是为四。”

佛于是颂曰：

悉解其身空，四大而合成，散灭无处所，从心而得生。
五阴本无根，所着以为名，十二缘无端，了此至大安。

佛告长者："智慧复有六事！一曰解色如聚沫；二曰了痛痒（受）如水泡；三曰思想如野马；四曰晓生死（行）如芭蕉；五曰察识如幻；六曰心神如影响。计本悉空，皆无处所。"佛于是颂曰：

解色如聚沫，痛痒如水泡，思想犹野马，生死若芭蕉；
了识假譬幻，三界无一好，分别悉空无，尔乃至大道。

有一只狗，跑到水井边。它瞪大眼睛，翘高尾巴，汪汪汪地吠着，刚好低下头，它看见井里也有一只狗，和它一样，瞪大眼睛，翘高尾巴，汪汪汪地吠着。它不禁大怒，对着井里的狗狂吠。井里的狗也怒气冲冲，对着它狂吠。这只狗越想越生气，便向井里的狗扑去。无知的狗和自己的影子争斗，以致丧失宝贵的身命。

故事中的狗对着自己的影子狂吠，最后愚痴地扑向水井，葬送自己的生命。对着幻影投井的狗子固然痴傻，反观凡夫心，不也是日夜于六根尘影，苦苦争休不已？于七情六欲的幻相，身陷饿鬼的饥渴，心住地狱的猛火！要怎么管理我们这颗心，战胜自己的妄想执着？我提出

“心的管理八正道”给大家做参考。

(1) 贪心用无心来管理。

(2) 嗔心用慈心来管理。

(3) 痴心用智心来管理。

(4) 慢心用虚心来管理。

(5) 疑心用信心来管理。

(6) 迷心用净心来管理。

(7) 乱心用定心来管理。

(8) 妄心用空心来管理。

“一合相，即非一合相，是名一合相”，一合相是实相之相，非空非有，因此“不可说”。但是凡夫执着器界世间为实有，执着四大和合的色身为我，执着三心迁灭不息的妄心为我，所以生生世世住于六尘妄境，徒劳生死沉没。佛陀假借世间微尘的关系，令众生不住着依报假合的“一合相”，能从如幻不实的观空，透彻“即非一合相”。再进入深层的实教大乘，了知一合相空有一体，契入中道第一义谛。

佛陀一生心事，皆是向无说中而说也，四十九年转法轮，无非为取相凡夫，贪着有无，所以非三说三，非一说一。诸佛如来本怀，原无三乘一乘法可得也。依溥畹大师的《心印疏》:“此一合相，若在器世间，则名寂光真境；若在情世间，名真如自性，佛性本体；若在真觉世间，则名清净法身。三种世间，皆具此理，正明心佛众生，情与无情，平等具足。”

有一天，沩山灵佑禅师告诉他的弟子仰山禅师道：

“有一个信徒，拿了三束白绢来，要我为他敲钟祈福，祝祷世界和平安乐。”

仰山听了老师说后，故意问道：“既然信徒对佛法这么诚心，老师您收了他的白绢，要用何物酬报他呢？”

灵佑禅师即刻以拄杖敲床三下，说道：“我将这个酬他！”

仰山不以为然地说道：“若是这个，用作什么？”

灵佑禅师再敲三下，说道：“你嫌这个还不够吗？”

仰山解释道：“我不是嫌‘这个’，‘这个’是大家都有的，我认为老师不应该用大家的东西酬谢他。”

灵佑禅师道：“你既然知道这是大家都有的，为什么还要另觅他物呢？除了‘这个’以外，还有什么东西可以酬谢他呢？”

仰山仍不以为然地说道：“自己虽然已备，但无他人，何缘得识？你忘了当初达摩祖师东来我国，不也是将‘这个’予人吗？每一个禅者都是承受他信物的人啊！”

“这个”是吾人本来清净的三身四智，虽然已备，不劳他人赐予，但入直指人心，见性成佛的门庭，不假借音声文字为缘，怎能迷途知返，乘船渡河呢？黄檗禅师说：“不着佛求，不着法求，不着僧求，当如是求。”拨去重重妄相执着，空假不碍，体相交融，刹时，万法是心光，何处不是毗卢圆满报身？

二十九分讲述正报无住，佛不住证果之相，三十分再详示依报无住，佛不住世界之相，游行教化三千大千世界的众生，心无所住。即已证得无上菩提者，不住正报依报之相。两分的经文旨在向行者明示，果法无住，是谓真正得阿耨多罗三藐三菩提。诸佛的依正果报，万德庄严功德，非言说思议可及。吾人于因地修行，虽行小善，不可执着为实：虽逢小恶，不可执无业报。以般若无住心，语默动止，去来坐卧，广集福慧道粮。在《大宝积经》阿阇世王子会：

尔时，王子即说偈言：

云何得端正，莲华中化生？

云何知宿命，愿佛为宣说！

尔时，如来了达诸行，究竟彼岸，随问而答，即说偈曰：

忍辱得端正，布施莲华生。

法施知宿命，汝当如是解。

王子又问：

云何得正念，具足智慧生。
如法而修行，坚固不可坏？

世尊答曰：

不谄得正念，巧观智慧生。
尊重所修行，护法心坚固。

又问：

由何等业行，得生诸佛前？
能请微妙义，唯愿如来说！

世尊答曰：

于诸法施中，不曾为障碍。
因此故恒得，值遇诸如来。

又问：

云何成妙相，具足三十二。
八十随形好，观者乐无厌？

世尊答曰：

由施得诸相，行慈获随好。
等心于众生，观者无餍足。

又问：

云何离诸难，而生于善趣。
云何世世中，性常无放逸？

世尊答曰：

净信离诸难，持戒生善趣。
由修习于空，所生无放逸。

又问：

云何获神通，及证宿命智。
能永尽诸漏，愿佛为开演！

世尊答曰：

施乘得神通，教授成宿命。
舍离于二边，由是尽诸漏。

佛陀演说依正报无住，并非要吾人坐于俱空境上，说断灭法，而是要行者从器世间、有情世间中脱透而出，了知有个真觉世间，常寂光明。此真觉性，非佛独得，若能了却身心所依非实，契如不离不散的一合实相，于刹尘一念，乃至大千世界，广兴善法，圆成三德。

习题

1. 佛陀于三千大千世界教化，为什么说此界为虚妄不实？

2. 为什么善恶念都在我们一心？

3. 为什么说一合相不可说？

4. 何谓“心的管理八正道”？

原典

一合理相分第三十[①]

“须菩提！若善男子、善女人，以三千大千世界碎为微尘，于意云何？是微尘众，宁为多不？”

“甚多，世尊！何以故？若是微尘众实有者，佛即不说是微尘众。所以者何？佛说微尘众，即非微尘众，是名微尘众。世尊！如来所说三千大千世界，即非世界，是名世界。何以故？若世界实有者，即是一合相[②]，如来说一合相，即非一合相，是名一合相。”

“须菩提！一合相者，即是不可说，但凡夫之人，贪着[③]其事。”

注释

①此分说明一合相之理。如来为恐须菩提尚有执见未泯，不了解般若真谛，未明法身应身之理，所以用三千大千世界碎为微尘，比喻应身不离法身，犹如世界是假的，就连微尘亦是虚而不实的。三千大千世界与微尘，虽异而不异，合而不离之相，但毕竟也是因缘假合而已，终有因缘离散，坏空无实的一天。

②**一合相**：指由众缘和合而成的一件事物，包括世出世间法。

③**贪着**：多求而无餍足曰贪，贪心固着不离曰着。贪着即贪爱欲境，取相不离之谓也。为三毒之最，乃修行的最大障碍。《大智度论》："有利益我者生贪欲，违逆我者生嗔恚，此结缚不从智生，从狂惑生，故是名为痴。三毒为一切烦恼之根本。"

译文

"须菩提！如果有善男子、善女人，把三千大千世界都碎成微尘，你认为这些微尘多不多呢？"

"太多了，佛陀！为什么呢？如果这些微尘众，是实有恒常的体性，佛陀就不会说它多了。佛陀所说的微尘众，实是缘生的假相，并没有恒常不变的自性，只是一个假名而已。佛陀！如来说过，三千大千世界并非即是真实恒常的世界，也仅是一个假名而已。为什么呢？如果世界是实有的，那就是一合相。如来说的一合相，也非实有，缘生则聚，分合离散，仍然不是实有不变的一合相，也只是缘散即无，一个假名罢了。”

“须菩提！所谓一合相，没有定相可言，本是个众缘和合而有的，非空非有，如何可以言说？但是凡夫之人执着取相，贪恋执着有个真实的一合相。

总除诸执法相不生分第三十一

讲话

三十一分为总结全经之义也。从当机须菩提问的两个问题展开，即发菩提心的善男子善女人，如何安住真心，如何降伏妄心？此分总除诸执，以显三空（我空、法空、俱空）正智。在第三分中说，若菩萨谓有众生可度，即着我人四相。又第四分说，菩萨不应住色声香味触法布施，应无所住，而行布施。第六分说，若心取相，取法相，取非法相，即着四相。此四相是心外粗显的执着，起于心念微细的我等四见而运作。佛陀在此粗细妄念俱遣，内外见相拂净，令吾等不生一念，契如如不思议境。

一、拂四见相解如来义。

二、发菩提心生正知见。

《金刚经》宣说离相（离我等四相），无住（不取相、法相、非法相）的微妙大义，由离相、无住起三空正智。菩萨行者若能离却诸住相，行于布施，成就的福德如虚空，不可思量。此分将我等四见，法非法相，一并总除诸执，以显非有非空的真空妙有的不可思议。则花香蝶舞，咸归一真法界，水态山容，尽合般若妙谛。

一、拂四见相解如来义

佛陀为行者阐明离见相之理，心并没有我见我相的住着。但凡夫愚智者，以为佛陀处处说四相，就是有个见相可得，不能解悟佛陀所说之义，四见乃非空非有也。黄檗禅师说：

诸学道人，若欲得成佛，一切佛法，总不用学，但学无求着。无求即心不生，无着即心不灭，不生不灭便是佛也。

佛陀说我等四见者，乃顺俗谛也。说即非我等四见者，乃顺真谛也。说是名我等四见者，乃顺中道第一义谛也。佛说我等四见，义含三谛，却使一切众生，达得我即非我，无我而我，了明自性，顿证真空妙有，自家珍宝，不假外求。《大方等如来藏经》：

譬如贫人家，内有珍宝藏，主既不知见，宝又不能言。
穷年抱愚冥，无有示语者，有宝而不知，故常致贫苦。
佛眼观众生，虽流转六道，大宝在身内，常在不变易。
如是观察已，而为众生说，令得智宝藏，大富兼广利。
若信我所说，一切有宝藏，信勤方便行，疾成无上道。
譬如庵罗果，内实不毁坏，种之于大地，必成大树王。
如来无漏眼，观一切众生，身内如来藏，如花果中实。
无明覆佛藏，汝等应信知，三昧智具足，一切无能坏。
是故我说法，开彼如来藏，疾成无上道，如果成树王。

众生皆有大法宝藏在其身内，不闻不知，耽惑五欲，轮转生死，受苦无量。诸佛出现于世，演说种种法，为开一切有情身内如来法藏。此如来妙藏大智慧聚，俨然清净，如佛无异。《金刚经》的每一分，佛陀所说之义，亦是要吾人信有内实不坏的菩提种，只要降心离相，断除无明壳核，必成菩提树王，结菩提果实。

皓月供奉有一天请示赵州禅师道：“如何是陀罗尼（密咒）？”

赵州不开口，以手指指着禅床右边。

皓月：“这个？”

赵州：“你以为这不是陀罗尼咒吗？我却诵得。”（一般为“陀罗尼”或“咒”，而不是陀罗尼咒。)

赵州禅师又指着禅床左边。

皓月：“这个?”

赵州：“有什么不对，我也诵得。”

皓月：“我为什么听不到呢?”

赵州：“你难道不明白，真诵无响，真听无闻。”

皓月：“那么说则音声不入法界性了。”

赵州：“离色求观非正见，离声求听是邪闻。”

皓月：“如何是不离色是正见，不离声是正闻?”

赵州示偈道：

满眼本非色，满耳本非声。
文殊常触目，观音塞耳根。
会三元一体，达四本同真。
堂堂法界性，无佛亦无人。

密咒为一心总持的功德，此与佛同声相和之时，无形无相，无音无声，是真空妙有的流露。凡夫希求于咒语音声见佛，是不解法尘全体当空之理，但法界空性不离色相而显发。如六祖所言：“佛法在世间，不离世间觉，离世（色法音声等俗谛）求菩提（非有非空的胜义谛），犹如觅兔角。”

佛陀以我等见相，作为凡夫起步修行的方便，要行者离根尘缘影，悟得五阴不实，幻化所成。从假谛入真谛，于离一切相，心无所住，会得即色即空，空有无碍，体相相融的第一义谛。凡夫因凡愚无智，佛陀才不得说有三乘十地，有见相离相，有凡有圣等法，但于平等法界性，哪里有高下的差别，生佛的尊卑？

《佛说老母女六英经》：

有一母人，贫老伛偻，长跪问佛："五阴、六衰，会合我身，悉为是谁？来何所从？去何所归？唯愿世尊，为我思惟。"

佛言："善哉！宜识其几！诸法因缘，识之者稀。譬如钻火，两木相揩，火不从钻，亦不从燧。火出其间，赫赫甚辉。还烧其木，木尽消微。亦如捶鼓，其音哀摧。声不从革，亦不从捶。诸法如是，因缘相推。亦如天雨，风云雷电，合会作雨，不独龙威。诸法如是，文亦如是。譬如画师，调和彩色，因素加画，无形不即。皆须缘合，非独一力。"

诸法如是，皆须缘合，非独一力，亦非有主。佛陀要吾人析色归空，明彻五蕴危脆，法尘非实，豁然看破世间假相，直至洁净六根，入佛界亦入魔界。

间宫是位著名的教师，曾向一位禅师请求指导，禅师教他参究只手之声。他日夜参究于只手之声，但是禅师不满意地说：

“你未死心，贪着六根的欲望和得悟的境界，你不如死去好了，那倒可以一干二净。”

间宫再度叩见禅师，禅师要他再举示只手之声，他立即倒在地上，看起来犹如死人一般。

他的老师叹道：“你死去的只是外在，究竟什么是只手之声？”

“我还没有参破。”间宫抬头答道。

“死人是不说话。”

禅师一棒把间宫打出去。

妄心不死去，于人我起刀兵劫难，愁困饥馑，热渴缠绵身心。自苦恼他，怨诤相习染，徒增我见我爱，枉生忧悲怖畏。无量世中，相互恼害，立我争人，不晓转妄缘境为安乐国，向无明性中认取真实主人。

镰仓时代，有一位名叫真观的僧人，他研究天台教义六年，然后学禅七年，其后又到中国习禅达十三年之久。

当他学成返日后，许多人想叩见他，向他请教一些疑难教义。

有一天，一个五十多岁的僧人向真观问道：“我自幼研究天台宗，始终有一点无法理解。天台宗认为：草木毕竟成佛，草木并未觉知，如何成佛呢？为此问题我苦思了数十年。”

“草木能否成佛，与你何干？你应该重视的是，你自己要如何成佛！”

“我倒是从未想过，自己成佛的问题。”那位僧人茫然地回答。

公案中的僧人，数十年苦思“草木成佛”的问题，就像从《金刚经》二十八分起的“果法”中，佛陀教诫行者，不要生心动念，于空有起妄见，言佛陀是否有得法，有证果？证果者，是否不以具足相见？是否实有见相可得可断？佛陀劝勉行者，即使是信、解、行的阶次上，尚须应无所住，而行布施，更何况证果者，哪里还有这些妄念？欲解佛所说义，应知无上菩提离色离相，无说而说，无得而得。若不会此意，起心动念，便生是非，即为谤佛，辜负佛陀殷勤的婆心。

二、发菩提心生正知见

前文总除粗细执着，空掉心外的“我等四相”，心内的“我等四见”，如此妄心顿息，就像倒完杯中的浊水，除尽田中的莠草，即能灌注甘露醍醐，播种菩提慧苗。见相俱净，回归于“安住真心”的主题。

发菩提心者，于一切法，应如是知，如是见，如是信解。此三句了断佛陀与须菩提这一段公案。

溥畹大师的《心印疏》：问我云何应住，我则教汝住心无住，不住六尘等境界，汝应如是知也。

问我云何降伏，我则教汝度脱一切众生，度尽众生不见有众生可度，汝应如是见。

问我发菩提心法，我则教汝无法发心，是真发心，汝应如是而信解也。果能如是而知，是真知也。如是而见，是真见也。如是信解，乃真信解也。行者以如是知，如是见，如是信解此法，但要不生法相。如果执着无住离相，无法之说，恐又执药而成病矣。所以佛说法相者，不过随顺俗谛而言，以真谛性理，哪里有恒常不灭法相的实体？谓之即非法相，但入中道第一义谛，妙有不妨真空，真空含容万有，不废法相假名。《大乘伽耶山顶经》：

复次，善男子！菩萨摩诃萨有十种发起。何等为十？一者身发起，为一切众生净治身业故；二者口发起，为一切众生净治口业故；三者心发起，为一切众生净治意业故；四者内发起，为一切众生无所取着故；五者外发起，于一切众生行平等行故；六者智发起，修习一切佛智故；七者国土发起，示现一切佛刹功德庄严故；八者教化众生发起，知诸烦恼病药故；九者真实发起，能成就决定聚故；十者无为智满足发起，于一切三界心无所着故。善男子！如是名为菩萨摩诃萨十种发起。

复次，善男子！菩萨摩诃萨有十种行。何等为十？

一者波罗蜜行；二者摄物行；三者般若行；四者方便行；五者大悲行；六者求慧资粮行；七者求智资粮行；八者清净信心行；九者入诸谛行；十者不分别爱憎境行。善男子！如是名为菩萨摩诃萨十种行。

复次，善男子！菩萨摩诃萨有十种无尽观。何等为十？一者身无尽观；二者事无尽观；三者法无尽观；四者爱无尽观；五者见无尽观；六者资粮无尽观；七者取无尽观；八者无所执着无尽观；九者相应无尽观；十者道场识自性无尽观。善男子！如是名为菩萨摩诃萨十种无尽观。

菩萨摩诃萨发起大心、大行、大观，皆以不分别爱憎境，于一切三界，心无所取着，为一切众生净治身口意三业。诸学道人，欲证圣果，应于有情行平等行，教化有情知诸烦恼病药，生清净信心，知自性有无尽佛刹功德庄严。《金刚经注解》：

若具自性，本自具足，是清净“人见”。

于自心中，本无烦恼可断，是清净“众生见”。

自性无变无异，无生无灭，是清净“寿者见”。

滴水禅师死前三日，他的弟子峨山随侍在侧。

峨山早被印可为滴水的衣钵传人。

当时有一座寺庙老旧，峨山正着手重建。

滴水问他：“庙建好以后，你想做什么？”

“你病好了请你去说法。”

“如果我活不到那一天呢?”

“我们可以请其他的人代替。”

“如果你找不到人呢?”滴水追问道。

峨山大声答道:“您不要担心这种不可预测的问题,您要睡,只管睡去吧!”

我们的心,漂荡在过去、现在、未来的幻影里,以苦为乐,认假作真。贪逐欲乐,自他相恼,造诸恶业,如刀上舔蜜,如无足攀岩,如盲人行路,如破船渡河,种种梦想颠倒,纷然失心。行者如何警醒公案中峨山禅师的喝声,不再于前际中际后际的想念,出没不得,就只管睡去!当下安息那颗拣择无明的妄心。

山冈铁舟禅师四处参师访道。有一天,他去参叩相国寺的独园和尚。

为了表示他的悟境,他得意地对独园说道:“心佛众生,三者皆空。无悟无迷,无圣无凡,无施无受。”

当时独园默然不答,只是举起棒子将山冈打了一下,这位年轻的禅者至为愤怒。

“你不是说,一切皆空,为什么还有这么大的脾气?”独园悠悠地说道。

空,不是鹦鹉学说话,那只是口头禅,虚浮不实的,真正悟解空理的行者,是以不执一法,不舍一法,广修功德资粮。于无相无住的第一般若波罗蜜，散尽一切珍宝，普济苦厄，不吝惜舍去头目骨髓，令众生满足欢喜。佛陀五百世做忍辱仙人，被割截其身，心不动念，未有嗔意。五欲的快乐，逃脱不了“苦、空、无常”的生灭，三世诸佛明了此“坏苦”，千般煎逼有情，因此才吐露“无相无住”的法乐。凡夫沉迷财、色、名、食、睡的欲乐，一个修行人，又是以什么为快乐呢？

(1) 以自我革新为乐。

(2) 以诵经念佛为乐。

(3) 以禅坐经行为乐。

(4) 以布施结缘为乐。

(5) 以奉献服务为乐。

(6) 以感恩知足为乐。

(7) 以随缘方便为乐。

(8) 以宣扬正法为乐。

富有是心灵丰盈满足，不被渴爱之火烧灼，情欲之水淹没，人我之山囚困，妄想之风袭卷。安然恬适，具慧眼遍照器世间，有情世间的幻化，不再心外求法，求神通妙术，求诸事顺利。明白因果业报，从自心求，晓知了脱生死，从自净其意开始。

盘珪禅师于龙门寺说法的时候，有一位笃信念欢喜佛即可得救的信徒，嫉妒他的法缘兴盛，表示要与他公开一比高下。于是他跑到法堂大声吵闹，使得正在说法的盘珪不得不暂时停下，问他有什么事。

“我宗的初祖具有大神通，能持一支笔在河的此岸，把阿弥陀佛的圣名写在彼岸的纸上。你有这种不可思议的神通吗？”

盘珪轻声答道：“这些是野狐精玩耍的把戏，不是禅的生活方式。我只是平常无事，饿了就吃，困了就眠。”

三十一分了结“云何应住”“云何降伏其心”的一段心事。

如是知六尘虚妄，住心无住；灭尽一切众生，不见有一众生可度；以无法发心，是名真发菩提心也。种种知见不住，法相不生，如是知，如是见，如是信解。如盘珪禅师所说，只是平常无事，饿了就吃，困了就眠，日用常显无量神通。

习题

1. 佛陀处处要人离见相，为什么又说见相不可得？

2. “如是知，如是见，如是信解”，此三句的含意是什么？

3. 佛陀于此分如何总结，降伏妄心，安住真心的两大问题？

4. 修行人以什么为快乐？

原典

知见不生分第三十一①

“须菩提！若人言：佛说我见、人见、众生见、寿者见，须菩提！于意云何？是人解我所说义不？”

“不也，世尊！是人不解如来所说义，何以故？世尊说我见、人见、众生见、寿者见，即非我见、人见、众生见、寿者见，是名我见、人见、众生见、寿者见。”

“须菩提！发阿耨多罗三藐三菩提心者，于一切法，应如是知②，如是见③，如是信解④，不生法相。须菩提！所言法相者，如来说即非法相，是名法相。”

注释

①真知者，无所知而又无所不知；真见者，无所见却又无所不见。凡夫不悟般若妙理，不能降伏妄念之心，所得知见，外不能离六尘、内不能断缘影，纷纷堕于能知、所知之障中。本分旨意，即是要我们断除心外取法的毛病，务使知见不生才是。

②**如是知**：乃是要知不住相布施，不住于色、声、

香、味、触、法，方能妙行无住。

③**如是见**：是要度尽众生而不见一众生得灭度者。这是究竟无我，知见不生。

④**如是信解**：指“无有定法如来可说，如来所说法皆不可取、不可说”。

译文

“须菩提！如果有人说，佛陀宣说的我见、人见、众生见、寿者见，是真实的。须菩提！你认为这个人了解我所说的深意吗？”

“佛陀！这个人不曾了解您所说的深意。为什么呢？佛陀说我见、人见、众生见、寿者见，都是虚妄不实的，只是随缘而设立的假名。众生迷于事相为有，若能悟知体性空寂则无，不可于此四见，妄执实有。”

“须菩提！发无上正等正觉之心的人，对于一切世间法、出世间法，都应该如实去知，如实去见，如实去信解，心中不生一切法相，而妄起执着。须菩提！你应当知道，所谓的法相，并非有真实不变的法相，只是缘起的幻相，佛陀暂时应机说法的假名而已。”

受持演说胜无住行施分第三十二

讲话

前分旨在归结“降伏妄心”的问题，佛陀要行者总除诸执，将心外的“我等四相”，心内的“我等四见”空去，不生圣凡高下的动念。如此粗细妄心不生，妄心就无从现行作用。妄心降伏了，此分再总结“安住真心”的问题做更详尽的解答。

当妄心降伏时，如天际乌云散去，朗朗青天白日显现，在真空清净境上，佛陀要行者借此明净心眼，广弘佛事，而非贪着于俱空的寂默。发阿耨多罗三藐三菩提心者，于法不说断灭相（见第二十七分），况且《金刚经》是佛为发大乘者说，为发最上者说（见第十五分），岂是乐着小法，住于空境者，所能受持读诵，深解佛所说之义趣呢?

一、为人演说续佛慧命。

二、菩萨正观有为即空。

佛陀一路为我们除尽内外妄想，耕种心无住相的纯净无漏福田，日后生发不落三界，不受后有的究竟功德。《金刚经》于阐发般若性空之理，此空非外道的断灭空，亦非二乘人的偏寂空，就如竹密不妨流水过，山高岂碍白云飞，处处空有相摄含融，重重无尽的法界。

自受持《金刚经》的无上妙用，仅是自利，还要为他人说（见第十一分、第十三分、第十五分、第二十四分），此弘布法音，续佛慧命，功德胜过满三千大千世界七宝布施，乃至以恒河沙等身命布施的作为。

一、为人演说续佛慧命

经文中说：若有人以满无量阿僧祇世界七宝，持用布施，此人非凡夫，而是“无行住施”的菩萨。虽然心无所住，行于布施的功德很大，但是仍不如发菩提心者，忆持《金刚经》的空慧，即使短如四句偈，受持读诵（自利），为人演说（利他）的功德福报。此段是显示“持经说法”的殊胜利益。

佛陀一番悲心，在此归结两次尊者提问的“发菩提心的善男子、善女人，云何应住？”（见第二分、第十六分）并为嘉惠将来一切众生，因此于金刚法会圆满之际，再告示菩萨行者，修学最上乘法，应行解合一，福慧双修，以自利利他二行，圆满阿耨多罗三藐三菩提。《宝雨经》卷第一：

善男子！云何菩萨成就供养施？所谓菩萨供养三宝。云何供养佛？谓于如来制多（积土石而造之塔也，中藏舍利）之中，若华若香，若散若烧，及涂扫地；若制多破坏，应当修理，是名菩萨善供养佛。云何供养法？谓诸菩萨听闻正法，若书写受持，读诵通利，思惟修习，不颠倒思惟，不颠倒修习，是名菩萨供养法。云何供养僧？谓供给衣服饮食，卧具汤药，下至水器，众具皆足，是名菩萨善供养僧。如是供养佛法僧时，是名菩萨成就供养施。

善男子！云何菩萨成就无所依施？所谓菩萨，行布施时，终不为求天王位果，及生余天；亦不求人王，及小王等，是名菩萨成就无所依施。

善男子！云何菩萨成就清净施？所谓菩萨行施之时，观察施物及能所施，皆非实有，离诸障碍，贪染过患。是名菩萨成就清净施。

菩萨欲成就清净施，心无贪染过患，思惟不颠倒，修习不颠倒，终不求人天福报，才能以清净心，成就无漏法施。又如何为人演说呢？经文中有三句，正明三种般若。即：为人演说，此文字般若也。不取于相，此观照般若也。如如不动，此实相般若也。佛陀咐嘱末世众生，若发菩提心，为人演说时，须不取相，安住真如平等实相之中，自心决定无疑，尔后始能于语默动止，扬眉瞬目，演说第一义谛。

百灵和尚有一天在路上遇到庞蕴，百灵问他："当年你在马祖道一处得到的一句，你曾说给人听吗？"

庞蕴说："有啊！我曾经向人说过。"

百灵心中不解，此句是非语言可说，非思议可及，说即不中。因此再问道："你曾向何人说？"

庞蕴用手指着自己说："我只对庞蕴说啊！"

百灵赞叹说："即使是佛陀大弟子解空第一的须菩提也比不上你啊！"

庞蕴以手指自己表示得意的一句，即人人本具的佛性，更与何人说？

庞蕴问百灵："那你得意的一句，又曾经说给何人听吗？"

百灵戴起斗笠就走了。

实相佛性非可言说，但不假借文字音声之方便，众生难以由迷知返，因此在《金刚经》的经文中，才会不断显明为他人说的无比功德，令正法流通，是真荷担如来家业的第一稀有之人。为什么一念发菩提心的功德，胜过无量世界七宝的布施呢？《华手经·发心品》第十一：

阿逸多（译云无能胜。弥勒菩萨之号）！当知诸佛一切功德，皆在初发调伏心中。是故菩萨，世间难遇，佛亦难值。阿逸多！譬如无牛，则无醍醐；如是若无菩萨发心，则无佛种。若有牛，则有醍醐；如是若有菩萨发心，则佛种不断。阿逸多！譬如有种，则有华实，如是若有菩萨发心，则佛种不断。是故当知，发心为难；发心难故，佛亦难得。

佛灯出于世，万亿劫难值；如优昙钵华，时时乃一现。
深发菩提心，正行佛道者；如是大菩萨，世间亦难遇。
是故若有人，能发此大心；斯人当作佛，处众狮子吼。
自在狮子吼，能转净法轮；佛神通无碍，皆在初心中。

有菩萨发心，则佛种不断，诸佛种神通无碍，皆在初心中。因为发心为难，所以佛陀在金刚法会圆满之际，叮咛咐嘱行者，发此大心，为他人说，令自他得菩提种，转清净法轮，证佛百千无碍神通。《胜天王般若经》卷第二“法界品”：

佛告胜天王言：“大王！菩萨摩诃萨，有般若故，近善知识，勤修精进，离诸障惑，心得清净，恭敬尊重，乐习空行，远离诸见，修如实道，能达法界（指真如实相，无分别智之境界）。

“大王！菩萨摩诃萨，有般若故，近善知识，欢喜恭敬，犹如佛想；以亲近故，不得懈怠，灭一切恶诸不善法，生长善根，既灭烦恼远离障法，即得身口意业清净；由清净故，即生敬重；以敬重心，修习空行；修空行故，远离诸见；离诸见故，修行正道；修正道故，能见法界。”

菩萨因修习般若故，心地清净，近善知识教，即能灭诸不善法，生长善根。三业清净，才能离诸障惑，不取于相，见如如不动之法界。我们学习般若空行，内心的知见不先空去，如何盛入佛法的醍醐？

南隐禅师生活于日本明治时代（公元一八六八——一九一二年）。有一天，有位学者教授来向他问禅，他以茶水招待。

禅师不断地把茶水注入这位客人的杯中，直到满杯，还是没有停止注水。

这位教授望着茶水溢满整个桌面，终于忍不住开口：“禅师，茶水已经满溢出来了，你不要再倒水了！”

“你就像这只杯子一样，里面装满你自己的知见，你要先把你内心杯子里的执着空掉，吾宗的禅水，才有办法流向你的心中呀!”

二、菩萨正观有为即空

佛陀以梦、幻、泡、影、露、电，喻一切有为之法（五阴、六入、十二处、十八界）原无真实，乃三界众生，妄执为有。并教示弘法利生的菩萨行者，于一切诸法，不生取着我人等相。以此正观，则彼阴界处等，即是般若真心，如如本体矣。《大方广宝箧经》卷上说：

须菩提言：“文殊师利！佛法结使，有何差别?”文殊师利言：“大德须菩提！如须弥山王光所照处，悉同一色，所谓金色。如是须菩提！般若光照一切结使，悉同一色，谓佛法色。是故须菩提！佛法结使，以般若慧观，等无差别。是故大德须菩提！一切诸法，皆是佛法。”

行者以此梦幻等六观，不被世间有为生灭法迷惑，入生老病死无有恐惧；视贫富贵贱平等无别；于馨香臭秽，赤白青黄知变异不实。观一切有为，迁流造作，皆是虚妄，终有败坏。行者若破一切相，起如实正观，于一切境，内外如如不动，才是真正受持读诵《金刚经》，能为人演说无法之法的真实菩萨。

曹山慧霞禅师对侍者说：“悟道的人，无论内外多么炎热，也不会受到影响。”

侍者说：“是的。”

慧霞又说："如果现在炎热至极，你要到哪里回避？"

侍者说："就往炽热的火炉里回避。"

慧霞不解地问："火炉炽热无比，你如何回避炎热？"

侍者指着自己的心答说："我这里众苦不能到啊！"

借般若慧观，舍恚行道，慈心正意，即能圆满阿耨多罗三藐三菩提。逢诸饥渴寒热苦乐、詈骂、恶口、恶事等，悉能忍之。正观无谬，视缘境如露如电，幻化不真，即可调御身口意三业，做忍辱仙人。

唐代，杨庭光在司空山会见了本净禅师，问道：

"生死事大，无常迅速，我一心一意地求道，请禅师慈悲开示我吧！"

本净禅师："你是从首都来的，帝王所在之地有很多禅者，你就在那里问道好了，我对你所说的'道'一概不知。"

当杨庭光再度发问时，本净禅师说："你到底是要求佛还是要问道？求佛的话，即心是佛；问道的话，无心是道。"但杨庭光并不会得话中含意，于是再次求教。

本净禅师："所谓即心即佛，就是佛由心得，若再悟无心的话，便连佛也没有了，而无心不外乎是真正的道。"

杨庭光更是狐疑不解地问："都城的大德们多说以布施、持戒、忍辱、苦行等来求佛，但是禅师你却说无秽的般若智慧人人本具，不是由修行来获得。若果如此，则以前我所做的布施、持戒等修行，莫非都和成佛没有关系吗？”

本净斩钉截铁地答道：“毫不相干！”

要怎么回避内在三毒的炎热？幽林山泉的清凉，止静不住我们心头燃烧的烦恼之火！唯有向最热处，观其幻影性，不取炎热相，当识想不受，六根寂静，何处不是清凉山水地？《维摩诘经·弟子品》第三：“不舍道法，而现凡夫事，是为宴坐。不断烦恼，而入涅槃，是为宴坐。若能如是坐者，佛所印可。”

菩萨行者于世间弘化度众，用梦、幻、泡、影、露、电，守摄身心。不论丑妍好坏境界，以此“六观”明照，则诸根寂然，知来去生灭之业因，心不住幻相迷惑，即可安忍不动，入如如佛界。《坚意经》：

沙门贤者，以忍为先。当如清水，无所不净。死人死狗，死蛇屎尿，亦皆洗之；然不毁水清。亦当持心，有如扫帚扫地净不净，死人死狗，死蛇屎尿，皆亦扫之，然不毁于帚矣。亦当复如风火之力光，死人死狗，死蛇屎尿，亦吹亦烧，然不毁风火之力光。若人欲来杀己，己亦不嗔；欲来谤己，己亦不嗔；欲来谮己，己亦不嗔；欲来笑己，己亦不嗔；欲来坏己，使不事佛法，己亦不嗔。但当慈心正意，罪灭福生。邪不入正，万恶消烂。

心住修行之相，布施等福德，纵令五度齐修，若不以第一般若波罗蜜为眼目，怎知自家宝藏，原本无欠无余！终日求福，于心地解脱何益？《庞居士语录》卷中：

有人有所知，有事有是非；闻道无相理，心执不生疑。五岁更不长，只作阿孩儿；将拳口里咬，百年不肯离。假花虽端正，究竟不充饥；都缘痴孩子，不识是权宜。如来无相理，有作尽皆非。

佛陀说种种法，不过是权宜之教，只是要吾人于日用六时中，不取于相，不被相转，将百年狂心歇息。当下回头上岸，不再于觉知缘尘生死流转，如梦中人，妄执忧悲啼哭。《净名经》：

是身如幻，从颠倒起，万法缘生妄有，本无自体。泡者，风击水成泡，岂能久住？观万物似浮沤不实。是身如泡，岂能久住？是身如影，从业缘现。晨朝湿露，暂有即无。闪电也，忽有忽无，念念无常。

般若慧观能明彻身心如水月，从虚妄幻化的此岸渡往常乐我净的彼岸。行者即化炎热世间为清凉国境，转浊恶烦恼成琉璃法界，随所住处恒安乐。身心无寒暑的住着，日日天青蝶舞，满目尽是香云花雨乱堕。

千代能尼师在园觉佛光大师门下学禅，久久不能证悟。

在一个月明之夜，千代以一个旧桶提水，因桶箍破裂使得桶底脱落，刹时豁然彻悟，心得自在。作了一偈，以记其事——

扶持旧桶，桶底忽脱。

桶里无水，水中无月！

千代能尼师因为旧桶破裂，桶底脱落，彻悟无水无月的一真法界。佛陀于金刚法会，或用离相无住的刀剑，或用假空中三谛的利斧，无非借此截断箍紧我们身心的旧桶，令其破裂。根尘缘境脱落时，行者能悟得无去来坐卧，如如不动的圆觉真心。

佛经在卷末都会列举与会的大众，此为正信流通也，谓佛说经圆满后，闻法者应受持读诵，为人演说，以使正信流通，荷担如来正法家业。言欢喜奉行者，据《文殊所问经》有三种含义：一、说者清净，不为利养。二、所说清净，如实知法。三、得果清净，欢喜奉行。

凡是闻法心生欢喜者，必然对经义有所妙契；因契入佛意，则起清净信心。以此净信受持不逆，当随顺如来所教，必能于昼夜六时，穿衣吃饭间，欢喜奉行。

《金刚经讲话》在法会圆满之际，我以“金刚十念法”让见闻《金刚经》，欢喜《金刚经》，读诵《金刚经》，奉行《金刚经》者，人人契入金刚妙法，得金刚坚固大力，证金刚不坏身。

金刚十念法——

(1) 念身非我，多行善缘。

(2) 念口非我，常出爱语。

(3) 念意非我，受持大悲。

(4) 念财非我，广济贫乏。

(5) 念名非我，清净生信。

(6) 念权非我，救度羸弱。

(7) 念色非我，正念喜舍。

(8) 念生非我，勇猛精进。

(9) 念死非我，自在无忧。

(10) 念念非我，妙契佛心。

在纷扰的人间，以金刚为明镜，端正身心；以金刚为房舍，离诸炎寒；以金刚为美膳，得大满足；以金刚为曙光，照破黑暗；以金刚为上服，圆满庄严。憨山德清和尚的“雪里梅花”诗：

雪里梅花初放，暗香深夜飞来。
正对寒灯独坐，忽将鼻孔冲开。

最后祝愿所有见闻随喜者，只要受持四句金刚妙偈，何须踏破岭头千堆雪，只要返归自性，寂静六根，恁么时，千树梅蕊芬芳，暗香万亿充塞！届时，无人无佛，无法无说，无空无色，无是无非，庭前柏树演佛事，大千世界总腾腾。

习题

1. 为什么为他人说《金刚经》的功德，胜过以七宝无住行施的功德？

2. 为什么成就诸佛一切功德，都在发菩提心中？

3. 信受奉行有什么含意？

4. 何谓金刚十念法？

原典

应化非真分第三十二[①]

"须菩提！若有人以满无量阿僧祇世界七宝，持用布施。若有善男子、善女人发菩提心者，持于此经，乃至四句偈等，受持读诵，为人演说，其福胜彼。云何为人演说？不取于相，如如[②]不动。何以故？

一切有为法[③]，如梦幻泡影，

如露亦如电，应作如是观[④]。"

佛说是经已，长老须菩提，及诸比丘、比丘尼，优婆塞、优婆夷[⑤]，一切世间天人、阿修罗，闻佛所说，皆大欢喜，信受奉行。

注释

①应化者，应机度化之意也。举凡一切佛陀所言所说，一文一字、一形一相，无非是为了度化众生而设，并非真实，故佛陀至此，不忘随说随泯，破众生之执，以显般若之理也。

②**如如**：又作真如、如实。意谓真实永远不变之万有本体。诸法虽各有差别，然此真如法性，乃是平等不二的，故云“如”，即是“一如”的意思。此“真如”乃是万有诸法之真实本体，万法不离真如，因此，万法彼此也是平等一如的，故云“如如”。

③**有为法**：意谓有所作为、造作之意。凡因缘和合所生的事物，皆是“有为法”。

④**观**：即是以智慧照见所缘境。

⑤**优婆塞、优婆夷**：优婆塞，意译为近事男。优婆夷，意译为近事女。即是皈依佛、法、僧三宝，受持“不杀生、不妄语、不偷盗、不邪淫、不饮酒”等五戒的在家男女众。因亲近侍奉三宝，所以称为近事男、近事女。

译文

“须菩提！如果有人，以充满无量阿僧祇世界的七宝，以此为布施。如果有善男子、善女人发无上菩提心，受持这部《金刚经》，哪怕只有四句偈而已，他能信受读诵，且为他人解说，那么，他的福德自然要胜过行七宝布施的人。要如何为他人演说呢？当不执着于一切相，随缘说法而如如不动。为什么呢？

“因为一切世间的有为诸法，就像梦境的非真，幻化的无实，水泡的易灭，影子的难存，又如早晨遇日而失的露珠，天空将雨时的闪电，瞬间即灭。应作如是的观照啊！”

此时，佛陀说《金刚经》已经圆满了，长老须菩提，及同时在法会听经的比丘、比丘尼，优婆塞、优婆夷，一切世间的天、人、阿修罗等，听闻了佛陀说法之后，深深地了悟，无不法喜充满，一心信受奉行。

出版后记

星云大师说："我童年出家的栖霞寺里面，有一座庄严的藏经楼，楼上收藏佛经，楼下是法堂，平常如同圣地一般，戒备森严，不准亲近一步。后来好不容易有机缘进到藏经楼，见到那些经书，大都是木刻本，既没有分段也没有标点，有如天书，当然我是看不懂的。"大师忧心《大藏经》卷帙浩繁，又藏于深山宝刹，平常百姓只能望藏兴叹；藏海无边，文辞古朴，亦让人望文却步。在大师倡导主持下，集合两岸近百位学者，经五年之努力，终于编修了这部多层次、多角度、全面反映佛教文化的白话精华大藏经——《中国佛教经典宝藏》，将佛教深睿的奥义妙法通俗地再现今世，为现代人提供学佛求法的方便途径。

完整地引进《中国佛教经典宝藏》是我们的夙愿，

三年来，我们组织了简体字版的编审委员会，编订了详细精当的《编辑手册》，吸收了近二十年来佛学研究的新成果，对整套丛书重新编审编校。需要说明的是此次出版将丛书名更改为《中国佛学经典宝藏》。

佛曰：一旦起心动念，也就有了因果。三年的不懈努力，终于功德圆满。一百三十二册，精校精勘，美轮美奂。翰墨书香，融入经藏智慧；典雅庄严，裹沁着玄妙法门。我们相信，大师与经藏的智慧一定能普应于世，济助众生。

东方出版社

图书在版编目（CIP）数据

金刚经讲话 / 星云大师 著. —北京：东方出版社，2015. 5
（中国佛学经典宝藏）
ISBN 978-7-5060-8664-6

Ⅰ. ①金… Ⅱ. ①星… Ⅲ. ①佛经 ②《金刚经》—研究 Ⅳ. ①B942. 1

中国版本图书馆 CIP 数据核字（2015）第 267925 号

金刚经讲话
（JINGANGJING JIANGHUA）

作　　者：星云大师
责任编辑：夏旭东
出　　版：东方出版社
发　　行：人民东方出版传媒有限公司
地　　址：北京市东城区朝阳门内大街 166 号
邮政编码：100010
印　　刷：北京明恒达印务有限公司
版　　次：2016 年 4 月第 1 版
印　　次：2023 年 3 月第 6 次印刷
开　　本：880 毫米×1230 毫米　1/32
印　　张：17. 25
字　　数：210 千字
书　　号：ISBN 978-7-5060-8664-6
定　　价：88. 00 元
发行电话：（010）85924663　85924644　85924641